エンドレスエイトの驚愕

ハルヒ@人間原理を考える

三浦俊彦

春秋社

まえがき

……ただの芸術論には興味ありません

本書は、「エンドレスエイト」についての芸術的解釈と哲学的分析を兼ねた論考です。

「エンドレスエイト」とは？　ライトノベルの金字塔と言えるＳＦ学園ラブコメディ『涼宮ハルヒシリーズ』の中の短編です。

涼宮ハルヒシリーズは『涼宮ハルヒの憂鬱』のタイトルでアニメ化されましたが、その中の「エンドレスエイト」の部分が、本書の主な考察対象となるのです。

「エンドレスエイト」がどんなアニメだったかについては、アニメ制作スタッフ十名へのインタビュー「涼宮ハルヒに振り回された僕たちの夏休み」で雰囲気を知ることができます（『月刊ニュータイプ』二〇〇九年九月号、一八-九、二二-三頁）。その中ではやはり、原作者・谷川流の言葉を聞くのが一番わかりやすいでしょう。

走り幅跳びの助走に42・195キロぐらいかけてしまったごときエンドレスエイトですが、これでようやく踏切地点に到着した感じがします。来たる長編エピソードへのアプローチランがこれにて終わり、いよいよここからジャンプしたアニメーションハルヒはどれだけの滞空時間を経、いったいどこに着地するのでしょうか――（後略）（谷川、一九頁）

なにやらすごい本末転倒が演じられたのだな、と察しがつくでしょう。『涼宮ハルヒの憂鬱』という、きわめてエレガントに組織化されたコンテンツのど真ん中に、奇妙な歪みを故意に仕掛けた実験が、「エンドレスエイト」だったのです。

言い換えれば、「アニメはこうあるべき」「娯楽はこうあるべき」という暗黙の基準や規範のようなものを、乱暴かつ綿密にひっくり返してみせた前代未聞の企画が「エンドレスエイト」でした。

素朴なアニメファンにとっては迷惑でしかなかったこの実験的試みは、広い文化的観点からは多少違って見えます。そう、硬直しがちな社会規範を突き崩そうとするポストモダンな文化人・批評家たちが泣いて喜ぶ実作例こそ「エンドレスエイト」だと言えそうだったので。

ところが、ポストモダニストたちが「エンドレスエイト」を喜んだ形跡はありませんでした。期待して見守っていた私なのですが、これといった「エンドレスエイト論」がいっこうに表面化する気配がないのです。「これは俺がやらなきゃ始まらんのか?」使命感に駆り立てられ、こうして本書が書き始められたのでした。

サブカル研究やカルチャラルスタディーズの作法は苦手な私なので、自分の得意な方法でやらせていただくことにしました。分析哲学です。

さまざまな哲学的様式のうちで、分析哲学は「個別事例の研究」には最も不向きと言えるでしょう。それだからこそ、分析哲学の理屈力を一つのアニメ作品に投入したらどうなるか、それこそ一つの実験です。「アニメ研究はかくあるべし」「哲学的分析はかくあるべし」。この二つの暗黙の規範を両方とも（おそらく）逸脱している本書の流儀は、まさに娯楽アニメ作法を派手に逸脱した「エンドレスエイト」を扱うのにふさわしいと思われました。

もう一つ私をそそのかしたのは、「人間原理（Anthropic Principle）」です。『涼宮ハルヒシリーズ』第一巻早々で登場人物が「人間原理」を得々と語るシーンがあります。人間原理とは現代物理学の方法論的パラダイムであり、アニメ版でも人間原理は大きな役割を演じています。ちょうど「人間原理的芸術学」を構想しつつあった私の問題意識にぴったりでした。「人間原理によるエンドレスエイトの分析的芸術学」は、まさに私にしかできない研究と思われたのです。

最近のポップカルチャーには、科学用語がよく出てきます。生命科学や認知科学、バタフライ効果（カオス理論）、そしてとくに量子論――中でも、アニメ『君の名は。』やゲーム『infinity シリーズ』で語られた「多世界解釈」が人気ですね。たいていの場合、SF的雰囲気の箔付けに使われているだけで、物語の内容と科学用語とのあいだにはストーリー上の単純な関係しかありません。ところが『涼宮ハルヒシリーズ』は、人間原理（多世界解釈もその一部に含まれます）が物語、技法、キャラクター、メディアなどの各層と絡み合っている点で、特殊な哲学的アプローチを誘発する作品なのです。

そのことを示すため、本書は、「エンドレスエイト」が持つ二つの属性に従って演出しました。ひとつは、〈原作既刊十一巻構成の『涼宮ハルヒシリーズ』の中の一エピソードである〉という外的属性。

もうひとつは、〈時間ループの物語である〉という内的属性。

この二つの要素を、本書の構成に組み込んでみました。

つまり本書の流れはこうなります。――第１章〜第11章それぞれの章タイトルに『涼宮ハルヒシリーズ』各巻のタイトルを刊行順どおりに借用する。

１「憂鬱」、２「退屈」、３「溜息」、４「消失」、５「暴走」、６「動揺」、７「陰謀」、８「憤慨」、９「分裂」、10「驚愕（前）」、11「驚愕（後）」。

そして、ループにするために、既刊最終の「驚愕」が二部構成になっている事実を利用しました。「驚愕（前）」を冒頭に移動させ、章番号をずらしたのです。完全にループ化するには末尾の「驚愕（後）」を先頭に持ってくるべきですが、「後」が「前」より先に来るというのも何なので、「驚愕（前）」を第１章とし、第11章「驚愕（後）」で終わるようにしました。

ループの一部が前後逆転して差し戻される形。完全な円ではなく、∞の一方の穴が縮小され、起点と終点の結節点が「特異点」として際立ったような。そんな「エンドレスエイト」のストーリーどおりの変則ループが浮き上がったのです。

大まかではあれ原作と相似形な論述が出来てしまったのはある意味驚きですが、これは研究対象である「エンドレスエイト」そして『涼宮ハルヒシリーズ』にもともと内在していた哲学的・科学的属性のなせる業と言えるでしょう。

さて、生活でループといえば惰性的なモラトリアムが連想されますし、創作での時間ループは今や使い古された定型テーマです。つまりループは「没入」「無自覚」の形象化です。その反面、思索や論述にとってループとは、出発点である「自己」へと考察が差し戻されることですから、「自意識」「自己分析」の象徴でもあります。こうした両義的なループを徹底的に論じた必然的帰結として、本書は「意識高い系」の具象化となりました。のみならず、物理現象としての「意識高い系」それ自体が人間原理の、そして本書の真の研究対象だったことが、最後の二つの章で判明するでしょう。

「エンドレスエイト」がいかにアニメファンを驚愕させ、「意識」を引き上げようと（「気分」を押し下げるのと引き換えに）したかを、第1章・第2章で事実確認的に振り返るところから始めます。そのあと徐々に、あの作品のハードな哲学的含意へと分け入っていきましょう。

「もくじ！」

「もくじ！」

凡例

・『ハルヒ』という表記は、アニメ版『涼宮ハルヒの憂鬱』（二〇〇九年版）を指す。
・『消失』という表記は、劇場版『涼宮ハルヒの消失』を指すが、頁表記を伴う場合は原作第四巻を指す。
・さまざまなメディアで提示されるコンテンツとしての涼宮ハルヒものについては、『涼宮ハルヒ』『涼宮ハルヒシリーズ』など、『ハルヒ』以外の表記によって記す。
・セリフの引用は、原則としてアニメ版にもとづくが、場所特定の便宜のため、原作小説を用いたところもある。
・本文の中の◆で挟まれた個所（第3章第4節、第4章第3節、第9章第2節、第10章第3節にあり）および、番号に◆の付いた注は、哲学に興味のない読者は飛ばしてかまいません。

エンドレスエイトの驚愕

——ハルヒ@人間原理を考える

第1章
エンドレスエイトの驚愕（前）

「なにこれ！」

期待と現実

アニメ『涼宮ハルヒの憂鬱』は、谷川流の学園SFものライトノベル『涼宮ハルヒシリーズ』（『ザ・スニーカー』六月号～、角川スニーカー文庫、二〇〇三年六月～）を原作とする、テレビ放送アニメである（制作・京都アニメーション）。原作は、ライトノベル歴代発行部数が一巻あたり一位という大ヒット作で、『このライトノベルがすごい！ 2005』（宝島社、二〇〇四年十一月）でトップになったいわゆる「鉄板コンテンツ」だ。そのアニメ化が注目されないわけがない。オタクコンテンツの多くが属する「深夜アニメ」の中でも、ローカルなUHF局を中心とするいわゆる「独立局系深夜アニメ」ではあったが、ネットでは事前から盛り上がり、第Ⅰ期全十四回が二〇〇六年四月～七月に、新作十四回分を加えた第Ⅱ期全二十八回が二〇〇九年四月～十月に放送された。*1

第Ⅱ期のうち第Ⅰ期と同じタイトルのエピソード十四回分は、微妙な修整が施されつつも、実質的には第Ⅰ期の作品と同じものと言ってよい。したがって第Ⅱ期は、五月二十一日の第八話「笹の葉ラプソディ」で初めて新作が放送されるまで、第Ⅰ期二〇〇六年版の再放送だと思っていた視聴者も多かった。全体の話数が公表されておらず、「再放送」でも「第Ⅱ期」でもなく「改めて放送」という曖昧な表示がなされていたからである。

「笹の葉ラプソディ」で単なる再放送でないことが示されて視聴者は狂喜した。2ちゃんねるに「ｷﾀ――――(ﾟ∀ﾟ)――――!!」が乱舞するなどネットが熱く盛り上がったちょうどその頃合いに、KADOKAWA発行のメディアミックス月刊誌『コンプティーク』七月号（六月十日発売）で

〈全二十八話〉であると公表された。第Ⅱ期放送が待望の新シリーズかどうか半信半疑のまま視聴していたハルヒファンは、序盤の終わりで嬉しいサプライズに見舞われたことになる。

本書で論じる「エンドレスエイト」は、第Ⅱ期が全二十八話構成であることが明かされた直後に始まった、新作八回分である。第Ⅱ期第十二話〜十九話の八回に相当し、地域によって放送日・時間は異なるが、一番早い放送は二〇〇九年六月十八日、二十五日、七月二日、九日、十六日、二十三日、三十日、八月六日の二十四時四十分〜二十五時十分。第Ⅰ期二〇〇六年版に含まれていない新作十四話のうちの八話（第二〜九回）を占めているので、「二〇〇九年版涼宮ハルヒ」といえば「エンドレスエイト」の婉曲語法だと言えるほどの存在感を放っている。

婉曲語法？

そう、「エンドレスエイト」は一種のタブーなのである。ハルヒファンにとっての黒歴史なのだ。[*2] 実際、「エンドレスエイト」はファンを「驚愕」させ、放送中にネット実況などで凄まじい騒ぎを引き起こしたのだった。

とは言ってもその内容に話題性があったからではない。提示方法が常識外れだったからである。

＊1　放送が早かった順に、兵庫サンテレビ、テレビ埼玉、新潟テレビ21、一日遅れで東京ＭＸテレビ、神奈川ｔｖｋ、二日遅れで福岡ＴＶＱ九州放送など（「涼宮ハルヒの集約 http://www.suginami-s.net/enter/haruhi/anime/2_info.html#timezone」）。

＊2　「黒歴史」はアニメ『∀ガンダム』（一九九九〜二〇〇〇年）発祥の言葉で、もともとは「葬られた過去の文明」の意だが、転じて「消したい過去」の意味で主にネットで用いられる。「エンドレスエイト」そのものが、過去の一定時間を消しては上書きしてゆくという物語であり、ハルヒファンの複雑な心境をなぞるような自己言及的な物語構造を持つと言える。

少なくともアニメというジャンルにおいてはきわめて異例だった。その提示方法とは、「毎回ほぼ同じストーリー、ほぼ同じ構図の同じシーン、ほぼ同じセリフとモノローグ」を八回にわたって繰り返し放送する——というものである。

「ほぼ同じ」というところが微妙で、毎回同じ絵と音を使い回したわけではなく、すべて作り直されていた。というより、八話それぞれが別のスタッフによって同時進行で、互いに「影響を受けないよう、極力他の上がりを目にしないように」作業が進められたのである。「各班身近に居ますので、無理かもしれないと思い（中略）目に入りそうになることは幾度かありましたが、最後まで切り抜けました」（「Ⅵ」の絵コンテ・演出を務めた北之原孝将の言葉。北之原 2009、二三頁）。

正確に言うと、両端の「Ⅰ」と「Ⅷ」だけは絵コンテ・演出を米田光良、作画監督を高橋真梨子が担当し、演出に統一が図られている。対して、中間の「Ⅱ」から「Ⅶ」までの六話は脚本を武本康弘が担当し、スコアの統一が図られた。それ以外の仕事は一話ごとに別個の人員で構成されている。つまり「エンドレスエイト」は、同じエピソードを同じ制作会社が手掛けた場合に結実しうる「八通りの可能的演出」を現実化して披露するという、考えようによってはこの上なく貴重な実験データを提示してくれたのである。*3 リメイクでなく同時進行での〈同一社内複数独立制作〉という試みは、他に類例がないだろう。

エピソードタイトルは、アニメ画面では八回とも「エンドレスエイト」であり、Ⅰ〜Ⅷの番号は後にＤＶＤ化されたときにパッケージに記されているだけである。

しかも、第Ⅱ期は各回、次回予告の付かない放送だったので、同じ「エンドレスエイト」が一体

ハルヒファンによる予想

04/02	第 01 話	涼宮ハルヒの憂鬱Ⅰ
04/09	第 02 話	涼宮ハルヒの憂鬱Ⅱ
04/16	第 03 話	涼宮ハルヒの憂鬱Ⅲ
04/23	第 04 話	涼宮ハルヒの憂鬱Ⅳ
04/30	第 05 話	涼宮ハルヒの憂鬱Ⅴ
05/07	第 06 話	涼宮ハルヒの憂鬱Ⅵ
05/14	第 07 話	涼宮ハルヒの退屈
＊05/21	第 08 話	笹の葉ラプソディ
05/28	第 09 話	ミステリックサイン
06/04	第 10 話	孤島症候群（前編）
06/11	第 11 話	孤島症候群（後編）
＊06/18	第 12 話	エンドレスエイト
＊06/25	第 13 話	涼宮ハルヒの溜息Ⅰ
＊07/02	第 14 話	涼宮ハルヒの溜息Ⅱ
＊07/09	第 15 話	涼宮ハルヒの溜息Ⅲ
07/16	第 16 話	朝比奈ミクルの冒険 Episode00
07/23	第 17 話	ライブアライブ
07/30	第 18 話	射手座の日
08/07	第 19 話	サムデイ イン ザ レイン
＊＊08/14	第 20 話	涼宮ハルヒの消失Ⅰ
＊＊08/21	第 21 話	涼宮ハルヒの消失Ⅱ
＊＊08/28	第 22 話	涼宮ハルヒの消失Ⅲ
＊＊09/03	第 23 話	涼宮ハルヒの消失Ⅳ
＊＊09/10	第 24 話	ヒトメボレ LOVERS
＊＊09/17	第 25 話	雪山症候群（前編）
＊＊09/24	第 26 話	雪山症候群（後編）
＊＊10/01	第 27 話	猫はどこにいった？
＊＊10/08	第 28 話	消失の後日

実際の放送

04/02	第 01 話	涼宮ハルヒの憂鬱Ⅰ
04/09	第 02 話	涼宮ハルヒの憂鬱Ⅱ
04/16	第 03 話	涼宮ハルヒの憂鬱Ⅲ
04/23	第 04 話	涼宮ハルヒの憂鬱Ⅳ
04/30	第 05 話	涼宮ハルヒの憂鬱Ⅴ
05/07	第 06 話	涼宮ハルヒの憂鬱Ⅵ
05/14	第 07 話	涼宮ハルヒの退屈
＊05/21	第 08 話	笹の葉ラプソディ
05/28	第 09 話	ミステリックサイン
06/04	第 10 話	孤島症候群（前編）
06/11	第 11 話	孤島症候群（後編）
＊06/18	第 12 話	エンドレスエイト
＊06/25	第 13 話	エンドレスエイト
＊07/02	第 14 話	エンドレスエイト
＊07/09	第 15 話	エンドレスエイト
＊07/16	第 16 話	エンドレスエイト
＊07/23	第 17 話	エンドレスエイト
＊07/30	第 18 話	エンドレスエイト
＊08/07	第 19 話	エンドレスエイト
＊08/14	第 20 話	涼宮ハルヒの溜息Ⅰ
＊08/21	第 21 話	涼宮ハルヒの溜息Ⅱ
＊08/28	第 22 話	涼宮ハルヒの溜息Ⅲ
＊09/03	第 23 話	涼宮ハルヒの溜息Ⅳ
＊09/10	第 24 話	涼宮ハルヒの溜息Ⅴ
09/17	第 25 話	朝比奈ミクルの冒険 Episode00
09/24	第 26 話	ライブアライブ
10/01	第 27 話	射手座の日
10/08	第 28 話	サムデイ イン ザ レイン

いつまで繰り返されるのか、多くの視聴者はまず戸惑い、四週目あたりから苛立ち、それから視聴をやめてしまう者も続出したのだった。

「笹の葉ラプソディ」放送日の2ちゃんねる実況版には、その後の放送エピソードについて予想が投稿され、ネット上に拡散していた（205：以下、名無しにかわりましてＶＩＰが実況します：2009/05/22（金）01:02:10.56）。その予想は上のとおりである。予想を左欄に、実際の放送を右欄に、対比して示そう。（新作に＊、II期で実現しなかった新作に＊＊を記す）。

左欄と右欄の質的違いは一目瞭然だろう。絢爛たる夢のような左欄と、冗長な右欄。多彩な新展開を楽しみにしていたファンにとっては酷すぎる現実だ。予想欄では新作枠十四話分が八エピソードで占められているのに対し、実際の放送ではたった三エピソード。予想欄の最後九話分五エピソードが未放送となり、その枠を埋めたのが「エンドレスエイト」のプラス七話分、「涼宮ハルヒの溜息」のプラス二話分だった。一話と予想された「エンドレスエイト」が八話にもわたったのが非常識だったのはもちろんのこと、三話程度の内容と考えられた「溜息」に五話使われたのも「引き延ばし感」の駄目押しになった[*4]。こうした第II期の構成上のグダグダ感は、ファンの期待を完全に裏切ったと言ってよい。

　視聴者の気分は「笹の葉ラプソディ」でいきなり有頂天に急上昇し、このハイテンションが「エンドレスエイト」一週目〈脱出成らず！〉のサプライズまで持続し、それから狼狽、失望、諦め、脱落へと、天国・煉獄・地獄・解脱を行き来させられたことになる。「エンドレスエイト」による失望は劇的な急転直下型ではなく「また今週も、また今週も……」という漸減型萎え凋み型だっただけに、なおさら深刻な影響を残した。

　結局八話分を費やした反復放送のあとストーリーはもとの進行に戻ったが、この繰り返し表現にはもちろんそれなりの制作意図があった。「エンドレスエイト」は、原作としては、『涼宮ハルヒ』シリーズ第五巻「涼宮ハルヒの暴走」七‐八五頁にあたる七十九頁分。その原作短編のタイトルも「エンドレスエイト」。「たった一度きりの高一の夏休みに」「やり残したこと」がないように、最後の十五日間を「巻きでいく」べく、毎日ノルマを決め全力で遊ぶことにした五人。しかし彼らは「時間のループ」に巻き込まれ、八月十七日から三十一日までほぼ同じパターンを一万五千回以上繰り返す。最後に思いつきの一言でなんとか脱出。それだけのストーリーだ。その「延々ループ」

の一部を、視聴者にも経験してもらおう——、それがこの放送事故まがいの実験がなされたわかりやすい理由と言える。

しかし物語ではなぜそんな時間ループが起きたことになっているのだろうか。涼宮ハルヒシリーズの原作もアニメ版も鑑賞していない人のために、いや、鑑賞済みの人にとっても、シリーズの背景事情をやや詳しく確認しておく必要があるだろう。

憂鬱からエンドレスエイトへ

県立北高校の一教室、一年生新学期、語り手の男子キョンは、[*5]真後ろの席の女子の自己紹介を聞いてあっけにとられる。

「ただの人間には興味ありません。この中に宇宙人、未来人、異世界人、超能力者がいたら、あたしのところに来なさい。以上」（『憂鬱』、一一頁）

＊3　脚本を異にする「Ⅰ」「Ⅷ」も他の六回とほとんどの時間同じ展開なので、「八通りの可能的演出」と言ってよい。なお、分担制作だったため、制作側で視聴者と苦難をともにしたのは声優だけである。『ハルヒ』声優陣への特別なファン感情の一因に、「エンドレスエイト戦友意識」があると思われる。

＊4　「エンドレスエイト」と「溜息」は内容的にも似たところがあり、カタルシスなどの心理的効果の類似性について第5章で詳しく見る。

＊5　もちろんあだ名だが、キョンの本名は原作にもアニメにも一切示されることがない。後に見るように、「無自覚なハルヒ」と「無命名のキョン」という、認識論的空虚と意味論的空虚ともいうべき二大空虚を焦点とする楕円が『涼宮ハルヒシリーズ』の論理構造だと捉えることができる。

……発言の主・涼宮ハルヒは、エンタメのお約束としてただちに「えらい美人」と形容される。[*6] 異様にハイテンションで活動的だが級友と話の通じないこの不思議ちゃんにたまたま話しかけたキョンは、超常現象探索を目的とするサークル（部活）設立に協力させられる。ハルヒが集めたメンバー、長門有希、朝比奈みくる、古泉一樹を加えた「ＳＯＳ団」が学校非公認のうちに発足したが、ＳＯＳ団の活動実態は市内探索、合宿、野球、文化祭の映画作りといった漫然たる遊びが中心である。ハルヒは表面では超常現象の発見を切望しているが、実際は年中行事やたわいない遊びで気を紛らわせて満足している。[*7]

ところがキョンは、長門有希、朝比奈みくる、古泉一樹からそれぞれ個別に、異様な話を打ち明けられる。自分は「銀河を統括する情報統合思念体」により派遣されたヒューマノイドである（長門有希）、未来から来た時間移動者である（朝比奈みくる）、必要に応じ戦う超能力者である（古泉一樹）。しかもその証拠も見せられた。三人が異口同音に言うには、涼宮ハルヒには、本人が無自覚のまま宇宙の歴史を変動させる力がある。その力が望ましくない方向へ働かないようハルヒを監視し、ときには修正するのが三人の役目だという。ただし三人の背後にいる組織や思念体は互いに無関係で、それぞれの観点からハルヒの能力を解釈し、対処しようとしている。ハルヒが憂鬱になったり退屈したり動揺したり苛立ったりするたびに、世界の出来事や構造が変わったり、閉鎖空間が現われ半透明の巨人（「神人」と呼ばれる）が暴れまわったりするので、なんとかハルヒの潜在意識を穏便になだめて、世界の破滅を防止する。それが三人それぞれの使命であるらしい。

しかも「涼宮ハルヒが自分の存在価値と能力を自覚してしまうと予測出来ない危険を生む可能性

がある」（『憂鬱』、一二四-五頁）ため、ハルヒに対しては三人とも自分の正体を隠しておかねばならない。ＳＯＳ団の中では唯一の平凡人がキョンということになるが、ハルヒの衝動をコントロールするための「鍵」もまたほかならぬキョンである。そのように三方面それぞれから断定されて、キョンは協力を要請される。こうしてＳＯＳ団の団員四人は、団長涼宮ハルヒの精神状態を身近でモニターしながら、彼女にとって快適な環境づくりに努めてゆく。

こうして表面上は、涼宮ハルヒの傍若無人なわがまま放題にＳＯＳ団メンバーが従い、裏面ではハルヒの気まぐれが引き起こした環境のバグや変異を各メンバーがせっせと修正して回る。そういった表裏二層のストーリーが進んでゆく。卑近な学園コメディと宇宙規模の壮大ＳＦ設定が中間段階（共同体、国家など）抜きにじかに絡み合うという、典型的な「セカイ系」物語が展開するわけだ。

「エンドレスエイト」の異変もこのハルヒ事情の例外ではない。涼宮ハルヒは「全力で遊んだ夏休みに、まだやり残したことがある」と潜在意識で感じており、そのこだわりゆえにハルヒの未充足パワーが「夏休みやり直しのループ」を引き起こしてしまったのである。

＊6　ちなみに語り手のキョンは、イケメンには程遠い凡庸な風貌である（最も率直な鶴屋さんという女子キャラのキョン評による。『驚愕（後）』、二六三頁）。古泉一樹を含めＳＯＳ団の他メンバー全員が美形であるのに視点人物だけ凡庸なのは、ハーレム的願望に応じるお約束設定と言える（アニメ版では、古泉の言動におけるＢＬ的仄めかしが強化されている）。

＊7　ハルヒが真に求めるのは日常の楽しさだが、それが得にくいことへの弁明として超常現象への憧れというダミーを立てているのだという「酸っぱい葡萄」説（宇野 2008、三四六-八頁）を考慮するならば、キョンがハルヒに問いかけた「しあわせの青い鳥」（『憂鬱』、一六一頁）という教訓は、二つの意味を持つことになる。

「エンドレスエイト」の冒頭は、ＳＯＳ団夏期合宿（＝孤島症候群）が終わって数日後の八月十七日だ。団員四名はハルヒに呼び出され、市民プールで泳いだあと「夏休み中にしなきゃダメなこと」のリストを見せられる。いかにも夏休みらしいことは残らず全員でやろうではないかと。盆踊り、花火大会、アルバイト、天体観測、バッティング練習、昆虫採集、肝試し、金魚すくい……等々が列挙され、それらを順々にこなしてゆく。しかしどうやらリストには重要な「夏休みじみたこと」が漏れていたらしい。そのため八月三十一日が終わった時点でハルヒの潜在意識が世界を十七日へリセットし、ループさせてしまう。世界はほぼ同じ状態を十五日分、何度も繰り返すのだ。

時間といっしょに人々の記憶もリセットされるので、ハルヒ本人はもちろん、キョンたちもループしていることに気がつかない。しかしループから漏れ出るバグの蓄積によって、ときどき既視感《デジャブ》が感じられる。八千七百六十九回目には、未来と連絡がとれなくなった朝比奈みくるの訴えによって古泉一樹が事態に気づき、ハルヒ以外の団員四人が集まって時間ループを確認しあい、対策を練り始めることになる。

登場人物たちの記憶がリセットされるなら、視聴者が八回も同じ話を見せられることは無意味ではないか――そう思われるかもしれない。しかし実は、「情報統合思念体」とつながったヒューマノイド・インターフェースすなわちアンドロイド[*8]である長門有希だけは、ループをはじめから記憶していた。つまり「エンドレスエイト」の演出によって視聴者は、長門視点との同一化を暗に求められる仕組みになっているのだ。

長門有希は「観測」に徹するという役割上、キョンや古泉から問われるまで時間ループを他者に知らせていなかった。そして「このまま夏休みを終わらせたくない」というハルヒの願望を満たすものが何なのかは、長門にもわからない。「正しい時間流に立ち戻る」べく、キョンたちは「やり残したこと」を突き止めようと努力するのだが、手掛かりがつかめないまま三十一日に至り、諦めに達し、翌朝また記憶リセットとともに十七日から――という展開が続く。

原作では、最後のシークエンス（一万五千四百九十八回目）だけが描かれている。八月三十日に「やり残したこと」に思い当たったキョンが、翌日つまり夏休み最終日に団員総出で「やり残したこと」を片づけるよう要求し、ハルヒも参加し、時間の流れは正常に戻って九月が訪れるのだ。したがって長門視点への同一化は、原作にはなかったアニメ独特の演出なのである（ただしアニメでも、モノローグなど物語進行は、他のエピソード同様、キョンに視点が据えられている）。

アニメ版は、第Ⅰ期も第Ⅱ期も全体として原作にほぼ忠実に作られており、この「エンドレスエイト」も例外ではない。夏休み終盤の強行スケジュールが、出来事の順序、セリフ、モノローグに至るまで、微小な変更や省略を含みつつ八回ともほぼ原作どおりにアニメ化されたのだった。八回のうち初回「Ⅰ」ではループへのキョンたちの気づきがなく、最終回「Ⅷ」以外ではループ脱出がなされない。しかしそれらは原作との「不一致」ではない。描写が原作と完全一致しているのは「Ⅷ」だけだが、八回とも原作を忠実になぞっていると見てよいのである。

＊8　「ヒューマノイド」は人間に似た姿・言動を示す生物または人工物の総称、その中で「アンドロイド」は人工物だけを指す。長門は有機物ベースのアンドロイドである。

『ハルヒ』が原作との大きな不一致を有するとしたら、個々のエピソード内容においてではなく、エピソードの並べ方である。第Ⅰ期も第Ⅱ期も原作の発表順とは異なる順序で放送された。アニメ第Ⅰ期では作中時間順序にも従わない「時系列シャッフル」で放送され、第Ⅱ期では改めて各エピソードが作中時間系列をなぞる形で放送された。原作では「エンドレスエイト」より前に発表された秋の文化祭エピソードが、アニメ第Ⅱ期では時間系列に合わせて「エンドレスエイト」の後に置かれる、などというように。しかし個々のエピソード内部では、出来事の継起もディテールもおおむね原作どおりである。

つまり「エンドレスエイト」アニメ版は、原作に忠実である点で他のエピソード同様というにとどまらず、単なる忠実以上の忠実さで作られた作品なのだった。原作の内容を「原作以上に正しく」描き出してしまったのだ。原作の表現にではなく内容そのものにいっそう忠実な繰り返し描写を行なったのである。[*9] 一万五千回以上律儀に放送することはさすがにできなかったものの、八回だけの繰り返しでも視聴者を驚愕させるには十分だった。

長時間にわたる出来事を描く場合、小説や映画では、事件展開を代表する要点に絞って、描写内容を削減するのが通例だ。フィクションに限らず、歴史書も含めた物語文化の常識である。ポイントとなる事項を過不足なく記述するのが基本だろう。十五日間かける一万五千五百三十二回という長大な出来事を描くとなればなおさらである。つまり「エンドレスエイト」は、「効率よく内容を伝達する」というフィクション・ノンフィクション共通の作法をあえて破ったのである。

超監督涼宮ハルヒ

この「掟破り」が為された理由は何だろうか。アニメは芸術の一ジャンルだから、表現に実験的工夫を凝らしたというだけのことだろうか。しかし工夫を凝らすにしても、多くの視聴者を退屈させることが十分予想できただけに、実行に踏み切るだけの積極的理由があったはずだろう。

アニメには、スタイリッシュな映像詩的実験を前面に押し出した作品がたくさんある。『化物語』（西尾維新原作・シャフト制作）や『四畳半神話大系』（森見登美彦原作・マッドハウス制作）、押井守の劇場作品『立喰師列伝』等々。『ハルヒ』はその種のアニメではなく、伝統的なセルアニメの方法で正統的なエンタテイメントを実践した作品であることは当初から明瞭である。それだけに、まれに噴出する例外的な映像実験部分（「憂鬱Ⅲ」の長門の長広舌シーンなど）が視聴者に与える印象は強烈なものになっていた。つまり、表現レベルでの穏健な実験は効果的に作用していたと言える。そのかわり、「エンドレスエイト」のような過激な実験となると違和感が強くなりすぎた。しかも「エンドレスエイト」は視聴者が比較的慣れている映像表現面の実験ではなく、コンセプトにおける実験だったのである。

もともと『ハルヒ』には二〇〇六年版の頃から、表現面よりコンセプト面において、原作にない

＊９　原作でのループ最後のシークエンスにあたる一万五千四百九十八回目はアニメ版では「エンドレスエイトⅡ」のエピソードにあたり、原作の一万五千四百九十八回が一万五千五百三十二回に引き伸ばされている。このことは実は重大な意味を持っており、後に批判的に考察する。ループ回数変更以外の点で「内容の忠実な描写」になっていると本当に言えるかどうかについて第６章で。回数の意味については第７章で。

「実験的アート志向」が仄見えていたと言える。というより、原作に忠実に作るという基本方針の枠内でこそ輝くような実験的試みが志向されていたと言える。そもそも第一話として「朝比奈ミクルの冒険 Episode00」を放送したこと自体が事件だった。原作ファンは「いきなりこれか」と爆笑した。「朝比奈ミクルの冒険 Episode00」というのは、文化祭で上映するために涼宮ハルヒ監督のもとSOS団が制作した映画である。『ハルヒ』の主要キャラクターたちが本来の人間関係とは異なる設定で、すなわち劇中映画における人間関係設定で登場してくるため、原作を読んでいない視聴者は〈ウソの設定〉からハルヒの世界に招き入れられたことになる。そもそも「朝比奈ミクルの冒険 Episode00」そのものの内容が初心者には意味不明に感じられたことだろう。

アニメのような大衆芸術では、はじめに人物や設定の紹介的導入がなされるものなのに、文庫本第六巻収録の劇中劇をしょっぱなに持ってくるというやり方は、不親切この上ない。この時点で「このアニメ、相当遊ぶ気だな」とファンには伝わったはずである（第II期では「朝比奈ミクルの冒険 Episode00」は時系列順どおり第二十五話に配置された）。

放送第一話は涼宮ハルヒが監督した映画からスタートするので、オープニングのクレジットに「超監督 涼宮ハルヒ」という文字が出る（「超監督」は原作でハルヒが映画作りのとき自称して腕章まで作った肩書き）。それに合わせて、第二回以降のすべてのエピソ

『涼宮ハルヒの憂鬱』第Ⅰ期（2006年）放送順

第1話	朝比奈ミクルの冒険 Episode00
第2話	涼宮ハルヒの憂鬱Ⅰ
第3話	涼宮ハルヒの憂鬱Ⅱ
第4話	涼宮ハルヒの退屈
第5話	涼宮ハルヒの憂鬱Ⅲ
第6話	孤島症候群（前編）
第7話	ミステリックサイン
第8話	孤島症候群（後編）
第9話	サムデイ イン ザ レイン
第10話	涼宮ハルヒの憂鬱Ⅳ
第11話	射手座の日
第12話	ライブアライブ
第13話	涼宮ハルヒの憂鬱Ⅴ
第14話	涼宮ハルヒの憂鬱Ⅵ

ードのオープニングクレジットで、実際に担当した監督の名前よりも大きく「超監督　涼宮ハルヒ」の文字が躍ることになった。しかも制作委員会の名称は「ＳＯＳ団」と表示された。つまり、次のようなメッセージが毎回表示されたことになる。

「これは涼宮ハルヒの意思によって作られた作品です。ハルヒが望むまま、私たち京都アニメーションのスタッフは従うだけなんです。きっと突飛な実験がいくらでも起きますよ。覚悟はいいですね」

そうしたメタ設定で作られたのがアニメ版『涼宮ハルヒの憂鬱』なのだ。[*10]『ハルヒ』制作陣が「朝比奈ミクルの冒険 Episode00」をトップに持ってきた理由は、この「超監督　涼宮ハルヒ」というクレジットをその後すべてのエピソードにかぶせたいからだったんだな……と（原作を知る視聴者には）直ちに伝わる仕掛けになっていたのである。

このコンセプトはきわめて合理的である。なぜなら、「朝比奈ミクルの冒険 Episode00」は、ＳＯＳ団の団員たちが、架空の文脈内ではあれ現実の身元に一致する役柄で出演した映画だからだ。すなわち、朝比奈みくるは未来人、長門有希は宇宙人、古泉一樹は超能力者、という役柄をハルヒ

＊10　このメタフィクション的なコンセプトは、第1話をはじめ第Ⅰ期の多くのエピソードの脚本とシリーズ演出を担当した山本寛がインタビューで語っている（山本 2006、二一頁）。第Ⅱ期で初放送されたエピソードでは、毎回のクレジットに「団長　涼宮ハルヒ」と提示され、実際の監督である石原立也は「団長代理」とされた。なお制作委員会の構成団体は次の通り。第Ⅰ期……角川書店、角川エンタテインメント、京都アニメーション、クロックワークス。第Ⅱ期……角川書店、角川映画、京都アニメーション、クロックワークス、ランティス。

が偶然与えた映画なのだ（実は偶然ではなく、彼らをＳＯＳ団にすぐ引き入れたことと同様、ハルヒの環境操作能力の表われだったのだが）。涼宮ハルヒ自身を含め『ハルヒ』の登場人物全員が実際の身元のまま別の物語を演じるというこの設定は、『ハルヒ』本編内のハルヒがそのまま本編の監督〈超監督涼宮ハルヒ〉だという設定へスムーズに重なる。こうして、「超監督　涼宮ハルヒ」という仕掛けは「朝比奈ミクルの冒険 Episode00」の延長上にすんなり収まるのである。

このコンセプトはアニメ本編だけでなくパブリシティにも適用された。ＣＤやキャラクターブックなどの周辺メディア作品についても「プロデュース　涼宮ハルヒ」と印字される演出がなされたのである。つまり『ハルヒ』というアニメは、いわゆる「プロジェクトアート」として実践されたと言えるだろう。企画から制作、放送、マーケティング、視聴者の反応まで含めて全体がひとつのアートである――共同体のシステムに依存したその種の産業的規範に則って、各エピソードとその関係性が構成されていたわけだ。[*11] これは型破りの実験を試すのにうってつけの設定だったと言える。すべてハルヒ様の破天荒な性格のせいにすればよいのだから。

したがって、放送上の構成やコンセプトだけでなく、アニメ本編の表現そのものも細かな実験に満ちたものとなった。前述の『化物語』等に比べると伝統的なリアリズム手法の枠内にとどまりながらではあれ、映像の随所に時事ネタやサブカルチャーへのオマージュが仕込まれるなど、アニメとしては異例の偏執的手法がふんだんに使われている。加えて、視覚・音声情報の特性を生かして、原作には存在しないデータも多数付け加えられた。話題になったものとして、随所に現われる「高速逆再生呪文」がある。長門有希がキョンを救うために朝倉涼子とバトルを繰り広げる場面で、双方が超高速の台詞をつぶやくが、朝倉涼子の台詞を逆再生して速度を落とすと、「キョン君のこと好きなんでしょ。わかってるって」と聞こえる。これは後の『消失』で長門有希がキョンへの恋心をあらわにする伏線になっている……等々の考察を誘発するわけだ。

視覚情報においても、長門有希が読んでいる本のタイトルをさりげなく表示することにより、長門の心理や今後のストーリー展開を小説以上に洗練された仕方で暗示しているとも言われる。[*12] さらに、予告編にしか現われない画像や音声と照らし合わせて初めて本編の描写の意味がわかる、といったシーンもいくつか作り込まれた。たとえば「サムデイ イン ザ レイン」（第Ⅰ期第九話、第Ⅱ期第二十八話）では、部室でキョンが目を覚ました瞬間にハルヒが妙にあわてた表情でのけぞっている。そこだけ見たのでは「?」だが、第Ⅰ期第八話次回予告に「おつかれさま。キョン」という優しいセリフが（映像との連動なしで）聞こえており、そのセリフのあるべき場所こそこのキョン

＊11　「プロジェクトアート」という言葉は一般的ではなく、ろくでなし子の「デコまん」裁判において公に初めて使われた。女性器をかたどった石膏作品展示のためのクラウドファンディング協力者に女性器３Dデータが配布されたが、それに対して二〇一六年五月九日に有罪判決（石膏作品展示そのものは無罪）、二〇一七年四月十三日に控訴棄却が下された。寄付者への「御礼」も芸術作品の一部だというのが被告の主張だった。芸術かどうかと有罪かどうかは互いに独立の問題なので、被告側の主張どおりプロジェクトアートという意図が認められたとしても、判決に影響すべき理由はない。芸術性と違法性は背反的ではないからである。なお類似概念として、作品の制作過程や状態変化を鑑賞対象として提示する「プロセスアート」がある。またテレビアニメやテレビドラマの場合、視聴者どうしがネットの実況掲示板などで交流する「祭り」の側面に着目すれば、「リレーショナルアート（関係性の芸術、Bourriaud,1998）」の一種と捉えることも可能だ。本書では、一系統の制作プロセスやユーザの反応に限定されない娯楽産業的メディアミックスの全体像を強調するために、あえて未確立の用語「プロジェクトアート」を用いる。

＊12　『ハルヒ』が引用、借用、言及している映画、ドラマ、小説、音楽などについては、三原 2010 を参照。

目覚めシーン直前だと気づくことによって、ハルヒの表情の意味がわかるようになっている。本編の機微を理解するには、視聴者は一週間前の予告編を記憶していなければならないわけだ。

「サムデイ イン ザ レイン」は唯一のアニメオリジナルで、原作者谷川流自身が脚本を担当したエピソードである。そこでは、とりたてて事件の起こらない風景のみが全編進行する。長門有希が部室で読書する姿、キョンが坂道をゆっくり歩く姿などを、小津安二郎めいたフィックスショットや長回しでセリフなしのまま映し続け、長門の全身読書姿の背景には室外のさまざまな音声（隣室の演劇部の練習らしい）――発声練習、テレビ番組のモノマネ、漫才などの膨大なセリフその他――が小音量で流れるという「声優の無駄遣い」がさりげなく行なわれたりする。

長門のその読書姿のワンカットは、六秒間の中断をはさんで二百二秒に及び、この種の先例――『新世紀エヴァンゲリオン』第二十二話のエレベーター内の五十秒間沈黙静止画など――のどれに比べてもいっそう自己目的的な鑑賞を意識して作られたシーンだと言える。ほとんど動きのない長回しという一見手抜きにしか見えない側面と、耳を澄まさないと聞き取れない凝った背景という両極。そうした相反する二側面が同居する「サムデイ イン ザ レイン」の二面的実験性は、「エンドレスエイト」の二面性、すなわち「脚本の使いまわしを一から全部手作りで」という〈丹念な手抜き〉をそのまま予告していたと言えるだろう。

『ハルヒ』では〈原作ストーリーに忠実なアニメ化〉という基本線があり、かつ〈露骨な映像詩的アートにはしない〉という不文律もあったので、表現で勝負をかけるにはストーリー上大したことが起こらないエピソードがふさわしい。そういった狙いが第I期視聴者には「サムデイ イン ザレイン」ですでに伝わっていた。そのため、京アニ制作陣が「エンドレスエイト」で何かやらかしてくれるのでは？　という予想は今思えばさほど難しくなかったと言える。時間ループという大事件を枠組みとしていながら、枠組内の現象としては毎日ただ淡々と遊ぶだけという平板な「エンドレスエイト」のプロット――日常性をまとった非日常性――は、スタッフの実験欲を満たすには最適の素材だからである。（ちなみに、何も重要な事件が描かれていないと一見思われる「サムデイ イン ザ レイン」には『消失』のための描写的伏線がいくつも張り巡らされていることがネットでさかんに指摘されており、「エンドレスエイト」が『消失』の因果的伏線だとされるのと好一対を成している。それら伏線については後に詳しく見る）。

というわけで、『ハルヒ』制作陣に当初から疼《うず》いていた「実験的アート志向」そのものが「エンドレスエイト事件」の主因であることは間違いない。しかし主因がいくつかの条件によって支えられていなければ、あれだけの大それた試みが実現することはなかっただろう。

実験を支えた要素のうち最も大きなものは、〈原作の強さ〉だと思われる。そしてそこから派生した、メディアミックス展開の徹底である。

『ハルヒ』の原作は、ライトノベルとしてきわめて類型的な、確信犯と言えるほど模範的なテンプレート仕立てに徹しており、しかもストーリーと世界観の完成度が高い。そのぶんアニメでは安心して逸脱的試みができたと考えられる。とくに「キャラクター」という、ライトノベルとアニメにとって最も重要な要素において、原作『涼宮ハルヒシリーズ』はすべての主要類型を効率よく取り揃えていたので、ちょっとやそっとの悪戯でデフォルメしようが揺るぐことのない支持を受け続けるはずだった。

原作はまず、セカイ系的自意識を体現する主体として、一人語りの多い凡人男子を視点に据えていた。ついで『新世紀エヴァンゲリオン』で定着した必須女子キャラ二大類型を配置。すなわちハイテンションなツンデレ美少女（涼宮ハルヒ）と無口な鬱気味の美少女（長門有希）である。ツンデレ美少女は、勉強もスポーツも万能なのに言動が常軌を逸した自己中のイタい女であり、典型的「残念」キャラ。無口美少女ははじめ眼鏡っ娘として登場したが、主人公男子に「俺には眼鏡属性はない」と聞いてからは眼鏡なしで過ごすという特殊ツンデレ効果付き。さらには、『エヴァ』には不在だった、いじられキャラ兼ドジっ娘美少女（朝比奈みくる）によって、天然のコメディ要素が導入された。このドジっ娘はメイド、バニーガール、ナースなどの格好を強いられる従順なロリ顔巨乳娘という典型的萌えキャラだが、彼女自身の未来の姿（異時間同位体）である成熟した実務肌のお姉さま系（朝比奈みくる大人バージョン）が随時登場することによって、間接的なツンデレ効果が醸し出されていくのである。

ほかにもサブレギュラーとして、方言キャラを兼ねた大財閥次期当主のさばけたお嬢様（もちろん美少女。八重歯フェチへのアピール兼担）、世話好きで成績優秀な委員長（もちろん美少女、ＡＡプラス）、良識的で理屈っぽいボク女（もちろん美少女、貧乳フェチへのアピール兼担）、十一歳にしては幼すぎる天真爛漫な妹、丁寧語でまわりくどい情勢判断を垂れる柔和なイケメン転校生（古泉一樹）、ナンパ好きでがさつな俗人男子とそこそこ優等生男子のコンビ、気弱なコンピュータ研部長、絵に描いたような悪役を演じる生徒会長、シブいオジサマ、等々類型中の類型がひしめくが、このベタ設定は「環境情報を改変する力を持つハルヒがこういう世界を望んでいるから」というメタ設定で丸ごと正当化される仕組みになっている。そして実際、ハルヒは「萌えよ萌え、いわゆる一つの萌え要素」（『憂鬱』、六〇頁）といった自己演出的台詞を頻発し、メタ性を誇示するいわばメタメタでベタメタを幾重にも正当化してしまう。こうした「お約束の完備」という安全な土壌に足場を置いているからこそ、アニメ版で新たに多少の脱線がなされても基礎が揺らぐ心配はなく、過激な実験がいくらでも可能になるのである。

「超監督　涼宮ハルヒ」「団長　涼宮ハルヒ」というプロジェクトアート的な制作理念をアニメのクレジットにも反映させて過激な実験を正当化する仕組みは、「涼宮ハルヒの意識（意図）」によるものとされたが、「涼宮ハルヒの無意識（願望）」という反実験的にベタでエンタテイメントな作品内設定もまた、実験を支える足場として作用していたのである。

ベタなエンタメ設定が実験をやりやすくし、実験はメタレベルでのベタへの批評を実践する。つまり、ベタがメタの条件を調える（御都合主義を制作法にまで拡張する）とともに、メタがベタを正当化する（無自覚なベタでないことをアピールする）という意味で、大衆芸術と前衛芸術の融合をキャラクター設定そのものによってすんなり成し遂げた奇跡のようなアニメが『ハルヒ』だった、と言えるだろう。

メディアミックスの陥穽

このように、普通なら許されない実験的試みの断行を促したのは、ミリオンセラーの原作でこそ調えられていたメディアミックスの環境だった。アニメならアニメ、小説なら小説、マンガならマンガという単一のメディアで完結するよりも、複数のメディアの連合体によって本当の全体像を実現する「メディアミックス（あるいはワンソースマルチユース）」の中で各メディア作品が結びついていたのである。ライトノベルとして世に出た時点でアニメやマンガなど他メディアでの同時展開が前提となっており、文庫本にはアニメ化作品やマンガ化作品のイメージを伝える挿絵や口絵が付属し、読者にアニメ版を早々に想像させた。

メディアミックスという作品提示のあり方はもちろん昔から存在していた。オタク系サブカルチャー[*13]に限っても、たとえば一九六六年に始まったウルトラマンシリーズでは、作品世界の実相を知るには複数のメディアを参照することが必須だった。テレビ放送のエピソード中では説明が省略されていた怪獣の能力・武器、身長・体重、出身地などについて公式のデータを提供したのは、少年雑誌の怪獣特集や単行本の「怪獣図鑑」であり、そうした他メディアを参照することなしにはウルトラマンシリーズの正しい鑑賞ができない仕組みになっていた。[*14]二十一世紀にはインターネットも加わってさらに大規模なメディアミックスが展開したのは当然の流れで、メディアミックスは実験的でもなければ新しい現象でもない。『ハルヒ』が特別だったのは、一つには原作の知名度に乗ってメディアミックスを徹底的に推し進めた点であり、もう一つは、ファンが高度なコンテクスト依存的鑑賞を行なってくれるだろうことへの全面的な信頼にもとづいて「プロジェクトアート」を体系的に実践したことである。

テレビ放送第一話に「朝比奈ミクルの冒険 Episode00」を置いたり、「高速逆再生呪文」や予告編内メッセージを仕掛けたりといった前述の手法はその典型例だった。公式ウェブサイトのソースコードに頻繁に仕込まれていた「隠しメッセージ」も同様の例と言えるだろう。隠しメッセージには、放送内容とリンクした真相暗示やトリビアが含まれていた。ウェブ閲覧者はサイトのいわば裏側であるソースコードまで見ようとはしないものだが、『ハルヒ』のファンならこのくらいはするだろうという信頼に基づいて、「見た人だけが得をした」的なオタク魂くすぐり装置が随所に散りばめられたのである。[*15]『ハルヒ』というアニメは、ファンの深読み、探索欲、勤勉な間テクスト的研究に信頼を寄せたうえで、きわめて洗練された「非説明的・暗示的・暗号的情報」による「参加型アート」の観を呈していたわけだ。

＊13　岡田斗司夫によれば、オタク文化はサブカルチャーの系譜とは無縁で、むしろ伝統的な職人文化に連なる（2008b、三五三頁）。「オタク」と「サブカル」は、むしろ互いに対立関係にあるものとして論じられることが一般化してきている（加野瀬・ばるぼら 2005）。オタク vs サブカル（もしくはオタク vs アカデミズム）的なオタク内葛藤の実例については、「サウンドホライズン」をめぐる体験記である三浦 2015b を参照。サブカル文化の本質が批評的態度であるのに対し、没入志向であるオタクは批評（とくに自分が批評されること）で傷つきやすいので、この両者の対立は必然とも言える。「オタク」と「サブカルチャー」という二つの概念の歴史には本書は深入りせず、ともにアニメファンを包含する通俗的用語として用いる。対して「サブカル」という略称は、オタクを論評しがちなインテリ層を指す名詞として用いる。

＊14　甚だしい場合は、怪獣の名前すらテレビ本編で語られず、着ぐるみアクターのクレジットにも怪獣名が表示されず、怪獣図鑑で初めて明かされたりした（『ウルトラQ』の怪獣二十五体のうち七体がこれに該当）。逆に、番組で描写されている顕著な属性が公式には無視されることもあった。たとえば「武器」は最重要の情報であるにもかかわらず、番組本編でゴルゴス（放送時は名前なし）が口からさかんに吐き出していた土煙は、当時のどの怪獣図鑑にも明記されなかった。公式情報を多メディアが分担するという点においては、二十一世紀のアニメより六十年代の特撮の方がメディアミックス度が高かったと言えるかもしれない。

アニメ本編内外における微妙な情報提示それ自体は伝統的手法とも言えるので（マンガ単行本のカバー裏に新作マンガを印刷しておく「隠しメッセージ」は八十年代には普通に行なわれていた）、実験と呼ぶに値しないかもしれない。しかし『ハルヒ』の場合に特徴的だったのは、さまざまな実験的提示がインターネット熟成期の文化環境の中で絡み合って、いかにも「何でもあり」な雰囲気をみんなで楽しむ雰囲気、つまりメタ雰囲気が醸成されたことである。「エンドレスエイト」はそのような、ファンの鑑賞能力への信頼のもとで企画された実験作品の極北だったと言える。

さらには作品鑑賞のレベルを超えて、話題性そのものを拡大再生産して盛り上がるという「祭り」も実験機運に拍車をかけた。一般にテレビドラマやテレビアニメの放送中は、話題性の大小にかかわらず2ちゃんねる等にスレッドが立ち、放送時間中は猛スピードで実況投稿が増えるものと相場が決まっている。議論や荒らしや煽りが少なからず発生し、公式サイトとリンクしてあちこちのブログや掲示板でさまざまな考察やら小ネタやらが語られる。「祭り」はテレビドラマ・テレビアニメの大前提であり、あとはそれをどう利用するかである。

『ハルヒ』の場合は始めからファンの自発的行動を煽るコンテンツがアニメ内に散りばめられていた。第I期第十二話「ライブアライブ」でハルヒが熱唱した曲をはじめ、オリジナル劇中歌のCDがオリコンチャートで週間5位になるヒットを記録したが、それを上回る話題を集めたのがエンディング動画だった。音楽「ハレ晴レユカイ」に合わせてキャラクターたちが踊る「ハルヒダンス」である。あれが世界中で大ウケし、ファンが自分で踊る画像やキャラクターデザインを加工したもの、振り付けを解説したものまで、数えきれないほどの動画がネットにアップロードされて、メディアミックスの幅を広げた。

こうして、小説、アニメ、マンガ、ゲーム、音楽、イラストなどにとどまらず、「ダンス」という芸術ジャンルまでが『ハルヒ』というコンテンツの重要部分を形成したのである。アニメやドラマのエンディングダンスで「踊ってみた動画」がウェブ投稿されるのは今やありふれた現象だが（『プリキュア』『逃げるは恥だが役に立つ』など）その先駆的ブームを作ったのは『ハルヒ』だった。各メディアの相互作用によりいくらでも深読み可能となったハルヒ空間ゆえに、アニメ制作陣としてはちょっとやそっと羽目をはずしても、超メディアミックス的祭りならではの歓迎気運がファンの間に熟している、そう期待されたのも当然だろう。

ファンの鑑賞態勢の洗練度と、「祭り」という何でもありのハイパーアート空間の極大化。その二つに依存しながら断行された怪実験「エンドレスエイト」は、制作委員会の意図としては、実験というよりファンサービスの色合いが濃かったのかもしれない。「原作に忠実なアニメ化」が漫然と当然視されがちな文脈でエンドレスエイト的サプライズというのは、新鮮な逆説的娯楽になりえただろうからだ。なにしろシークエンスごとの微細な違いを発見する楽しみは「隠しメッセージ」に飢えたオタクたちにうってつけだろうし。キャラクターといっしょにいつまでもループさせられ

＊15　ソースコードを公開する「オープンソース」は以前からなされていたが、ソースコードで遊ぶ風習がいつごろからどの程度なされるようになったのかはわからない。企業のウェブサイトではソースコードの文字群でアスキーアート風にロゴマークを描いたり、訪問者へのメッセージや宣伝を伝えたりすることは現在盛んになされている。『ハルヒ』の公式サイトがこれを真似たのか、それともこの種の先駆的試みだったのかについては明確なことは言えないので、新奇性の評価については保留しておく。

るのはオタク特有のモラトリアム志向にぴったりであろうし。オタク度の低い素朴なファンがかりに怒って炎上しても、それはそれで「祭り」の一環として大いに盛り上がるであろうし。そんなこんなで、多少のマイナス効果をも吸収してプラスに転化するだけの豊かな鉱脈が、ハルヒ環境には醸成されつつあるはずだった。

しかし、制作陣の目算は大きく外れたというべきだろう。「エンドレスエイト」は概して不評だった。単なる話題作りに終わってしまった。大多数のファンの熱がみるみる冷めてゆく様子は一目瞭然で、視聴から脱落するユーザが続出した。コンテンツの他部門との目立った化学反応は起こらず、「エンドレスエイト」そのものに対する有意義な批評や研究が『ハルヒ』全体を活気づけたわけでもなかった。ハルヒ信者たちの中にも「エンドレスエイト」を許容はしても高く評価した者は稀であり、総じて『涼宮ハルヒの憂鬱』の超メガヒットへの流れを妨げ、単に〈ゼロ年代を代表する人気アニメの一つ〉という程度の地位にとどめる原因となってしまった。鉄板コンテンツをあえて潰した愚行として語り継がれることとなってしまった。

ちなみに、「エンドレスエイト」の直後に続くエピソード五回分「涼宮ハルヒの溜息」（第二十話～第二十四話）にも、コンセプト上の奇妙なこだわりが仕組まれていたことを忘れてはならない。原作のページ数を五等分して一話あたり五十五ページをアニメ化、と機械的に決められたのである。そのため五回とも、キャラクターの会話やモノローグや動作の途中でいきなり終了し、次回はその続きから唐突に始まる、という異例の構成になった。「エンドレスエイト」が複製のメタファーなら、「溜息」は分割のアレゴリーと言ってよい。あるいは、「エンドレスエイト」のリピート再生機能を「溜息」の一時停止機能によって時間遡行的に解除した、という見方もできるだろう。「溜息」のこの偏執狂的デザインも、表現というよりコンセプトの実験というべきであり、表現形式上、目覚ましい印象をアピールできるほどのものにはなっていない。ストーリー的接続の物語面で、あるいは表現面、そしてコンセプト面、いずれの側面からしてもあまり必然性のない試みだったと言えるだろう。「エンドレスエイト」といい「溜息」といい、第II期の「実験的精神」は、第I期とは違って、空回りしてしまった感が否めないのだ。

さて、ざっとこのように紹介すると、「エンドレスエイト」はただの「失敗した実験」にすぎないと感じられるだろう。しかし、それで済まされるような単純な試みではなかった。「エンドレスエイト」という実験的作品が持つ興味深い芸術哲学的含意を明らかにするのが本書の目的である。そのために事実情報の整理をいくつか済ませておかねばならない。というわけで、視聴者の典型的反応の確認に移ろう。

第2章
エンドレスエイトの憂鬱

「やりきれんな……」

「やりきれんな……」

美的価値とTPO

二〇一〇年ごろから、「(ブームが) 終わったコンテンツ」という揶揄の意味で「オワコン」なる言葉が2ちゃんねる発で広まった。主に『ハルヒ』についてさかんに語られることを通じて「オワコン」はネットスラングとして定着した。ハルヒがオワコンとされた理由は主に次の三つである。

・原作の続編刊行の遅滞
・ハルヒの声を演じた平野綾の恋愛系奔放発言やベッドイン写真・キス写真流出騒ぎによるファンの失望
・「エンドレスエイト」

第一の原作ファクターは、二〇一〇年段階ですでに文庫本九冊が刊行されていて、アニメ化されていないエピソードは有り余るほどだったので、原作ファンはしびれを切らしていたにしてもアニメファンが憂慮するには及ばない。*16 第二の平野綾ファクターは、『ハルヒ』に限った問題ではなく、スキャンダル後も平野は人気アニメの声優活動を続けているので、これも重視するに値しない。『ハルヒ』に特有の最重要要因はやはり「エンドレスエイト」だろう。

典型的な反応を二つ見よう。

エンドレスエイト放送中ってどんな感じだったの？　最近見た俺に教えて
http://onecall2ch.com/archives/6256412.html
267. 名無し＠わんこーる速報！　２０１５年05月08日 16:00
エンドレスエイトを褒めてる奴は釣りが99％、残りの１％は「糞演出の真意が判る俺スゲー」系の勘違いした自称意識高い系バカ。

　原作は連載作品の中の短編だったから許されただけで面白くもなんともない、ＳＦで使い古されたテンプレネタの一つに過ぎない。

　放映中は毎週お葬式だった。

エンドレスエイトについて語るスレ
http://dic.nicovideo.jp/b/a/ エンドレスエイト /481-
485：ななしのよっしん：2010/01/06（水）07:32:55
…ひどいオナニー演出をみせつけられてひどく憂鬱な気分になった
京アニさん、原作ファンは誰もあんたらに冒険なんて求めちゃいないんだよ。
いつもどおり、よそよりクオリティが高い作画で、原作のイメージを忠実に、ほんの少しのア

＊16　ただし、コンテンツがメディアミックスとして定義されてしまうと、新たなアニメシリーズを展開したとしても、原作新作による並走がないと商業的最適化が望めない、という事情はある。しかし逆に言えばメディアミックスの論理は、原作の進展に従属しない派生メディア（とくにアニメ）の独走による全体の牽引、という力学を期待できる構造を有している。

クセントを添えて製作してくれてたらそれでよかった。
こういう冒険オナニーは完全オリジナル作品でやってくれ。そしたら誰も文句ない。
いやなら見ないし、気に入ったら購入するだけだ。

こうした反応例から、エンドレスエイトの不評の理由は主に二つあることが察せられる。「端的に面白くない」という美的理由と、「場違いなアーチスト気取りはやめてくれ」というTPO的理由である。いわゆる「方向性が間違ってる」感じ、「これじゃない感」に脱力させられる感じと言えようか。

実際、「エンドレスエイト」放送期間中は、腹いせにハルヒのキャラクターグッズ（人形、フィギュアなど）を破壊したり原作文庫本を引き裂いたりしてネットにアップロードする者たちが現われ、[*17]「エンドレスエイト」の五回目が放送された段階で、山本寛（第I期のシリーズ演出担当）がイベント席上で謝罪する模様がネットに流れたりもした。[*18]

劇場版至上主義と文化財意識

もう少し冷静にみえる評も紹介しておこう。「ヤフー知恵袋」でのokji67yさんの質問「涼宮ハルヒの憂鬱でエンドレスエイトが不評な理由はなんですか？」（2011/1/25 11:42:46）に対する解答として、二つ。

kona_kona57さん　2011/1/25 12:07:00（ベストアンサー）

（前略）本来はバッシングを受けるようなエピソードではありませんが消失を最大限に演出する為に生まれてしまった副産物的な存在になったからだと思います。

1話ずつちゃんと制作されてアフレコも8回行うと言う手抜きの無さが売りですが細かい描写やセリフが変化するだけで見た目は殆ど同じ話になるのが見ていて苦痛になると言う事でしょう。

（中略）要は消失を劇場版にする為に本編の尺稼ぎに使われたと言う事です。

放送前から消失の映画化は決まっていて足りなくなったエピソードの補充にオリジナルを使

＊17　アニメやゲームのファンが一転アンチに回ってグッズを破壊するのはよくあることで、ヒロインや声優が処女でないと疑われた場合に起こりやすい。平野綾のベッド写真流出は二〇一一年七月末発売の『ＢＵＢＫＡ』九月号であり、二〇〇九年段階では平野の「醜聞」は二〇〇七年クリスマスのデート目撃談くらいで、当時声優オタクがネットでかなり騒いだとはいえ、「エンドレスエイト」時の破壊行為に平野の件が影響していたとは思われない。ただ、処女厨系トラウマの鬱憤が「エンドレスエイト」で呼び覚まされた可能性はある。オタク特有の（とイメージされがちな）処女厨のロジックを理解するには、リア充の処女厨傾向を検証するのが有効である。三浦 2014b を参照。

＊18　アメリカのボルチモアで七月十九日に開催されたアニメイベント「Otakon 2009」で「エンドレスエイトはいつまで続くのか」と問われて「制作委員会を代表してこの場でお詫びしたいと思います」と答えた（山本はこの時点では京都アニメーションを退社しており、後に「制作委員会を代表して」を撤回）。第Ⅰ期の時点で「エンドレスエイト」の企画は存在しており、山本自身は「二話が限度」と反対していたので、「自分が続けていればこうはならなかったかもしれないという責任を感じている」がゆえの発言だった。（『Jcast ニュース』2009/7/21）動画では山本は「ネットにあげないでください」と言っているが、これもぜんぶ角川と京アニの宣伝工作だろ、と炎上商法を疑うコメントもついてネットを賑わせた。

わずにエンドレスと溜息を引き伸ばして話数稼ぎしたのがマズかったと言えます。（後略）

xmx1fullcloth さん　2011/1/25 21:59:46

（前略）「8回目」でやっと「ループから脱出できた」けれど、シチュエーションが原作と変わらず、ある意味さっと流したのでは、「わざわざ8回もして原作そのままかよ」となりました。

作画・アフレコをすべて新規にしたといっても、それは単なる製作者の自己満足です。

2つ目はDVDを「2話収録6930円を4枚」という形でリリースした、ということです。

傍目から見たら同じ作品をダブって収録したように見えるモノを通常の作品と同様の価格で売りつける。

「オタクなんだから、これでも買うだろう」と馬鹿にされたといってもいいかもしれません。

（中略）正直「2話収録・4枚組・6930円」とか、「1回目・2回目収録の巻」お買い上げの方には残りの3巻を無料で差し上げます、とでもしたほうが良かったのでは。

明らかに「商品」としては「エンドレスエイト」は失敗です。（後略）

http://detail.chiebukuro.yahoo.co.jp/qa/question_detail/q1454381284

先ほど見た美的批判（「つまらない」）、TPO的批判（「ここでやることじゃないだろう」）に加えて、もっと外在的な不評理由が二つほどあることが見てとれる。

まず、「映画企画があるからといって、テレビアニメのファンを蔑《ないがし》ろにするのは許せん」という怒り。第九巻まで出ていた原作の中にはアニメ化に適したエピソードが豊富ではあったが、II期制作陣の方針として〈時系列順に放送する〉というこだわりがあったため、一番人気のエピソード「消失」を劇場版で展開する前にテレビ十四話分の枠を「消失」以後のエピソードで使うことはできなかった。つまり「笹の葉ラプソディ」「エンドレスエイト」「溜息」だけで消化しなければならなかった。そこでふと、〈実験〉ということにすれば引き伸ばしやすい属性を「エンドレスエイト」が持っていることに制作陣の誰かが気づいた。その結果、実験をする必要などなかったのに「エンドレスエイト」で無理矢理八回分作られた、というわけである。

時系列順などどうでもいいと思っている視聴者の目にはこの因果関係は理不尽に映っただろう。放送中は「ああ、楽しみにしていた『消失』まで進まないのか……」という苛立ちとして現われ、終了後は映画企画のせいだったのかという理不尽感に変容した心理。これは「原作≠テレビアニメ≠映画というメディアミックス内格付け方針への疑問」に還元できそうなので、商業的批判と呼べるだろう。

もう一つの理由は、文化的批判と言うべきものだ。メディアミックスの各部門が、最終的に「作品」としてどう調えられるかはファンにとって注目の的だ。テレビアニメについて見れば、ソフト化によって決定版が出来上がる。ところがこの段階ですら何のフォローもなされなかった。「やっちまったものはしょうがないとしても、ＤＶＤでもまだやるか?」という批判を掻き立ててしまった。「エンドレスエイト」は放送から三か月後、二〇〇九年九月二十五日に「I、II」収録単品

DVDが発売されたが、それから一か月ごとに同じペースで計四枚、各七千円前後というやり方には誰もが首をかしげるだろう。第I期を含め他のエピソードと同じ配分、同じペースである。アマゾンではエンドレスエイト収録巻発売前に百件以上のレビューが殺到する炎上状態を呈し（『メンズサイゾー』などが経緯を報道）、「せめてエンドレスエイトだけまとめて一巻で売り出せば世間の評価も違っていたでしょう」（穂垂 2009/9/8 コストパフォーマンスの悪さで星マイナス2）といった「良識的な批判」が多数見受けられる。

「エンドレスエイト」の作品自体を楽しめなくても、制作側の実験精神には敬意を表した、という鑑賞者は少なくなかったはずである。そういう人たちは「よし、DVDが出たな、あのほとんど同じ繰り返しをぶっつづけで堪能してやるぜ！」と息巻いたに違いない。それなのに、一気見のために3回もディスクを取り換えねばならない仕様ときた日には、「なんやこの普通の売り方は……」と萎えるのも当然だろう。「あんな普通でない放送されて売り方が普通ってんじゃ、〈普通の楽しみ〉ができないじゃないか……」[19]。

BOX仕様においても同様で、どのバージョンでも「エンドレスエイト」が二枚以上にまたがっており、一気見することはできない。せっかく「乗る気満々だったファンたち」の意欲にもあえて水を差す売り方をしてしまったわけだ。この販売法が確信犯だとしても、「エンドレスエイト」というまとまった作品を事後構成するための条件すら自己破壊してしまう動機がどのような「確信」に基づいていたのか、了解困難と言わざるをえない[20]。

まとめると、エンドレスエイトへの不評は、大まかに分けて次の四つに分類される。

1 **美的批判**――「時間ループというありきたりな主題で芸もなく引っ張るとは。各回表現に新奇さもないし、単純に退屈……」

2 **TPO的批判**――「娯楽を求めるのがアニメファンの実態。それを無視した制作側の自己満足だ……」

3 **商業的批判**――「アート気取りをしておいて実は『涼宮ハルヒの消失』劇場版のためのビジネス都合かよ。むかつく……」

4 **文化的批判**――「DVDでうまく形作りできたはずなのに性懲りもなく芸のない売り方。どこまでユーザ無視……?」

作品そのものの芸術的出来栄えに関わる1、テレビアニメというジャンルの常識に関わる2、興

＊19 厳密には、売り方はとうてい普通とは言えなかった。新作分の「エンドレスエイト」と「溜息」計十三話を収めたDVD六巻目~十二巻目は、既発売第I期の「孤島症候群」(第五巻)と「ライブアライブ」(第六巻)の間の話なので、その間隔を七等分して巻番号がそれぞれ「涼宮ハルヒの憂鬱5.142857」「5.285714」「5.428571」「5.571428」「5.714285」「5.857142」「5.999999」という変則的な数になっている。しかしそういった凝り方は、「エンドレスエイト」に期待される一気見仕様とは関係ない。

＊20 一気見に適した仕様を角川映画が提供していないことは、「私たちべつに「エンドレスエイト」で特別なことしてませんから」という「洗練された態度」と評することもできる。しかしそれにしては前注で見たように些末な点で特別扱いが露呈されている。第6章で見るように、表現の多様化可能性をことごとく抑制した作為性にも実験的意図は明らかで、ゆえにソフト化にあたって「エンドレスエイト」を特別扱いするのは商業的にも芸術的にも自然かつ必須であったと考えられる。

行都合が作品表現に及ぼす影響や視聴者軽視姿勢への不快感である3、ファンの反応に配慮した形跡がないことへの憤りとしての4。1↓4の順に、内在的批判から外在的批判へと移ってゆくスペクトルを見ることができる。[*21]

それぞれが複雑な内容を持っており、個別の研究に値するが、本書で主題的に論ずるのは一番目の「美的」要因であり、作品の外の事情に関わる事柄については、二番目の「TPO的」要因を多少参照する程度にとどめる。が、次章の前半までは、「エンドレスエイト事件」の社会的背景を押さえるための最低限の外在的考察はなされねばならない。

本章の最後に、DVD売り上げの推移でファンの反応を確認しておこう。

「アニメDVD・BD売り上げ一覧表」のたぐいは集計がネットで刻々と改訂されて公表されている。時期だけでなく集計方法によっても数値が変わるが（作品ごとの累計で集計するのか、単巻ごとの集計か、BOX仕様は含めるのか等）一九七〇年頃から二〇一七年五月までの累計によると、[*22]テレビ長編アニメーション部門で『ハルヒ』第I期は七位、第II期は二十位にある。そして第II期の各巻で見ると、平均四万枚以上を売り上げていたのが、エンドレスエイト収録の巻から二万を切り、一万五千程度に落ち込んでおり、その後も回復していないのである。

精神科医エリザベス・キューブラー＝ロスの「死の受容のプロセス」は死以外の喪失体験全般に当てはまるとされるが、その考えによると、死を前にした人は典型的には、第一段階「否認」、第二段階「怒り」、第三段階「取引」、第四段階「憂鬱」、第五段階「受容」と進むものだという（キューブラー＝ロス 1969）。「エンドレスエイト」の場合、典型的視聴者はどのあたりまで進んだのだろうか。最初の「否認」か「怒り」あたりで視聴をやめて戻ってこない、という者が半数以上いて、ＤＶＤも買わない、『涼宮ハルヒの消失』も観ないという脱落層を形成したのだと思われる。コアなハルヒファンの多くは「憂鬱」か「受容」まで残ったものの、ＤＶＤの仕様に失望して「否認」に戻ってしまった可能性も高い。まさにループが再開されてしまったわけである。

＊21　マーケティングミックスにおける4P理論（マッカーシー 1960、コトラー 1967）や4C理論（Lauterborn 1990）の四要因にほぼ対応する。4P（売り手側視点）では、1 美的＝Product（製品）、2 TPO的＝Place（流通）、3 商業的＝Promotion（プロモーション）、4 文化的＝Price（価格）に相当し、4C（買い手側視点）では、1 美的＝Customer solution（顧客ソリューション）、2 TPO的＝Convenience（利便性）、3 商業的＝Communication（コミュニケーション）、4 文化的＝Customer cost（顧客コスト）に相当する。

＊22　https://www38.atwiki.jp/uri-archive/pages/232.html 京都アニメーション制作のもう一つの大ヒット作『けいおん！』は十七位。一位が『新世紀エヴァンゲリオン』、トップ10に『機動戦士ガンダム』シリーズが三作品入るといった傾向を見ると、ランキングはそれなりに人気と受容度を知る目安になるとは言える。

第３章
エンドレスエイトの溜息

「やれやれ……」

第1節　エヴァのメタ呪縛？

『ハルヒ』全体が心置きなく実験的な作品となりえた理由として、キャラクター造形に見られる「テンプレの徹底」があったことを思い出そう。この背景には、「セカイ系の集大成」という野心が陰に陽に働いていたに違いない。

「セカイ系」という言葉が独特なのは、その語が流布したのが「セカイ系はもう古い」という否定的文脈においてだったということである。*[23] セカイ系とは、「ポストエヴァンゲリオン症候群」とも呼ばれたことからわかるように、『新世紀エヴァンゲリオン』の影響下でエヴァっぽい設定、キャラクター、世界観によって作られた、いかにもエヴァの亜流、劣化コピー、せいぜいパロディと見られがちなサブカルチャー物語類型を指す。『ハルヒ』第I期放送の二〇〇六年という時期は、トレンドが「セカイ系」から「日常系」「空気系」へ移行しつつある最中だったと言える。*[24] 特別なことが何も起こらない学園の日常をベースに、世界の破滅に直結しうる個人的トラウマをときおり浮上させるという、いわば「日常系」の先駆も兼ねた「セカイ系」物語。そんな考えうるかぎり最もトレンディな境界的作品が『涼宮ハルヒの憂鬱』だったのである。

物語の骨子はあくまでセカイ系であるため、『ハルヒ』は「おそらく最後のメジャーなセカイ系アニメ」として、トレンド全体を華々しくまとめ上げる意識満々で世に問われた作品だった。*[25] 時期的に「セカイ系のパロディ」と評されることもあったが、それだけに、エヴァ以降十年間に林立した群小のエヴァ亜流とは違って、エヴァの呪縛から脱した真打ちセカイ系の具体化が画策され、期待されていたことは間違いない。

実のところ、原作の媒体である「角川スニーカー文庫」をめぐる微妙な企業内力学の影響で、『涼宮ハルヒシリーズ』のメディアミックス展開に角川書店は当初本腰を入れていなかったという観察がある（安藤 2008、第三章）。しかし業界人や評論家の期待値は高く、第Ｉ期アニメの画期的な完成度を見た角川書店そのものも、第II期では本気になってメディアミックスに注力したのだった。＊26

京都アニメーション主導の制作委員会ＳＯＳ団の基本方針は、「京アニクオリティ」という言葉を流行らせたほどの、作り込まれたエンタテイメントである。オタク的遊び精神に溢れつつ下手な

＊23　「セカイ系」の語源や定義、代表例などについては前島 2010 を参照。

＊24　「日常系」と「空気系」はほぼ同義。物語性がなく、些末な会話の繰り返しによってコミュニケーション自体が目的化された世界を描く作品群を称する。ともに四コママンガを原作とするアニメ『らき☆すた』（二〇〇七年）と『けいおん！』（二〇〇九年、二〇一〇年）で空気系・日常系のブームを作ったのは『ハルヒ』と同じ京都アニメーションである。

＊25　「セカイ系の臨界点（メタセカイ系）」「脱セカイ系」（宇野 2008、三四二、三四五頁）「セカイ系の最後尾」（暮沢 2010、九二頁）などの形容は、ほとんどすべてライトノベル『涼宮ハルヒの憂鬱』に向けられたものだったが、それだけに原作を超えたいアニメ制作陣の熱気がウェブサイトなどに溢れていた。

＊26　他社のメディアがハルヒの特集を組むなど大きく取り上げていたのに対し、肝心の角川書店のアニメ雑誌『ニュータイプ』は消極的で、ハルヒが初めて表紙を飾ったのは第Ｉ期終了後一月経った九月号においてだった（安藤 2008、二六九–二七〇頁）。

映像実験や前衛的雰囲気に逃げない。つまり正攻法ということだ。『新世紀エヴァンゲリオン』が社会現象となり、画期的なアニメとしての評価を得たのは、正攻法によってではなかった。伏線らしきものを敷くだけ敷いて回収できなくなり、最後に物語構築を放棄したその破綻ぶりが、たまたま同年に起きた阪神淡路大震災・地下鉄サリン事件といういかにも「世紀末的」な出来事とシンクロして批評家の弁論欲を刺激し、うまく「新世紀」へ向かう代表作に祀り上げられた——それが「エヴァ現象」の骨組みである。*27

脚本の破綻だけでなく、回が進むにつれ目に見えて雑になってゆく作画を見ても、エヴァはエンタテイメントとして本来失敗作だった。作品の中に存在しないことが明らかな「深い意味」の数々を一部ファンが自発的に読み込むことによって膨らみ、矛盾を外部へ（社会批評へ）放逐することで初めて豊饒化した話題作であったにすぎない。しかし作品的破綻は、「オタクを甘やかしてきた御都合主義的逃避傾向を根本から否定する試み」と理解され、「オタクを現実へ覚醒させた」的な賛辞がサブカル系批評家によって大盤振る舞いされたのである。

エヴァの脚本の破綻はなるほど「御都合主義に収まらない無情な現実」ではあったが、周到な戦略としてなされたものではない。自然にそうなってしまっただけである。批評文化のツボのわかりやすさにはまさに溜息をつきたくなるが、大地震やテロ事件と共振してブレイクするだけの最低限の内容と設定を、『エヴァ』はたしかに備えてはいたのである。*28

その後のセカイ系物語たちは、エヴァのような破綻に陥ることなくエヴァ並みの支持を獲得しようとした。しかしどれひとつとして、話題性の点でも影響力・評価の点でもエヴァの域には達しなかった。アニメは「エヴァ以降」であり続けた。

そこへ初めて、エヴァを超えてアニメ史を更新する可能性を孕んだコンテンツが名乗りを上げた。セカイ系最後尾をセカイ系の可能性全開で締めくくれるだけのポテンシャルを、原作のコンテンツ力と京都アニメーションのメディア力はともに有していたのである。

第Ⅰ期はそれが滞りなく実現した。劇場版『涼宮ハルヒの消失』にいたっては第Ⅰ期を凌ぐ完成度で、エヴァの呪縛を脱した正統エンタテイメントがセカイ系的に可能であることを実証した。しかしそれらの成果を、間に挟まる第Ⅱ期が――「エンドレスエイト」という奇形の実験が――帳消しにしてしまった。そしてそれはまさしく『エヴァ』最終二話と同系統の、いやはるかにたちの悪い大規模な破綻のように多くのファンの目には映ったのである。

『ハルヒ』第Ⅱ期の破綻は、『エヴァ』その他のアニメで頻繁に起こり続けた作画崩壊とは違って、予算・短納期・人手不足などとは関係ない。『エヴァ』のような不可避的自然現象としてではなく、逆に念入りに作り込まれた人為的破綻だった。それがファンにはショックだった。不可抗力によるわけでない作為的事件、確信犯的破綻だったため、「ほんとはもっと良いシリーズに出来たはずな

＊27　『エヴァ』の脚本破綻・作画崩壊からくる最終二話をオタクのコア層は嫌ったのにサブカル寄りの人々が褒め称えたことが、「オタク vs. サブカル」の対立傾向の著しい事例であるとされることが多い。加野瀬・ばるぼら 2005（とくに九七頁）を参照。

＊28　社会的要因抜きで『エヴァ』そのものの「いじりやすさ」を感じ取るには、『アメトーーク！』の「エヴァンゲリオン芸人」（二〇〇八年四月二十四日）がよい（DVDvol.5 と Blu-ray BEST ゴールドに収録）。『ハルヒ』があの種のトークで使われるとしたらもっとメタ的な話にならざるをえないだろう。『消失』公開直前にバナナマン設楽がハルヒに触れたトークが参考になる（ＴＢＳラジオ『月曜 JUNKZERO バナナマンのバナナムーーン』ポッドキャスト、二〇一〇年二月一日）。

のに」という倫理的恨みをファンに抱かせた。[*29]

「エンドレスエイト」は八回とも、単体で見ればきわめて丁寧に作られた良質アニメである。それがセットで提示されると、破綻としか思えなくなってしまう。「エンドレスエイトさえなければ……」といったたぐいの記事はネットに今なお溢れている。[*30]「エンドレスエイト」＋「溜息」を五回くらいでまとめたあと「消失」で締めれば、第II期ハルヒは歴史的名作としてテレビアニメそのものの芸術的地位を押し上げたかもしれない。いや、「ハルヒが深夜アニメのハードルを一気に上げた」という評価はもはや常識と言えるほど広く語られているが、それはもっぱら第I期についての評価である。第II期を普通に「消失」まで放送すれば、深夜アニメだけでなくアニメ文化そのものに革命を起こしたかもしれない。射程距離にあったその的をあえて取りにいかなかった制作委員会の変則反転は、まさに「エヴァの呪縛から脱しきれていなかった証し」と見えてしまうのである。結果的に第二のエヴァ路線、スキャンダラスな「破綻」による話題性へ逃げた形になったからだ。

まさしく「やれやれ……」である。[*31]

『ハルヒ』は物語構造や作画、ディテールや表現技法などすべての点において、『エヴァ』を確実に凌ぐレベルを達成したが、それは一部にはアニメ技法の進化に伴う必然にすぎず、時代的基準において『エヴァ』に代わる地位を得たとは言えない。「ゼロ年代は『しいて言えば』ハルヒ」という程度だろう。「萌え」のバラエティを一気に広げてライトオタクを大量に生み出したり、ハレ晴レユカイを野外で踊る映像が世界に流通してオタク文化の明るいオープンなイメージを定着させたりと、新しい形で時代を画した功績は揺るがぬ『ハルヒ』ではあるものの、アニメの風土を「エヴア以降」から「ハルヒ以降」へ一新するチャンスは逸した。[*32] その第一の原因はやはり、健康的な萌えアニメのイメージを自ら裏切った「エンドレスエイト」の難解さだったという他ない。『新世紀エヴァンゲリオン』という破綻作品がオタク文化の聖典であり続けているいびつな現状を、正統エ

＊29　『エヴァ』の最終二話がスケジュールの破綻から自動生成された〈シミュレーション結果としての、避けられない放送事故〉だったのに対し、「エンドレスエイト」はスケジュール通り順調に行なわれた、念入りに描き込まれた〈避けられたはずの、手作りの放送事故のフィクション〉だった。表現方法としてのシミュレーションとフィクションとの対比については第4章で考察する。なお、放送事故への第三種の対処例として、村上隆のアニメ『6HP／シックスハートプリンセス』（二〇一六年十二月三十日、TOKYO MX）がある。未完成のまま放送日を迎えてしまい、放送時間の半分以上を村上自身の謝罪コメントと制作ドキュメンタリーで占める番組構成に切り替えて話題になった。本来は放送事故となるものをメタレベルで別ジャンルの作品へ変貌させた好例である。この種のジャンル変換戦略は、第8章第3節で考察する。

＊30　「結局00年代アニメの代表作って何よ?　70年：ヤマト、80年：ガンダム、90年エヴァ」「2000年以降の代表アニメ決めようぜwwwwwww」等の代表選出スレには、「エンドレスエイトさえなければハルヒで決まり」といった趣旨の書き込みは多い。あまりに多いので、「エンドレスエイト」のおかげで逆説的に『ハルヒ』が過大評価を得たのではないかという疑いすら生じてくる。

＊31　「やれやれ……」はキョンの口癖だが、これは中学時代に友人・佐々木から伝染したものである。谷川流著の外伝短編小説「Rainy Day」（『涼宮ハルヒの驚愕』初回限定版特製小冊子「涼宮ハルヒの秘話」所収）三四頁。佐々木はハルヒの双対としての地位を占めるキャラクターであり、「やれやれ」はハルヒには見られない〈自他へのメタ意識〉を表現する符丁と言える。

＊32　「ハルヒ以降」「ハルヒ以前・以後」という区切りでアニメを論じているウェブ記事の件数そのものはかなり多い。ゼロ年代だけでなく二〇一〇年代にも突出したアニメはとくに見当たらないので、アニメの作品数が二十世紀とは比べ物にならぬほど増加した現状で「ザ・アニメ」を求めるのはないものねだりと言うべきかもしれない。ちなみに、アニメにおける『エヴァ』の地位をライトノベルの世界で占めるのは『涼宮ハルヒの憂鬱』で間違いないだろう。アニメ『ハルヒ』にとっての本当の痛恨は、『エヴァ』にとって代われなかったことではなく、「あの原作」を超えそこなったことかもしれない。

ンタテイメントの底力で打ち砕きサブカル規範を一段前進させる本命が『ハルヒ』であっただけに、制作サイドが弱気からつい頼ってしまった奇策「エンドレスエイト」は痛恨の失敗だったと言えるだろう。

弱気から?

いや、その「弱気」が、表面的にはこの上なく「強気で傲慢な暴挙」として噴出しているところに、「エンドレスエイト」のアイロニーが疼いている。

第2節 物語から表現へ、そして……

テクスト定位か社会定位か

さてそれでは改めて考えたい。「エンドレスエイト」の本性に適した研究方法として、どんなやり方が採用されるべきか。「分析哲学の方法」を用いると「まえがき」で宣言済みではあるものの、その動機をもう少し確認しておかねばならない。

マンガやアニメのようなサブカルチャー作品については、暗黙にアプローチの規範が確立しているらしい。それは一九八〇年代から徐々に意識化され活字化されてきた研究方法である。ひとことで言えば、作品をテクストとして完結したものと見なすのではなく、さまざまなメディアや他のコンテンツ群のネットワークの中で考察すべし、という立場だ。

その立場では、作品の芸術的価値よりも、社会と連動した文化的意義に主眼を置くことが奨励される。登場人物、すなわちキャラクターはしばしば抽象化されて原テクストから離れ、さまざまなリメイクや二次創作や広報や噂話に同一性を保ったまま出現することができる「キャラ」となるのであり（伊藤 2005）、テクストを鑑賞するさいにはそうしたメディア横断的な文脈を踏まえるべし。批評や研究も同様にすべし。鑑賞であれ研究であれ、テクストを超えたサブカルおよび社会意識のリテラシーを身につけて臨むべし。

〈作品定位から社会的環境定位へ〉というこの動向は、社会的文脈に元来無頓着な分析哲学にすら何十年も前から浸透していた（「アートワールド」「言語ゲーム」「パラダイム」といった社会定位のキャッチフレーズは新鮮さを失うほど常識化している）[*33]。ハイカルチャーですらそうなのだから、もともと大衆文化に根を張っているはずのマンガやアニメに、「社会本位」「脱テクスト」「アンチ作品定位」の方法が馴染みやすいのはなおさらだろう。『新世紀エヴァンゲリオン』が肥大化したのもそういったサブカル的規範ゆえだった。しかし……、

「やれやれ……」

ついここでも溜息が漏れてしまう（この章「溜息」は、現状への溜息要素にしばし浸って先へ進む英気を養う場なので、とりあえずお許しいただきたい……）。

＊33◆　とくにローティ 1979 以降、プラグマティズムと結びついた「全体論」が盛んであり、社会定位主義が理論哲学を覆いつつある有様が観察できる。芸術学においても、Berleant 1991 のように、都市環境の美学との関連で「作品」の地位を下げ社会的文脈全体を研究対象とする方法的意識は無視できない。

作品の解釈・評価を社会評論に従属させる傾向は、当然のことと見なすべきなのだろうか。メディアやコンテンツが、その内容であれ提示方法であれ「時代を表わす」と判断されれば自動的に高く評価され（少なくとも重要視され）、社会の流れや時代の趨勢に合わないと判断されれば低く評価される（少なくとも軽視が正当化される）。セカイ系は古い、この時世だから決断系じゃなきゃダメ、××年代の価値観はもう終わった等々、意外なほど素朴な評価基準が作動し続けているのだが……。*34

批評家たちがサブカル作品を社会化したがる理由は何か。一つには、社会定位主義者たちが社会を読み解くときのメディアのモデルが「ゲーム」であることだろう。たとえばノベルゲームにおいては、単一のストーリーが唯一絶対の特権的意味を独占することはなく、対等な多数の選択肢が競合する並列分散構造が基本である。このモデルに従って、ゲームの形式的構造をメディアミックスに適用すると、単一メディアのテクストが他のメディアのテクストより優位を占めるという見方は成り立たないことになる。

『涼宮ハルヒ』で言えば、原作小説が最高の規範的地位を占めはしないということだ。むろんアニメが最高位を占めることもなく、小説、アニメ、ゲーム、マンガ、キャラクターグッズ、キャラクターブック、CD、二次創作、ライブ等々がそれぞれ同一コンテンツの「側面」を代表するにすぎない。視野は自然とメディア展開の有様へと、つまり「社会」へと広がってゆく。それぞれのメディア界面が『涼宮ハルヒ』という大きな世界観を読み解くために同列に並びつつ、『涼宮ハルヒ』というコンテンツ総体そのものが、社会を読み解くために無数のコンテンツのひしめき合う中の一アイテムとなる。メディアミックス『涼宮ハルヒ』にせよアニメ『ハルヒ』にせよその中の「エンドレスエイト」にせよ、どのレベルのテクストに焦点を絞って研究を始めたかにかかわらず、結局は社会という究極規範を理解する研究に帰着することになり、作品研究は現代日本や国際社会を生き抜くための手掛かりにすぎなくなるのである。

しかし、そうした研究の規範を支持するのに、鑑賞現場の規範や傾向に訴えるとしたら、裏目に出るだろう。なぜなら、「大多数の鑑賞者は、社会的・メディアミックス的な鑑賞を志向する」という前提は疑わしいからである。アニメファンの消費や嗜好の実態を知るには、アニメのランキングや年代代表選出のスレッド[*35]を見るのが役に立つ。その種のスレッドで注目に値する傾向は、「原作つきアニメは除外すべきだ」という意見の多さである。オリジナルアニメを本流としてきた七〇年代以降のアニメ史をふまえての主張のようだ。二〇〇〇年代以降の代表としては圧倒的に『ハルヒ』を推す声が強い反面、「ハルヒは条件を満たさない！」というアンチの圧力も激しい。このことは、アニメファンにも「作品定位」の傾向が根強い証拠である。オリジナル作品のメディア形態

＊34　ここで社会定位主義的著作として念頭に置いている東 2001, 2007 や宇野 2008 をはじめ、限界小説研究会 2009 や中西 2011 にいたるまで、多くのサブカルチャー作品論の意図はまさしく社会評論そのものにあると思われるので、本節での批判が彼らに直接向けられたととられると空振りに終わりかねない。ゆえに、本節の趣旨は以下の二点となる。(1) 作品批評がもっと意図されるべきである、(2) 作品批評を意図する者が社会定位主義者の流儀を模倣するのは得策でない。なお、第10章の注＊216も参照。

＊35　「結局00年代アニメの代表作って何よ？　70年：ヤマト、80年：ガンダム、90年：エヴァ」(http://yaraon.blog109.fc2.com/blog-entry-25110.html) や「２０００年以降の代表アニメ決めようぜｗｗｗｗｗｗｗ」(http://digital-thread.com/archives/4455583.html) など。

がアニメなのか小説なのかが重要、というのだから。そう、「データベース消費」（東 2001）どころか、オリジナル作品を特権視する「テクスト消費」をメインとするオタク傾向は二〇一〇年代以降も変わっていないことが察せられる。

にもかかわらず、サブカル作品研究で社会定位が規範となっているせいで、「エンドレスエイト」の体系的な作品論、解釈批評はこれまで一つも現われていない。*36「エンドレスエイト」が社会評論の流儀に馴染みにくい、いわば純芸術学的な現象だからだろう。あれほど奇怪な作品が未分析のまま放置されているのは、「単独で解釈対象となりうる芸術的個性などアニメには滅多に灯るまい」といった社会定位主義者たちの先入観&本音の反映だとすら思われる。

「アニメ」「サブカル」「現代社会」「時代」といった文化全体またはその下位区分を理解する素材としてのみ、諸テクストは位置づけられるべし。いったんその姿勢が規範化されると、自ずと「時代を代表する」「社会を反映する」作品、象徴的印象を与えるわかりやすい作品ばかりが論評対象として整列させられるようになる。その傾向は、露出度を増やしたい制作サイドをも無言の同調圧力で包み込み、ハイコンテクストな内輪ウケ狙いのテンプレ作品量産へ向かわせる（ホール 1976）。

芸術的活性の源は、本来、クオリティ勝負の、ＫＹな（ローコンテクストな）諸作品による個々別々の自己主張だろう。コンテクスト依存を前提しないＫＹの蝟集が結果的にボトムアップでコンテクストを紡いでゆく偶然性に、芸術的活力の本質がある。*37社会にすでに観察される現象的属性にトップダウンで合わせる批評風土の中では、評価基準の一元化・画一化が進んでしまい、ＫＹ事例にこそ真に意義深い社会批評的観点が宿りうるという逆説が見逃されかねない。他ならぬ「エンドレスエイト」が（期せずして）オタク文化の本性を明るみに出した事件であったように。「エンドレスエイト」が唐突に繰り出したループを体感することは、本来、オタクというモラトリアム志向体質の人種にとっては居心地の良いことであるはずだった。いつまでも同じ風景、微妙に趣向を変えた不変の環境にだらだらと漂っていられるのだから。しかし多くのオタクは、「早くストーリーを進めてくれ！」と絶叫した。これは考えてみれば予想外の実験結果だ。モラトリアムなオタク的生き方の自己否定にも見えるからである。

つまるところオタク空間というのは、実生活のストーリー的・建設的・前進的・リア充的モデルへのアンチテーゼ的代替として誇らかに張り巡らされたものではなく、しょせんは実用的建設的な生活理念を虚構の中に日々なぞる場に他ならなかったらしい。オタク生活は根底においては、リア充生活に代わるものではなく、リア充人生の希薄化コピーにすぎなかったらしいのだ。[*38]

＊36　体系的な作品論はないが、興味深い作品論はいくつかある。浅羽 2012 は「ループ物語」の諸類型の中に「エンドレスエイト」を巧みに位置づけており、しかも社会評論中心のサブカル批評のあり方にはっきりと疑問を呈している（とくに第六講）。浅見 2015 も社会評論とはほぼ無縁の作品類型学として時間ＳＦ論を展開しているが、「エンドレスエイト」には言及しながら（一一七頁）考察の母集団から排除すべき作品としている。

＊37　この論点は、人間原理に基づく「芸術史の反法則史観」として第10章で考察する。

＊38　オタク層の中に存在するリア充は「サブカル寄り」と認定されて、コアなオタクから敵視されやすいらしい。注＊13、＊27参照。「エンドレスエイト」が〈オタク vs. サブカル〉の核心に触れた問題作である理由は、萌えと前衛アート色を兼ね備えていることばかりではないのである。なお、ループに安住する態度がオタク、ループ脱出で実現する姿勢がリア充・恋愛・結婚、という認識を、浅羽 2012 が『うる星やつら2 ビューティフル・ドリーマー』に即して示している。

オタク空間のこの自家撞着を「モラトリアム文化のジレンマ」と呼んでおこう。これはそのまま、芸術の本性の暴露として読むことができる。すなわち、「いかに高尚な芸術であれ政治経済活動の劣化コピーかもしれない」という社会的現実の縮図として読むことができる。そんな社会構造が「エンドレスエイト」への大ブーイングの形をとってポッと明るみに出たと考えられるのだ。結果的に「エンドレスエイト」は、オタク文化ひいては芸術文化そのものの本音を検証するための、稀代の実験になりおおせたのである。

……というように、社会的趨勢に背を向けた「エンドレスエイト」のようなＫＹ作品にこそしばしば鋭い社会観察的契機が（偶然）含まれる。そんな一見わかりづらい事実を、近視眼的な社会定位批評は見過ごしがちなのだ。

＊

溜息をたっぷり吐き出し終えたところで、我に返って考えてみよう——「エンドレスエイト」は、社会批評のテンプレに載りづらい奇怪な作品ではあるが、そのことが自動的に価値の高さもしくは低さを保証することはない。「エンドレスエイト」は実際、芸術的価値の点からどれほど重要な作品と言えるのだろうか？

四段階モデル

「エンドレスエイト」そのものが傑作かどうかは、これからの論述のテーマとなるべき論題である。しかしエンドレスエイトを含む『ハルヒ』というアニメそのものについては、ほとんど異論の余地はない。第Ⅰ期、第Ⅱ期、劇場版ともに傑作である（芸術的価値が高い）ことに反対する人はほとんどいないだろう。『ハルヒ』の物語は、「エンドレスエイト」の時間ループの他にも、「タイムトラベル」「異空間」「時間の凍結」「世界の改変」といった類似現象に満ちている。これらは無数のアニメ作品のモチーフとして使い尽くされたメジャーな主題なので、アニメ作品どうしの完成度の比較評価として役立つ基準となる。これらの主題をストーリーに導入する方法および表現する手法について見ると、同種のアニメ作品と比べて『ハルヒ』は群を抜いていると言えるだろう。

すなわち、時間ループやリープや並行世界を描いた多くのアニメ作品――よく名の挙がるところで『時をかける少女』『うる星やつら2 ビューティフル・ドリーマー』『STEINS;GATE』『魔法少女まどか☆マギカ』『ひぐらしのなく頃に』『僕だけがいない街』『AMNESIA』『四畳半神話大系』『君の名は。』『Re: ゼロから始める異世界生活』『打ち上げ花火、下から見るか？横から見るか？』など――のどれと比べても『ハルヒ』は物語的な奥行きが深く、表現の完成度も高い。[*39]

そして「エンドレスエイト」は、時間ループの演出において、現在までのアニメすべての中で（あるいはすべての物語作品において）最も極端であり、良い意味でも悪い意味でも芸術表現の極北事例と言える。時間ループというきわめて通俗的かつ平凡な内容を、きわめて特殊で個性的な方法

＊39　列記した中で『ハルヒ』に次いで出来が良いのは、『僕だけがいない街』だろう。『ハルヒ』が群を抜いているのはセリフの知的レベル。レトリックと意味内容は原作の功績としても、発声においてもたとえば『時をかける少女』とは雲泥の差がある。『魔法少女まどか☆マギカ』『ひぐらしのなく頃に』はキャラクターの描き分けに、『STEINS;GATE』はツンデレの描き方に難がある。『ハルヒ』にはとくに欠点が見当たらない（「エンドレスエイト」の存在を除けば）。

「やれやれ……」

により具体化した事例として、「エンドレスエイト」はそれ自体として論ずるに値するのである。

＊

社会批評的なアプローチをとらないということは、作品の形式とモチーフに即して作品の個性を論ずるということである。まずは、エンタテイメントアニメの外観に忠実に、〈物語〉という側面に本質を見出すような「エンドレスエイト」の解釈を探ろう。もしそれが難しければ（同じストーリーを冗長に繰り返す形式ゆえ物語的側面では難航が予想されるが）、アートアニメとしての価値を求めて〈表現〉の側面に意義を見出すべく努めよう。物語内容がゼロであっても、表現の妙味で魅せる芸術作品はいくらでもあるからだ。

〈物語〉と〈表現〉のどちらでも意義を見出せなかった場合は、普通のアニメとしての評価は諦めるということになる。そこからはようやくメディアミックス設定に頼って、〈プロジェクト〉アートとしての側面に活路を見出さざるをえない。物語・表現ともに乏しい個別作品が、共同体的プロジェクトの中で重要な部品となることはありうるからだ。それも難しければ、最後の手段として、ほとんど何でもありの〈コンセプト〉として、すなわちコンセプチュアルアートとしての「エンドレスエイト」の認知（より適切には選択）、という道に進むことになる（図）。

この四段階モデルは、娯楽に没入したいオタク視点からすれば「期待を下げてゆく」プロセスを定式化したものだ。「エンドレスエイト」をめぐるこの図式を、マーケティングのパーチェスファネル（商品の認知から購入へと関与が高まるにつれて人数が逓減する五段階図式）と重ねれば、最初の「物語定位」を問う手前で、よりメジャーな段階として「キャラ定位」を問うことができる

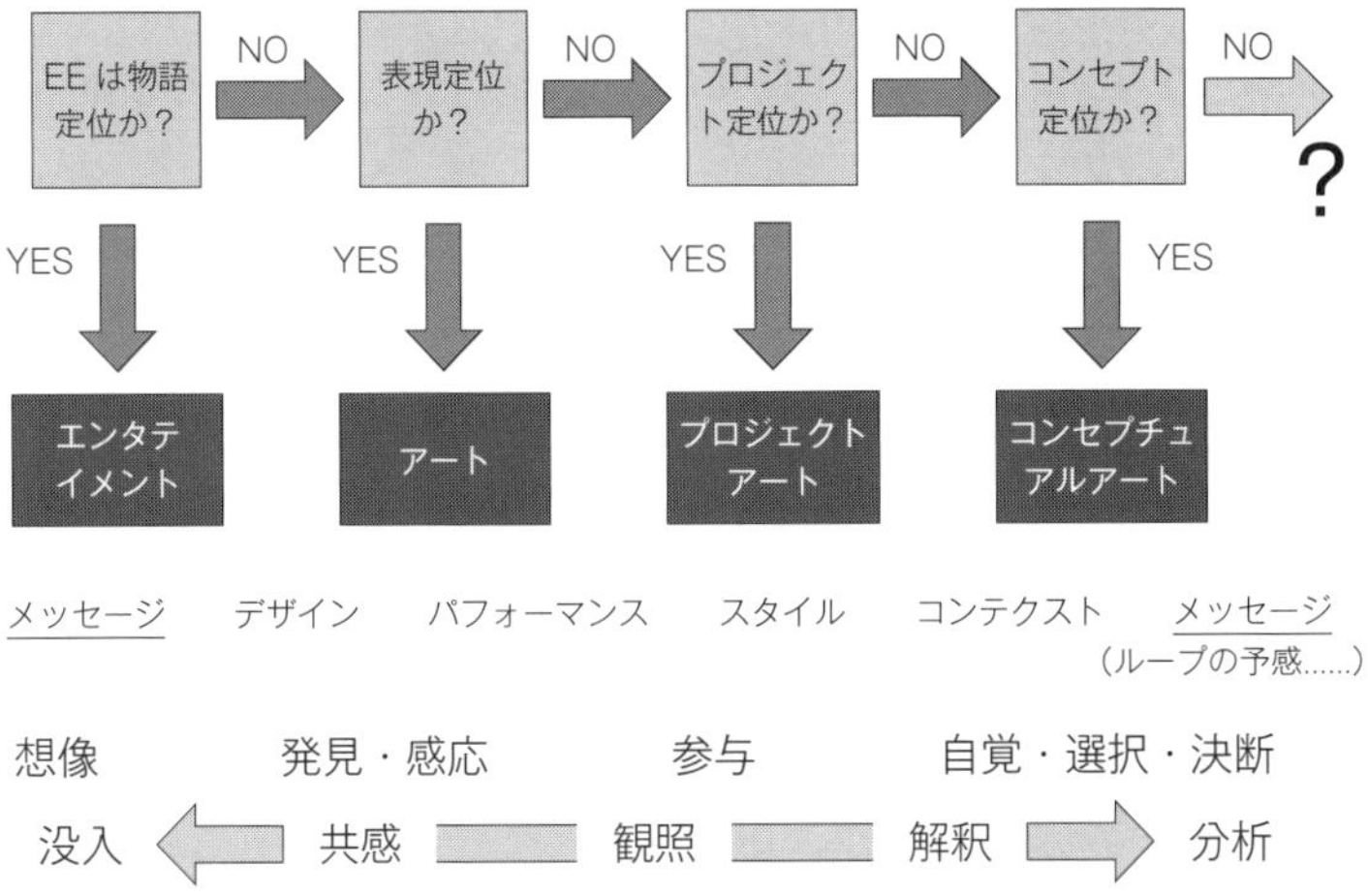

（電通主任研究員・小林昌平による指摘）。商業的なパイの大きさ（鑑賞可能人数）の順ではおそらくその通りで、マーケティング・ファネルを描くなら五段階モデルにすべきかもしれない。しかし芸術学的にはキャラは、原作出自を持つ場合、物語テクストから独立して出没自在たりうるコンテクストを獲得せねばならないので、非没入的な「プロジェクト定位」の界面で初めて前景化することになる（対してキャラクターは、人格・生活感をもって物語と一体化した存在なので、物語定位の契機に含められるだろう。伊藤　2005 を参照）。

〈物語〉〈表現〉〈プロジェクト〉〈コンセプト〉というこの四つの契機をたえず明確に区別しながら論ずるのは煩雑なので、必要な時だけ明記しよう。とりわけ〈物語〉と〈表現〉は分かちがたく結びつくことが多いため、おおかた並行的に論じてゆく。〈プロジェクトアート〉と〈コンセプチュアルアート〉という二つのアプローチは特別な芸術学的態度を要するため、主題化するときは〈物語〉〈表現〉の契機と明確に区別して論ずることとする。いずれにせよ当面この四区分は脳裏に保つ程度にとどめて、しばしば言及するときや第10章で全体を整理するときに改めて思い起こすことにしよう。*40

第3節　人間原理

人間本位な理屈？

さて、作品の物語的側面を探るさいには、物語のメッセージとおぼしきキーワードを探し出すのが定石である。『ハルヒ』は学園コメディの衣をまといながら、かなりハードサイエンス寄りのSFでもあるので、現代科学のキーワードを軸に読み解くのがとりあえず本筋であり、効率的でもあるだろう。

『ハルヒ』にとって、そして「エンドレスエイト」にとって最も重要な科学的キーワードは何か。それは、原作では「エンドレスエイト」より四巻分も前の第一巻第七章で早々に解説されていた。「人間原理（anthropic principle）」である。

アニメ『憂鬱V』（第I期十三話、第II期第五話）から引用しよう。超能力者・古泉一樹は、自分の能力の証拠をキョンに見せるため「とある場所」へ向かうタクシーの中で、次のように語る。

キョン　まだハルヒが神様だとか思ってんのか。
古泉　「人間原理」という言葉をご存知ですか？
キョン　ご存知でないな。
古泉　煎じ詰めて言えば、宇宙があるべき姿をしているのは人間が観測することによって初めてそうであることを知ったからだ、という理論です。
キョン　ちっともわからん。
古泉　我、観測す。ゆえに宇宙在り。とでも言い換えましょうか。要するに、この世に人間なる知的生命体がいて物理法則や定数を発見し、宇宙はこのようにして成っていると観測できて初めて、宇宙そのものの存在が知られたわけです。ならば、宇宙を観測する人類が、もし地球でここまで進化することがなかったら？　観測するものがない以上、宇宙はその存在を誰にも知られることがない。つまり、あってもなくても同じことになってしまう。人類がいるからこそ、宇宙は存在を知られているという、人間本位な理屈のことです。
キョン　そんなバカな話があるか。人類がいようがいまいが、宇宙は宇宙だろ？
古泉　その通りです。だから、人間原理とは思索的な理論にすぎない。しかし、面白い事実がここから浮上します。何故、宇宙はこうも人類の生存に適した形で創造されたのか？　重

＊40　〈物語〉〈表現〉〈プロジェクト〉〈コンセプト〉という順序は、アニメのようなフィクション芸術にとっては正統的から変則的へというスペクトルを作る。一般に、優先順位の低いところで価値を見出せた場合「新しい」、優先順位の高いところで価値を見出せた場合「古くなりにくい」と言える。

力定数が或いは粒子の質量比がわずかでも違っていたなら？　宇宙がこのような世界になることはなかったでしょう。
キョン　何か科学かぶれした、変な宗教のパンフレットにありそうな文句だな。
古泉　何も僕は、全知全能たる絶対神が人間の造物主である、などと信仰しているわけではありません。ただし、疑ってはいます。
キョン　何をだ。
古泉　僕たちは、崖っぷちで爪先立ちしている道化師のごとき存在なのではないか、とね。

「やれやれ……」

とりあえずここでも溜息をついてしまおう。

古泉の解説は、人間原理の解説として要領を得ないからである。もちろん、登場人物が不正確な知識を口にすることは、フィクション作品のリアリティおよび芸術的価値に影響するわけではない。しかし、科学的知識について解説的口調で語られると、素朴な読者が信じてしまう可能性があるため、注意を要するのである。

まずマイナーな点から。「人類がいるからこそ、宇宙は存在を知られているという、人間本位な理屈」と古泉は言っているが、「人類がいるからこそ、宇宙は人類に存在を知られている」という意味だとすれば[*41]、当たり前のことであり、思索的でも何でもない。ちなみに原作小説ではこの台詞は次のようになっている。

「人類がいるからこそ宇宙は存在を認められている、という人間本位的な理屈のことです」（『憂鬱』、二三〇―一頁）

人類がいるからこそ宇宙は存在できている、と読めば、原作のこのセリフの方が「我、観測す。ゆえに宇宙在り」という古泉の解説の真意を捉えているようだ。

これは確かに「思索的な理論」である。一般に観念論と呼び慣わされている世界観だろう。しかし、そのような観念論は人間原理とは関係ない。[*42] そして、その「人間本位な理屈」と次に古泉が持ち出している「造物主」との関係も明確でない。つまり、このままの形では、「人間原理」なるものが『ハルヒ』の物語世界構造と関係するような感じが漠然と伝わりはするものの、「エンドレスエイト」をはじめ各エピソードと具体的にどう関わってくるのかははっきりしない。

そこでまず、「人間原理」の提唱者ブランドン・カーターの原論文（Carter 1974）をはじめとする物理学論文の原典にもとづいて「人間原理」の正確な解説を行なってから、それをまた『涼宮ハ

＊41　他の可能性として、「人類がいるからこそ、宇宙は観測者（知的生命）に存在を知られている」とも読める。この読みでは、「およそ観測者が存在するならば、必ず人類という形態をとるだろう」という含意が生ずる。これは確かに「人間本位」ではあるが、古泉が述べているのは「観測者の中での人間本位」ではなく「宇宙における観測者本位」であることは明らかなので、この読みは却下される。

＊42　古泉一樹と谷川流の名誉のために注釈しておくと、人間原理を観念論と結びつける科学者がいないわけではない。観念論的人間原理には「参与的人間原理」などという名前まで付けられている（Barrow & Tipler, 1988）。ただしそのバージョンの人間原理は歪曲されたもので、人間原理そのもののロジックとは無縁である。人間原理については、提唱者ブランドン・カーターの論文 Carter 1974,1983 を読むのが一番わかりやすい。

ルヒシリーズ』の別の箇所と関連づけて補強することにしよう（そのときに、古泉のセリフの最後の部分「崖っぷちで爪先立ちしている道化師のごとき存在」が重要な意味を帯びてくるので、記憶しておいてほしい）。

まずは、弱い人間原理

人間原理とは、「宇宙が存在すること」ではなく「宇宙がこのような性質を持つこと」を、「人間のような知的生命」の存在によって説明する方法論的原理のことである。人間の脳のような、宇宙を観測して物理学や哲学や芸術を作り出せるような複雑な自己認識システム、すなわち「観測者」を生み出すことができるためには、環境が微妙なバランスをとっていなければならない。たとえば、太陽系の中でも地球以外の場所には知的生命は進化できなかった。それほどに知的生命がいられる場所は特殊なのである。生物進化のためには、大まかに列挙するだけでも次のような条件が必要である（Ward & Brownlee 2000）。

・生命進化の時間が確保できるよう、百億年ほど安定して燃え続ける太陽の周りをまわる惑星であること。
・大気をつなぎ止められるちょうどよい重力。すなわち地球程度の質量を持った惑星であること。
・液体の水が存在できるちょうどよい温度。すなわち太陽からのちょうどよい距離。
・進化のための長い時間。すなわち太陽が何十億年燃え続けて安定したエネルギーを供給できる適度な質量を持つこと。
・環境の安定のため、地軸の傾きが短期間に変動しないこと。つまり、潮汐力で地球のブレをなくす月のような大きな衛星の存在。
・大気と海洋を作り出すプレートテクトニクスの存在。
・致命的な紫外線から生物を守る等の適切な大気の組成。
・致命的な宇宙線から生物を守る地磁気の存在。
・隕石の軌道を逸らして衝突の確率を減らしてくれる、木星のような巨大外惑星の存在。

これらの条件（正確にはもっとずっと多くの条件が必要）がすべて満たされないと、生物進化は起こらず、人間のような知的生命は生まれず、「私」という観測者も生じない。逆に言えば、観測者がいる環境は必ず、上記のような低確率の好都合な条件を満たしているはずだ。すなわち、人間がいるという事実が、環境の性質を決めているのである。

よりによって地球がこの好条件を満たしていたのは、「幸運」だったのだろうか？　そうではない。奇跡や幸運は科学的な概念ではない。地球がこのようであったのは奇跡でも幸運でもなく、必然なのだ。なぜかというと、宇宙に惑星が多数ありさえすれば、そして実際にきわめて多数あるわけだが、その中にはたまたま好条件がそろう惑星もあるだろう。観測者が生まれた場所はそこ以外にありえない。

宇宙創成とともに地球の場所があらかじめ指定されていて、なんとそこに生物が生まれた、というのであれば幸運であり奇跡だ。しかしこの地球は、そういう選ばれ方をした場所ではない。生物が生まれて我々まで進化してから結果的に「ここ」と指定された惑星にすぎない（三浦 2000、第二二節）。だから、観測者の身辺に好条件がそろっているのは当たり前なのだ。地球が生物にとって適した環境であるのは、神様の恵みでも奇跡でも何でもなく、観測者の環境はそのようでなければならないという必然の産物だった。

宇宙の歴史の「この時期」に私たちがいる理由も同様だ。ビッグバンの直後でもなければ銀河が閑散と分離しきった頃でもなく、宇宙が百数十億歳であるこういった時期が「今」であるのはなぜか。それは、「私たちの体を構成する複雑な原子が恒星の中で作られて宇宙空間にまき散らされるには、百億年かそこらの時間は必要だった」からに他ならない。

これが「弱い人間原理」だ。「なぜ私たちは宇宙のこの場所、この時代にいるのか？」という問いに「私たち観測者がいられるのはこういう場所、時代しかないから！」という説明を与える考え方である。

『ハルヒ』のオープニングアニメーションにはさまざまな数式が出てくる。[*43] その中で「弱い人間原理」に深く関係するものが二つある。「ティティウス・ボーデの法則」と「ドレイク方程式」だ。ティティウス・ボーデの法則とは、惑星と恒星の平均距離を表わす次の数式である。

$$a / AU = 0.4 + 0.3 \times 2^n$$

ａは特定の惑星から太陽までの平均距離、ＡＵは天文単位（地球と太陽の平均距離）で、ｎはその惑星が内側から何番目の惑星かによって変わる変数。太陽系については、水星がｎ＝マイナス無限大、金星がｎ＝０、地球がｎ＝１、火星がｎ＝２、小惑星帯がｎ＝３、木星がｎ＝４、土星はｎ＝５、天王星はｎ＝６がほぼ成り立ち、これは惑星の位置を決める法則を表わすのではないかと考えられた。つまりどの恒星系についても、第一惑星はｎ＝マイナス無限大、第二惑星以上の第ｘ惑星についてはｎ＝ｘ－２を当てはめればよいのではないかと。

しかしその後、海王星が発見されるとこの法則が当てはまらないことがわかった。さらには、コンピュータシミュレーションや系外惑星の発見などにより、恒星系の生成過程では惑星の位置というものは偶然に決まることが判明した。今では、ティティウス・ボーデの法則には天体力学的な根拠はないことがわかっている。

生物進化にちょうどよいｎ＝１にあたる物理的距離に地球があるのも偶然であり、結果的にそこで進化し意識を持った人間が、惑星と恒星の距離を決める普遍法則があるかのように錯覚したわけである。

次に、ドレイク方程式。これは、銀河系に現在、地球人とコンタクトをとる可能性のある文明がＮ個ほど存在するだろうと見積もるための次の式である。

＊43　以下言及するのは主にⅠ期のもの。Ⅰ期・Ⅱ期とも、熱心なファンが調べてネットに数式の名称等を記している。「涼宮ハルヒの集約　アニメ第Ⅱ期ＯＰの数式考察」、坂本寛 2007 他、多数の記事がある。

$N = R_* \times f_p \times n_e \times f_l \times f_i \times f_c \times L$

右辺の七つの項は、左から順に、R_*＝一年に誕生する恒星の平均個数、f_p＝恒星が惑星系を持つ確率、n_e＝恒星ひとつにつき生命が生存可能な惑星の平均数、f_l＝生命が生存可能な惑星で生命が生まれる確率、f_i＝生命が知的生命体へと進化する確率、f_c＝知的生命体が星間通信を行なう確率、L＝星間通信をする文明の存続年数。

右へ行くにつれてその具体的値は不確かになってゆく。したがって、Nの値がどのくらいなのか、推測の域を出ない。

先ほど列挙して見た「生物進化の条件」は、三番目のn_eに関するもので、ティティウス・ボーデの法則が正しければn_eは1か2であってもおかしくなかったが、残念ながらあの法則は幻想なのだった。次のf_lとf_iについては、生命誕生の仕組みが全くわかっていないこと、無生物と生物とでは複雑さのレベルに大差があること、生物進化がランダムな変異にもとづくことがダーウィン以降明らかになったこと、この三つにより、知的生命の進化は偶然の産物であることがほぼ明らかで、$f_l \times f_i$はほぼゼロだと考える生物学者が多い。

というわけで、N＝ゼロ、というのがほとんどの科学者の一致した見解と言ってよい。（長門有希も同じ情報をキョンに告げている。「宇宙に遍在する有機生命体に意識が生じるのはありふれた現象だったが、高次の知性を持つまでに進化した例は、地球人類が唯一だった」。（第Ⅰ期第五話、第Ⅱ期第三話[*44]））

N＝ゼロは論理的な推論にもとづいた結論だが、観測によっても同じ結論が支持される。「フェルミのパラドクス」と呼ばれる次のような経験的推論だ。――銀河系内に地球以外の文明があると仮定する。すると、相対的に地球が極度に古い文明ということはなさそうである（我々は平凡だという「コペルニクス原理」により）。つまりかなりの先進文明がすでにあるはず。ならばすでにそのあたりに知的生命が植民していて当然だ。しかし宇宙は静かだ。これは矛盾。背理法により仮定が誤り。すなわち銀河系内に地球以外の文明は存在しない。

「我々は（可能な知的生命の中では）特別でない」というコペルニクス原理から「我々は唯一の実在する知的生命である」という一見反コペルニクス的な結論が導かれたわけである。ただし、N＝ゼロというのはあくまで銀河系内（あるいは観測可能な宇宙）の話で、その外側、はるか無限大の遠くまで話を広げれば、地球のような惑星は他にも存在し、知的生命が数多く存在することは間違いないだろう。ただしそれらは、地球とコンタクトをとれるような距離をはるかに超えたところに疎らに存在する、互いに無関係の孤独な文明たちだろう。

「弱い人間原理」はそれでよい、と教える。この大宇宙において知的生命がどんなに稀な存在であっても、私たちは知的生命であるほかはない。なぜならそうでなかったらこんなことを考えてはいないのだから。私たちが知的生命として生まれることができたからには、知的生命を生む可能性

＊44　アニメでは省略されているが、原作では直前に「情報の収集と伝達速度に絶対的な限界のある有機生命体に知性が発現することなんてありえないと思われていたから」というセリフも含まれている（『憂鬱』、一二〇―一頁）。情報伝達の効率については、第8章で再び問題にする。

のある場所の絶対数はきわめて多く、そのうち少数が実際に、偶然、知的生命までたどり着いたのだろう。こうして私たちがいる。したがって、私たちの環境は例外的に恵まれた環境なのだ。

そして、強い人間原理

この「弱い人間原理」は、基本的に、結果（知的生命の思考活動）から原因（生命に適した環境）を推論しているだけのことで、べつに特別な推論でも何でもない。音の性質から音源の性質を推測するような、足跡から犯人の正体を推測するような、日常ごく普通になされる「逆問題」の一種である。常識の範囲内だ。弱い人間原理を否定する科学者はいない。

問題は、「強い人間原理」である。古泉が解説しようとしていたのは強い人間原理の方だった。強い人間原理とは、弱い人間原理のもととなっていた疑問を、「宇宙全体」に拡張した論法である。すなわち——

「地球のような例外的で特別な環境が観測者の存在にとって必要なことはわかった。しかし、この宇宙に、たとえただ一度だけでも、地球のような奇跡的な好条件がそろうためには、この宇宙全体が特別な性質を持っていなければならないのではなかろうか？」

そう、「惑星はたくさんあるからその中の一つくらい」という「弱い人間原理」の答え方は、まだ不十分だったのだ。「じゃあなんで惑星なんてものがたくさん出来たの？　なぜそんな仕組みが物理法則によってこの宇宙に備わっていたの？」そんな疑問が生ずるからである。宇宙全体のこの性質こそは、知的生命にとって好都合な「幸運」「奇跡」ではないだろうか。

この疑問は、二十世紀後半に本格化した。物理学に数学のような必然的基盤を与えようとする「究極理論」はどうも見果てぬ夢らしいことがわかってきたからである。重力の強さ、光の速度、電荷の強さ、素粒子の質量のような物理定数は「理論から導く」ことはできず、各々個別に指定してやらなければならない。観測によって発見しなければならない。つまりは「観測的偶然の産物」らしいことが徐々にわかってきたのだ。

だとすれば、よりによってどうして観測者が存在できる物理法則にならなっているのか？『ハルヒ』オープニングに出てくる図式や数式のすべてが、この疑問のターゲットとなる。正確には、数学の式を除いたすべてがターゲットとなる（数学的真理はいかなる宇宙でも成立するので）。ポジトロニウムの図解、ラムダ粒子、ベンゼン環の構造式、ディラック定数、シュレーディンガー方程式、ハッブルの法則、質量とエネルギーの等価性、等々……。

これらの法則の中にはもっと基礎的な法則に還元されるものもあるが、現在最も基礎的だと考えられている法則や定数は三二種類ほど存在すると言われる（テグマーク 2014、第一一章）。その三二種類の独立の値を一つであれ、わずかでも変化させると、無茶苦茶な宇宙が生じてしまい、すぐに潰れたり、あっというまに希薄化したりしてしまう。いずれにしても原子や惑星のようなまとまった物質が出来る確率はきわめて低い。そういうことがわかってきた。知的生命を成立させるには、物理定数の「微調整（ファインチューニング）」が必要なのだ。

これが「強い人間原理」の入口だ。この宇宙の物理法則を前提してしまえば、観測者の存在によって地球環境の御都合主義も説明できる（弱い人間原理）が、ではその前提そのものの根拠を問われたらどう答えるべきか、というわけである。「こんなにも御都合主義的な物理法則なのはなぜ」？

ここから、「やっぱり神様が人間のために思って宇宙をうまく作ってくれたのだ！」という「創造仮説」が元気づくことにもなった。神の存在が科学で証明された、と息巻くトンデモ科学者が欧米にはけっこういるのだ。[*45] しかし「神」を持ち出しても、なぜそんな好都合な神が出来たのか、という別の疑問へ後退するだけなので、満足な説明は得られない。したがってまともな科学者は、神ではなく別の仮説によって「微調整」を説明する。

別の仮説とは？　そう、弱い人間原理が「惑星」についてやったことを、「宇宙」についてやってしまうのである。それが「強い人間原理」だ。

弱い人間原理は、この宇宙の中にさまざまな種類の環境を想定することにより、「この環境が奇跡的に見えること」を観測者の存在から説明した。同様に、強い人間原理は、この物理法則に支配されるこの宇宙だけでなく、さまざまな種類の物理法則に支配されるさまざまな宇宙が存在する、と考える。話のスケールを単にでかくするわけだ。

そうすると、弱い人間原理のときとまったく同じ理屈が成り立つことになる。偶然に物理定数が決まるようなさまざまな宇宙がどんどん生まれてゆく。そうした「マルチバース（多宇宙）」全体の中にあるのは、生物など到底生み出せない混沌とした宇宙ばかりだろう。しかし稀に、知的生命が進化できるような物理定数の組み合わせも実現されることだろう。誰かが狙ってやったわけではなく、下手な鉄砲も数撃てば当たる的な、盲目的な物理プロセスによって自然にそうなるだけ。私たち観測者は、結果的に、そういう宇宙にしか生まれることはできない。その環境を内部から見れば、「全体が自分のためにうまく微調整されている」かのように見えてしまう。

つまり、宇宙がこのようであるのは、「私たち観測者がいるから」なのである。地球がこのようであるのは私たちがいるからだったのと同じように。

古泉の解説（「我、観測す。ゆえに宇宙在り」）とは反対に、「我、ほとんど観測できず。ゆえに宇宙あり」。

——言い換えると、「我に観測できぬ宇宙多数あり、ゆえにこの宇宙あり（我あり）」。

これが強い人間原理だ。

強い人間原理が「神」とは関係ないことがおわかりいただけただろう。むしろ正反対の、偶然論かつ結果論に徹したダーウィン的世界観なのである。強い人間原理は、（キョンが疑ったような）宗教じみた目的論には程遠い。観測者の存在はあくまで結果であり、この宇宙が原因だ。結果が原因を生み出したと言っているわけではなく、結果の説明によって原因の説明を導き出しているだけである。〈観測者という結果→微調整宇宙という原因〉という図式は、存在のレベルだけで考えるとなんとなく目的論のように感じられるかもしれないが、説明のレベルで考えるならば、子どもの性質を知ることでその親の性質を推測したり説明したりするようなもので、きわめて科学的な「逆問題」の一例にすぎない。ポイントは、原因としてはどんなに確率が低かろうが常に「結果（観測者

＊45　「神」という言葉を使わずに実際はキリスト教的創造仮説を唱える「インテリジェント・デザイン（ＩＤ）」と呼ばれる学派。

「やれやれ……」

の生成）にとって好都合な」原因が観測の篩《ふるい》を通って選ばれてくる、ということだ。

物理学は、観測できるものだけをさしあたり対象にするので、観測者を生み出さない宇宙は本来、対象外である。したがって、「観測できないもの、つまり実証できないものは存在するとは認めない」という厳しい実証主義をとる科学者もおり、そういう人は「マルチバースなどおとぎ話にすぎない」と切り捨てる。

しかし考えてみると、人間が直接観測できるものだけが実在だ、という見方は傲慢ではないか。実証主義はもともと、「実証できないものを恣意的に信じてはならない」という、自分勝手な思弁を戒める禁欲的な倫理だったわけだが、禁欲が過ぎると、実証という人間的限界の中に存在を限定してしまう独断に傾きがちである。「合理的な理屈によって導けるものであれば実証できなくても存在を認めよう」というのが、今や科学史の教訓として普及している。分子も、原子も、反粒子も、ブラックホールも、ヒッグス粒子も、重力波も、実証される前に理論的に存在が予測され、信じられ、その正しさが立証されてきた。マルチバースも同じ扱いでよいのではないか。

実際、マルチバースは、物理法則の微調整の問題を解くためだけに考案された存在物ではない。インフレーション理論、超ひも理論、量子論の解釈問題など、それぞれ独立に生じた謎への対処法が、それぞれ「多宇宙」を要請しているという現状がある。[*46] つまり、多方面からの要請が一致してマルチバースへ収束しているのだ！　それが現代科学最先端の趨勢なのである。

神を要請する創造仮説と違って、マルチバースには御都合主義はない。なぜなら、物理法則はさまざまな形でランダムに生じているだけであり、全体としてみれば観測者の存在にとって有利なバイアスなどどこにも仕掛けられていないからである。人間なんぞ偶然の副産物にすぎず、マルチバース全体からすれば無きに等しい部分しか占めはしない。単なる珍妙な揺らぎが私たちなのである。

さてここまでで、人間原理の「積極面」を紹介した。世界がなぜにこうも「微調整」されているか、宇宙はなぜこうもうまい具合にデザインされているかという、世界の「観測者びいき」の側面を人間原理が科学的に説明してくれた。しかし人間原理にはもうひとつ「消極面」がある。「積極面」と「消極面」が合わさって、完全な人間原理的推論が使えるようになる。そして最近の宇宙物理学ではむしろ「消極面」の方が人間原理的マルチバース説の信憑性を高める決め手になっている。

人間原理の消極面とはどういうものだろうか？

人間原理のもう一つの顔

『涼宮ハルヒシリーズ』はうまくできていて、人間原理の消極面についても登場人物がちゃんと語ってくれている。いみじくも古泉の人間原理解説の直前のシーンである。そこでの語り手は、ほかならぬ涼宮ハルヒ自身。

自省とは無縁なキャラクター・涼宮ハルヒが語る唯一の「自己内省的な長ゼリフ」が、まさに〈人間原理の消極面〉を例解しているのである。

＊46　量子論の多世界解釈を支持する物理学者でも、宇宙論のマルチバースとのあいだには間接的な関係のみ認めるのが通例だが（ex. 和田 1998）、多世界（パラレルワールド）とマルチバースを同一のものと扱う動向として、「量子力学の宇宙論的解釈」が注目に値する（Aguirre & Tegmark 2012, Tegmark 2014）。

ただ、ハルヒのそのセリフを聞く前に、ふたたび古泉一樹の言葉に耳を傾けてほしい。同じ語り手の言葉を続けて聞いた方がわかりやすいだろうからだ。高校二年生に進級してから、古泉が一年前とほぼ同じ調子で〈人間原理の消極面〉を語るのである。聞き手はここでもキョン。話題はまたしても「神」。ただし今度は「人間原理」という言葉は使われず、代わりに異端の古代宗教「グノーシス主義」を表題に立てる。該当箇所はまだアニメ化されていないので、原作小説から引用しよう。

古泉　この世界はあまりにも悪徳に満ちている。と、昔の人は考えたんです。もし全知全能にして無謬の名をほしいままにする神が世界を創造したのだとしたら、これほどまでに理不尽な苦しみを人間に与えるものになるはずがない。もっと完全なるユートピアになっていてもおかしくはない。にもかかわらず、世界は社会的矛盾による不条理によって蔓延し、時として悪が栄えて弱者は虐げられる。なぜ神は、このように酷い有り様の世界を作り、ただ放置しているのか。（中略）

こうは考えられないでしょうか。ごくごくシンプルな回答です。すなわち、世界は善なる神によって創造されたのではなく、悪意ある神的な何者かによって設計されたのである、と。

で、あるならば、神がしばしば悪逆非道を見逃すのは当然のことです。その本質は悪なのですからね。（中略）

そこで昔の人々は、世界は神の偽物が作り上げたのだという考えに至ったあげく、かつ自分たちがその認識に到達できたのは、どこかに真なる神が存在していて、人間たちにわずかながらの光を差し伸べているに他ならないと確信したわけです。つまり神は世界に内在されていないものの、外界から人々を見守っているのだと。（中略）

橘さんの一派は、涼宮さんを偽りの神だと考えているのですよ。[*47] 彼女はこの世界を構築した創造主ではあるのかもしれない。しかし、彼女はあまりに無自覚であり（中略）真の神たりえない。だとするならば、どこかに彼女たちの信奉に足る真実の神がいるはずなのだ、と。そして彼女たちは発見しました。

キョン　それが佐々木か。

（『涼宮ハルヒの驚愕（前）』二五四‐七頁）

古泉が説明しているグノーシス主義のジレンマは、キリスト教の正統派神学でも真剣に扱われており、「神義論（弁神論）」「悪の問題」といった表題のもとで宗教哲学のテーマになってきた。[*48] 古泉は、この宇宙が持つ相反する二つの性質を、ともに有神論的に解釈しようとしている。物理

＊47　「橘さん」というのは、ハルヒの代わりに佐々木を世界の中心に押し立てる「もうひとつのＳＯＳ団」で古泉のポジションを占めるキャラクター。「エンドレスエイト」のせいでアニメ第Ⅲ期がなくなり、動く佐々木や動く橘を観れなくなったというのがハルヒファンの不満の中核にある。『分裂』での佐々木の登場場面は叙述トリックになっているので、そのシーンがどうアニメ化されるかという期待は、『化物語』の比ではない。

「やれやれ……」

法則のエレガントな微調整の説明としては先ほど「全知全能たる絶対神」を仄めかていたし、悪に満ちた不完全な現状の説明としてはここで「偽りの神」「悪意ある神的な何者か」を持ち出している。世界を創造するほどだから全知全能に近いはずではあるが、完全に良い世界を作ろうとはしない邪まな神、というわけだ。「真実の神」がその背後に想定されてはいるものの、それは「偽りの神」を排除する力または意思を持たないような、やはり全能ならぬ中途半端な神であることに変わりない。

古泉の語る「この世界はあまりにも悪徳に満ちている」という現状について、人間原理はどのような回答を用意するだろうか。人間原理は、物理法則の微調整を造物主抜きで説明したのと同じく、「悪の存在」の理由をも見事に説明する。もちろん「偽りの神」の意図などというものに訴えずに。それはこういう説明である。

マルチバースにはさまざまな宇宙が見境無く生まれてくる。我々観測者はその中で例外的なほどエレガントな微調整宇宙に生じた。しかしマルチバースの宇宙はあまりに種類が多いので、微調整宇宙にも多くの種類がある。微調整宇宙の集合の中で、私たちは確率の高いところに、つまり数の多い宇宙に生まれてきたのだろう。そのような多数派宇宙（微調整されているという点では少数派である諸宇宙の中の、多数派に属する宇宙）は、完全に微調整された理想的宇宙ではないだろう。そんな宇宙は例外中の例外である。私たちがいる宇宙は、例外中の平凡である見込みが高い。つまり、いい加減に微調整された適当な宇宙だろう。言い換えれば、観測者がスレスレで生じることができて、やっと生きつなぐことのできる程度の宇宙。人間が観測したり思考したりはするが、快適に過ごせる見込みの薄い宇宙である。

学区内に何十とある中学校の優等生ばかりが集まった高校で、任意の生徒をピックアップし、中学のときと同じくトップクラスの成績をとれるかどうか見守ってみよう。トップクラスになる確率は低いはずだ。「悪の存在」もそれと同じこと。人間原理によれば、観測者は意識を持つという属性によって万物から選ばれてさえいればＯＫであって、それ以上の恵みが与えられる理由はない。恵まれた宇宙に生まれるのは少数派で、我々はそこには属さない。身のまわりに悪がはびこっているのも道理だ。これは、人間など偶然の産物にすぎないという、徹底して機械論的・反目的論的・自然科学的な世界観である。名前は「人間原理」でも、あくまで人間の存在だけを確保する原理なのであり、人間の幸福などは一切保証してくれない冷徹な原理なのである。

実際、悪徳を持ち出すまでもなく、地球から一歩外へ目を転じてみれば、太陽系、銀河系、さらにその外……どこにも生命の気配はない。地球は生物に優しい場所らしいのに、その他大部分の時空間は生物に敵対的だ。このことひとつとってみても、この宇宙が微調整されている度合など高が知れていることがわかるだろう。私たちは、古泉が述べたように「崖っぷちで爪先立ちしている道化師のごとき存在」なのである。

＊48　古泉は「悪徳」「社会的矛盾」「悪逆非道」といった人間的・倫理的悪にしか言及していないが、そのような悪は、「人間に自由意思を発揮させるための必要悪」として神学的には説明されてきた。しかしもっと手強いのは、人間の行為とは関係のない、災害や疫病や障害のような「自然悪」である。先天性の病いで苦しみ抜いて死ぬ子どもの被る悪が、人間の自由意思にとって意味があるとは思えないし、かりに意味があるとしても多くの場合必要な度合いを超えているように思われるだろう。

このことの説明として、「偽りの神」という中途半端な悪意を持った超越者を想定する必要などない。ただやみくもに生まれてくる諸宇宙のうち、観測者を生み出した宇宙、その中の凡庸な宇宙に私たちがいるという、確率的に当然の話をすれば済んでしまう。それが人間原理の強みなのだ。

マルチバースの中には、生物のために最適に微調整されたかのような、きわめて住みやすいウルトラファインチューニング宇宙もごく少数だがある。そこに住む観測者は例外的な特権者だ。しかし我々がそんな特権者として生まれる確率は小さい。この件について、いよいよハルヒ自身の告白を聞いてみよう。外部にエネルギッシュに我意を発散してばかりのハルヒが、珍しくしんみりと「我がトラウマ」をキョンに向かって唐突に呟き始める重要なシーンだ。

「あんたさ……自分がこの地球でどれほどちっぽけな存在なのか、自覚したことある？　私はある。忘れもしない……小学生の6年生の時、家族みんなで野球を見に行ったのよ。球場まで。

私は野球なんか興味なかったけど、着いて驚いた……見渡す限り人だらけなのよ。

野球場の向こうにいる米粒みたいな人間がびっしりうごめいてるの。

日本の人間が残らずこの空間に集まっているんじゃないかと思った……でね、オヤジに聞いてみたのよ。ここは一体どれだけの人がいるんだって。

満員だから五万人くらいだろうってオヤジは答えた。試合が終わって駅まで行く道にも人が溢れていたわ。それを見て私は愕然としたの。こんなにいっぱいの人間がいるように見えて、実はこんなの日本全体で言えばほんの一部にすぎないんだって……家に帰って電卓で計算してみたの。日本の人口が一億数千万っていうのは社会の時間に習っていたから、それを五万で割ってみると……たった二千分の一。私はまた愕然とした……私なんてあの球場にいた人ごみの中のたった一人でしかなくて、あれだけたくさんに思えた球場の人たちも、実は一掴みでしかないんだってね。

それまで私は、自分がどこか特別な人間のように思ってた。家族といるのも楽しかったし、何よりも自分の通う学校の自分のクラスは世界のどこよりも面白い人間が集まってると思ってたのよ。でも、そうじゃないんだってその時気づいた……

私が世界で一番楽しいと思っているクラスの出来事も、こんなの日本のどの学校でもありふれたものでしかないんだ。日本全国のすべての人間から見たら、普通の出来事でしかない。そう気付いた時、私は急に私の周りの世界が色褪せたみたいに感じた。

夜歯を磨いて寝るのも、朝起きて朝ご飯を食べるのも、どこにでもあるみんながみんなやってる普通の日常なんだって思うと、途端に何もかもがつまらなくなった。そして、世の中にこれだけの人がいたら、その中にはちっとも普通じゃなく面白い人生を送っている人もいるんだ。そうに違いないと思ったの。それが私じゃないのは何故？

小学校を卒業するまで、私はずっとそんなことを考えてた。考えてたら思いついたわ。面白いことは待っててもやってこないんだってね。中学に入ったら、私は自分を変えてやろうと思った。待ってるだけの女じゃないことを、世界に訴えようと思ったの。実際私なりにそうしたつもり。でも結局は何も無し。そうやって私はいつのまにか高校生になってた。少しは、何かが変わると思ってた……」

（『憂鬱V』二〇〇六年版十三話、二〇〇九年版五話）

「日本全国のすべての人間」を「マルチバースの観測者たち」に対応させてみよう。「私たちはとびぬけて面白い幸福な人生を送っているわけでもない、平凡な宇宙の平凡な観測者なのだ」という認識となる。人間原理ではこれが達観となって科学的世界観を統括し、ハルヒの場合は理不尽な思いとなってくすぶり続けている。

ハルヒのこの「覚醒」は、発達心理学で言う「自我体験」の反転形である。自我体験では、「たくさんいる人間の中でなぜこの人間だけが私なんだろう」「私がこの人間として居るのはどういうわけだろう」というふうに、「私の特殊性」「私の一回性」が不思議感をもって体験される（渡辺 2009、コーンスタム 2002、天谷 2011）。自意識の覚醒の一形態と言えるだろう。ハルヒの体験では、逆に「たくさんいる人間の中でなぜこの私は特別でないいんだろう」という「私の平凡性」が不満のタネである。これは自我体験の文献に明確な報告のある症例ではないようだが、自意識の覚醒の一種には違いない。

観測者の中からランダムに選ばれた「私」が多数派に属し、多数派の持つ平凡さを具体化している――。これは論理的・確率的には当然予想されることであり、まったく不思議ではない。したがって、ハルヒの不満は認知的な疑問ではなく、情緒的な不満にすぎない。正確には「覚醒」というより、無自覚の深淵に沈むことを決意した瞬間と言うべきかもしれない。実際、路上でキョンにこのトラウマを一方的に吐露し、一人歩み去ったあとは、それで気が済んだとでもいうように、ハルヒは二度と実存的内省のそぶりを見せない。涼宮ハルヒは一般に「ツンデレ」の代表とされるが、ライトノベルやアニメに登場する多くのツンデレキャラの中では陰翳に乏しく、奥行きあるツンデレとは言えない。*49　ＳＯＳ団メンバーが世界とハルヒ内面と自分自身の立ち位置をメタレベルであくせくモニターしているとき、ハルヒ自身は立ち止まることをせず、ひたすらベタレベルで駆け回っている。古泉一樹の神は、やはり徹底して無自覚な、盲目的な自然法則にすぎないらしいのである。

＊49　ツンデレの表現は二性格の配分が難しい。「ツン」の比率が多すぎるハルヒに対し、『STEINS;GATE』の牧瀬紅莉栖のように小出しの「デレ」が多すぎても効果が失われる。多面型でない二面型の「悪いツンデレ」を「ハルヒタイプ」と呼ぶ評論家もいる（飯田 2012、一六一―二頁）。ただし二面型にも「良いツンデレ」はありそうだ。朝比奈みくるがしばしば大人バージョンとして登場するパターンは、異時間同位体間ギャップを実現して、多面化ぬきでツンデレが立体化した独特の成功例となっている。なお、ハルヒ自身は深みに欠ける平板なツンデレだとしても、多種多様な「分身」――（キョンの欲求対象の）ダミーを務める朝比奈みくるをはじめ、ハルヒのネガとしての長門有希、バリアントとしての鶴屋さん、レプリカとしての渡橋泰水、シルエットとしての朝倉涼子、カウンターパートとしての佐々木、アバターとしてのキョン妹など――が多数配置されることによって相補的相乗的ツンデレ空間が醸成され、ハルヒ単体の薄さが「空虚な中心」（バルト 1970）あるいは「空虚な焦点」（注＊5参照）として作品世界の厚みの源となっている。アニメには渡橋と佐々木は未登場だが、原作で表面化していないＢＬ風味が加えられたことで古泉一樹までもがハルヒのエージェントとなりえているし、日常系バックアップとして「涼宮ハルヒちゃん」すら控えている（鹿目・三浦 2017）。ただし、『涼宮ハルヒちゃんの憂鬱』と『長門有希ちゃんの消失』という二大スピンオフアニメにおけるハルヒは本編のハルヒに比べてはるかに気立てがよいので、本編のハルヒの相対的魅力をメディアミックス展開がかえって低減させてしまったとも言える。

第4節 宇宙定数問題——ユニバースとマルチバース

この後の説明で使うと便利なので、前節の説明の特殊例にあたる「宇宙定数問題」をここで紹介しておきたい。

宇宙定数はΛ（ラムダ）で表わされ、『ハルヒ』第I期オープニングアニメの冒頭に（ポジトロニウムの図解に続いて二番目に）登場する。坂本 2007 が脚注1で述べるように、オープニングアニメのΛは文脈から「ラムダ粒子」を表わすとするのが自然だ。ただし、「人間原理」が『ハルヒ』本編で最初に解説される科学概念であることからすれば、Λは同時に宇宙定数をも表わしていると考えるのが妥当だろう。また、「エンドレスエイトI」で初めて放送された第II期オープニングアニメに一瞬だけ出てくる「アインシュタイン方程式」は、まぎれもなく宇宙定数Λを含んでいる。

前節の説明で人間原理が十分理解できたという読者は、「物理定数の微調整の好例として〈宇宙定数〉というのがあるのだな」とだけ頭にインプットして、この節は◆から◆まで飛ばしていただいてもかまわない。

◆多数の物理定数の値が微妙な範囲に収まっていることがマルチバースの証拠、という話が前節のポイントだった。そうした値の中で圧倒的にインパクトが強かったのが「宇宙定数」なのだ。「宇宙定数」における微調整の発見は、多くの物理学者が人間原理へ改宗するきっかけとなった。

「人間の存在によって実在のあり方を説明するだと?」と人間原理を毛嫌いしていた物理学者たちが、宇宙定数がゼロでないことが一九九〇年代に確かめられてから、続々と人間原理派へ転向しているのである（サスキンド 2005）。

宇宙定数というのは、宇宙の質量の約七割を占める正体不明の「ダークエネルギー」を決める値である。宇宙定数が正ならば宇宙の膨張は時間とともに加速し、負ならば減速ののち宇宙は収縮に転ずる。ゼロならば膨張速度と重力との均衡次第で永遠に膨張を続けるかどうかが決まる。長らく宇宙定数の値は「ゼロ」であると考えられていたが、宇宙の加速膨張が確かめられて、正の値を持つことが判明した*50。そこで、宇宙定数がゼロでないならばその源は「真空エネルギー」だろう、という有力仮説に従って計算すると、一群の値が導かれる。しかしその計算値は、観測値よりも百二十桁も大きいのだった。

つまり、現実の宇宙定数はとんでもなく小さいということである。こんなに小さいということは、本来、正のエネルギーと負のエネルギーが打ち消し合う仕組みがあるからに違いない（正と負の打ち消し合いというのは、物理学であちこちに登場する自然なメカニズムである）。しかしそうだとすれば宇宙定数はゼロ、というのが理屈に合う。

つまりこの宇宙で成立している宇宙定数は、自然な値として理論的に予測される両極——ゼロか

＊50◆　これによって、同じくオープニングアニメに出てくる「ハッブルの法則」による計算が影響を受け、ビッグバン以降の宇宙年齢は上方修正されることになった。

巨大か――のいずれでもない。途方もなく不自然な極小値にとどまっているのだ。

微細な正の値ゆえに宇宙は加速膨張している。これがもうちょっと大きな値だと、宇宙はビッグバン後すぐに急速膨張へはじけて希薄化し、惑星も銀河も、原子すら生成されず、生物は誕生できない。逆に負の値が大きいと、宇宙はビッグバン後すぐに潰れて、物質や生物が進化する暇などない。ゼロを中心としたきわめて小さな宇宙定数であるときにだけ、生物が生まれることができる。宇宙定数は確率の低い狭い幅に入っていなければならないのだ。

なぜ現実にその幅に入ることが出来たのか？　そう、「マルチバースと人間原理ゆえである」と答えるしかない。すなわち、莫大な数の宇宙が生み出されていれば、真空エネルギーの正負のバランスがさまざまである諸宇宙が生まれるので、宇宙定数も正負さまざまな値をとる。すると、宇宙定数の絶対値が大きな宇宙だけでなく、例外的に小さい宇宙も生み出される。我々はそういう宇宙にしか生まれられない。

ではそんな極小値に収まっていながら、なぜゼロではなかったのか？　それは、知的生命が誕生するためには厳密に宇宙定数ゼロである必要はなかったからだ。実在はアバウトである。生物を生み出しうる諸宇宙の中では、この宇宙は平凡な、ランダムに選ばれた宇宙だから、「ゼロちょうど」という低確率の宇宙には該当しなかったのだ。こうして、「自然な値でない――ゼロでも巨大でもない――中途半端な宇宙定数」の謎が解ける。◆

すでに述べたようにマルチバースは今や、さまざまな科学領域から独立の支持を受けつつある有力仮説である。しかし、そんな便利なパラレルワールドの存在を古泉は（長門、朝比奈も）認めたくない。なぜだろうか。その解明も含め、「エンドレスエイト」および『ハルヒ』そのものの分析に向かうことにしよう。

次の二つの章「退屈」「消失」で、「エンドレスエイト」があれほど退屈に作られてしまった理由を考察する。つまり、作り手の動機とその正当性について判定を下す。

続く二つの章「暴走」「動揺」では、「エンドレスエイト」の退屈さが作品の属性のどこに由来するかを考察する。つまり、退屈さそのものの内容を分析する。

続く二つの章「陰謀」「憤慨」では、「エンドレスエイト」を退屈な失敗作と見る見方以外の、もっと有意義な作品として観る見方があるかどうかを探る。

最後の二つの章「分裂」「驚愕（後）」では、「エンドレスエイト」の芸術的ポテンシャルと、芸術史における意義を分析する。

以上を通じて、「エンドレスエイト」が秘める驚くべき物語的含意の数々と、そこで人間原理が果たす構造的役割が明らかになってゆくだろう。

第４章
エンドレスエイトの退屈

「いいかげんにもう……」

四つの誤謬

「エンドレスエイト」が物議を醸したのは、もちろん、同じストーリー、同じセリフ回しを八回、二か月にもわたって繰り返した「コストパフォーマンスの悪さ」ゆえである。そもそもアニメという芸術ジャンルは、隙のない効率よい娯楽の提供を特ち味としてきた。とくに『ハルヒ』が属する学園SFラブコメディは、適度に予想通りのストーリー、原色と類型化によるわかりやすい萌え絵、お約束が散りばめられたシーンなどによる、高テンポの展開が期待される。本来子ども向けに編み出された原始的快楽誘発装置として皆が了解しているこの通俗芸術ジャンルに、分別盛りの大人が夢中になり、リア充生活の希薄バージョンを自嘲的に精一杯楽しむ（「モラトリアム文化のジレンマ」……）というのが、アニメ鑑賞の絶対的醍醐味だ。そこへ「わざと退屈させようとしているとしか思えない」映像実験が延々と放送されたのだからたまったものではない。アニメファンの大半は、モダンアート全般を毒するスノビズムの兆候を自分の中に見出したくなんかなかったというのに。[*51]

「エンドレスエイト」は、大衆芸術の極致であるアニメの世界にいつのまにか芽生えていたオタク的エリート主義・スノビズム・芸術気取りを自覚化させてしまった。アニメをはじめとする快楽原則定位のサブカルチャーの世界に勤勉な間テクスト的ウンチクを山ほど読み込んで、素朴な鑑賞者たちを暗に軽蔑する研究者気質をじわじわ熟成させていたのは、ほかならぬオタクたち自身だった。オタクが育てたスノビズムが、彼らの得意な教養主義ではなくいきなり形式的実験の姿をとって暴発したのが「エンドレスエイト」だった。「アニメのハードル上げ」の責任をうすうす感じていたオタクたちの自己嫌悪を予想外の形で掻き立てたのが、「エンドレスエイト」のあの本格アートっぽい（？）実験だったのである。

「エンドレスエイト」は、ライトオタクを単純に篩い落とす一方で、ガチオタクの虚栄心を自覚化させつつハイアートへのコンプレックスを表面化させ、激昂させたのだった。

『新世紀エヴァンゲリオン』の時のオタクたちは、エヴァが「難解で高尚なアート」をやってくれたことに感激するだけの「オタク魂」を誇っており、「オタク文化の地位向上」の兆しを喜んでいたはずである。エヴァのアンチも含め、オタクにとって文芸評論家や学者たちとの一体化はかなり心地よい経験だったに違いない。

ところが、それから十四年も経た二〇〇九年には事情がかなり違っていた。[*52]「オタク」というレッテルが特殊な前衛的感性を持った社会不適応者を表わす、といった逆説的エリート的な含意も固定観念も薄れてきた反面、マンガやアニメをすぐ社会評論へ結びつけようとする文化人的振る舞いこそオタク文化の機微に鈍感な証拠ではないかと、評論家によるアート扱いにオタクたちは猜疑心を抱くようになり、有難迷惑に感じはじめていた。

＊51　「反復」は子どもの快楽原則に合致しており、オタクの退行願望を満たすのではないか、とも考えられる。しかし快楽中枢が反応するのはミニマルミュージックのような「現場での繰り返し」であって、「六日おきの繰り返し」では体感を誘いようがない。「エンドレスエイト」は一気見はともかく放送アニメとしては反・快楽原則的な試みだったと言える。

＊52　『涼宮ハルヒの憂鬱』原作出版年（二〇〇三年）を境に、「オタク第三世代」と「オタク第四世代」を分ける見方が一般的である（飯田 2012、第Ⅳ部ほか）。旧世代のオタクに見られた「一般人とは違うオタクの誇り」については、岡田 2008a, 2008b 参照。

要するに、アカデミックな箔付けや前衛的実験などに惹かれない純真無垢なアニメファンの比率が多くなっていたのである。「オタク」と「サブカル文化人」との間の体質上の敵対関係が深まっていったのだ。[*53] なんとそこへ「エンドレスエイト」が来た。リアルタイムでのブロガーの素直な反応はこうなる。

今まで萌えヲタ大量生産&釣りしてさんざん搾り取った挙げ句　上得意にお説教や強制脳トレ企むって　どんだけ傲慢なアニメ会社だよｗｗｗｗｗ　脳鍛えたいなんて人はアニメに手出さないっつーのｗｗｗｗｗ　本人が望んでもいないのにメタ説教とか脳トレとか考えたならばそりゃホントに洗脳だよ。「リュウセイグン」2009-08-22　http://ameblo.jp/moonbranch/entry-10326361590.html

表面的に考えると、アニメファンにとって「エンドレスエイト」のような実験は、二〇〇九年には一九九五年に比べてはるかに受け入れやすい環境が整備されていたと言える。すなわち、インターネットの発達により、公式ウェブサイト、掲示板、ブログ、YouTube その他の補完的メディアがメディアミックス空間を形成しており、アニメという部門単独でいかに「奇妙な実験」がなされようとも、常に「祭り」の燃料としてメタ評価される素地が熟成していたからである。

しかし、そうしたプロジェクトアート的な価値創発にも限界があった。「エンドレスエイト」は「モラトリアム文化のジレンマ」の痛いところにじかに触れてしまい、不評をきわめた。そうした社会心理的な反発も、作品そのものがオタク的快楽原則を満たす上質エンタテイメントを実現していれば、霧散していた、あるいはスパイスとして効果的に作用したことだろう。しかしその快楽原則の面でも「エンドレスエイト」は顰蹙を買ってしまった。作品的にあまりに退屈、言い換えれば、美的に失敗だったのである。*54

作画と音声においてバンク（使いまわし）がなく、それぞれの回のすべてのコマが一から作られて、キャラクターの表情、動き、服装まで、丹念な手作りの妙味が味わえる——これのどこがいけなかったのか。

いや、「丹念な手作り」こそが実は曲者だったのである。普通なら美点になるはずの「手作り」を欠点に変えてしまうような大きな間違いを「エンドレスエイト」は犯した。その間違いは単純なものではない。互いに関連する四つの層から成っている。

i　物理学的誤謬

こういうループって、そもそもありうるの？　……（物語的信憑性の問題）

*53　「オタク」と「サブカル」の対立関係については、注*38などで触れた通り。ハイカルチャー（意識高い系）との関係において両者が正反対を向いているとも理解できる。この対立構造については、ネットにおける「オタクはなぜ村上隆を嫌うのか」といった趣旨の多数の議論、コメントが参考になる。

*54　「美」「崇高」「悲壮」「滑稽」などの伝統的な美的範疇と並んで、「退屈」やその類似性質もれっきとした美的性質と認められることは多い（シブリー 1959, Davies 2012, p. 9 など）。しかし美的とされるのは鑑賞者が感じる現実の退屈ではなく、虚構化された「退屈の雰囲気や表現」である。第５章第１節「芸術学的誤謬」でこの点を考察する。

ii　ジャンル的誤謬
こういうループって、アニメ表現向きですか？　……（表現適性の問題）
iii　芸術学的誤謬
ループをこんなふうに鑑賞せにゃならん理由は？　……（表現的必然性の問題）
iv　解釈的誤謬
このループによって誰に何が起きたのか？　……（物語的前提の問題）

この四項目すべてにおいて、制作委員会は誤りに陥っていた。このうち一つにでも制作委員会が気づいていれば、「エンドレスエイト」の失敗は避けられたのだが……。

一つずつ見ていこう。

第1節　物理学的誤謬――バタフライ効果はどうなった？

反カオス〜ミクロ蔑視

「エンドレスエイト」はループを描いた物語である。さて、ループとは何か？

もちろん始点と終点が一致する曲線であれば「ループ」と呼べるが、作品中では（そして時間ものSF一般では）同一時間を繰り返すという出来事全体が「ループ」と呼ばれている。一定時間のシークエンスが何度も反復されるという現象だ。とくに「エンドレスエイト」のループは、涼宮ハルヒの欲求不満が無意識に生じさせたナチュラルな常同反応とされるので、コンピュータプログラムの繰り返し処理という意味でのループに近い。

すなわち、各々のシークエンスは意図的にコントロールされたものではなく、初期条件のパラメータ設定により自動操縦で進行する。キョンたちは（そして全宇宙は）何かによっていちいち手足を動かされて同じ動きを反復する〈あやつり人形〉ではなく、いくつもの初期設定から自発的に動くよう強いられる〈からくり人形〉だ。つまり各人は、それなりに自律的な運動の主体として、十五日間のシークエンスを何度もやり直す。

八月十七日の午前中、テレビで高校野球を見ているキョンにハルヒから電話がかかってきてから、八月三十一日の深夜、キョンが自室でぼやいて寝転がるまで。人物たちのセリフ、モノローグ、対人動作は最初から最後までほぼ同じ。ところが人物どうしの位置関係、服装、水着や浴衣の色や柄、セリフのタイミング、などに関して、各回ごとに些細だが無視できない違いがある。ミクロには異なっていながら、マクロには同一の繰り返しだ。

この段階ですでにほんのり疑問が湧き上がるのだが、さらに長門の証言を聞くと――

明日に俺たちがやる予定になっていることも、すでに俺たちは過去においてやってしまっているのか。この前の盆踊りと金魚すくいも？

「必ずしもそうではない」

長門は声にも表情はない。

「過去二万五千四百九十七回のシークエンスにおいて、涼宮ハルヒが取った行動はすべてが一致しているわけではない」

淡々と俺を見つめ続ける長門は、やはり淡々と言った。

「二万五千四百九十七回中、盆踊りに行かなかったシークエンスが二回ある。盆踊りに行ったが金魚すくいをしなかったパターンは四百三十七回が該当する。市民プールには今のところ毎回行っている。アルバイトをおこなったのは九千二十五回であるが、アルバイトの内容は六つに分岐する。風船配り以外では、荷物運び、レジ打ち、ビラ配り、電話番、モデル撮影会があり、そのうち風船配りは六千十一回おこない、二種類以上が重複したパターンは三百六十回。順列組み合わせによる重複パターンは――[*55]」

ミクロな違いだけでなく、マクロな違いもあったというのだ。こうなると疑問が膨れ上がる。疑問と同時に不満もだ。ネット民の具体的不満から疑問を浮かび上がらせてみよう。

「8本も使ってるクセに長門の言う例外のシークエンス（盆踊りに行かなかったパターンとか金魚すくいをしなかったパターン）をやってないことに腹が立つ」。（「ＹＡＨＯＯ！ 知恵袋」opn0105さん 2009/9/28 12:41:28 http://detail.chiebukuro.yahoo.co.jp/qa/question_detail/q1031054610）

六種あるというアルバイトなのに、風船配り以外の描写がなされないのはたしかに意地悪としか言いようがない。わざわざ同じパターンの日だけを抽出して八回放送したのはなぜなのか？ わざと視聴者を退屈させようとしたのか？　ことさらに変化を乏しくして、アートっぽい雰囲気を強めようとしたのか？　あるいは実験的冒険性の誇示か？　アート性にせよ実験性にせよ、制作側のそういうやり方はいかにも独善的ではないか。

金魚すくいの有無やアルバイトの内容が違ったとしても、基本的な印象はどうせ変わらなかっただろう、と肩をすくめる人もいるかもしれない。五人の行動は結局は同じルートを進み、言動は毎回同じ系列をたどったことだろう、同じセリフ回しに落ち着いてしまうだろう、と。たいていの視聴者はそのように感じ、「ループを忠実に描写してるらしいから仕方ないか……」というわけで、マクロ同型のシークエンス繰り返し自体には疑問を抱かなかったかもしれない。

キョンたちがあやつり人形だったらマクロ同型の繰り返しはありうるだろう。ところどころ逸脱があっても、人形遣いがすぐに修整していつもと同じ軌道に戻し、ほぼ同じ言動の連続で最終日まで統制していくだろう。しかしキョンたちは、かりに人形だとしてもあやつり人形ではなく、からくり人形である。ハルヒの潜在意識は手取り足取りのような器用な真似はできそうにない。これまでの展開を見ても、ハルヒの世界制御能力はアバウトで、無自覚な成り行き任せの比重が大きかったのだから。

ということはやはり——、少なくとも原作の世界では、シークエンスごとに大幅な変化が生じて

＊55　原作では脱出回に語られ、アニメでは「II」で語られるセリフ。冒頭のシークエンス回数は前回までの回数。アニメではアルバイトの分岐を語り始めたところで毎回キョンに止められるので、ここでは一番長く語っている原作から引用した（『暴走』、五八頁）。シークエンス総数以外の数字も、「II」は原作どおりである。

いたに違いないのだ。原作をベースにしている以上、アニメといえども、いやむしろアニメだからこそ、こうした最低限の物理的リアリズムは重要である。からくり人形を五体、何度も相互作用させたとして、毎回同じ経路を最後まで保つということは物理学的にほぼありえない。したがって、長門が無表情で証言しているからといって、シークエンス自体が表情の変化に乏しい反復だと思い込むのは間違いだろう。一万五千五百三十二回の十五日というのは、実は各回ごとにマクロに多様な、互いにまったく異なるセリフと対人動作から成り立つ十五日だったはずである。

この認識はきわめて重大である。なぜなら、第1章で我々が何気なく述べたこと、つまり「エンドレスエイト」アニメ版は『原作の内容を『原作以上に正しく』描き出してしまった」というのは、気の利いた認定のようにみえて実は誤りだった、ということだからだ。アニメは原作の物理法則を改変してしまっているのである。

アニメがトレースしたのは、原作が描いているただ一度のシークエンスのあり方だった。しかし、考えてみれば原作に描かれたシークエンスは「典型的なシークエンス」ではない。なぜなら、ただ一つの脱出回、つまり最後の回という超例外シークエンスだからである。他のシークエンスにはない事情が引き金となってキョンが「アタリのセリフ」に思い当たったに違いない。それは当のシークエンスだけを描いた原作を読んだだけでは察することができないが、他のシークエンスと比べればはっきりわかるほどのマクロな相違であるはずだろう。しかしアニメでは、脱出回とほぼ同じイベントやセリフ、モノローグを、他の七回もそっくり共有しているのだ。これは紛れもなく原作レイプに他ならない。[*56]

いや、服装とか立ち位置とかの些細なミクロな違いがあれば十分だろう、そう反論する人もいるかもしれない。ああいったミクロな差異が、最終脱出回でポンと「アタリのセリフ」を誘発した、ということは考えられる。もちろんその通りだ。ミクロな違いがマクロな違いを生み出すカオス的仕組みは、「バタフライ効果」としてＳＦでもよく知られている。蝶の羽ばたきの影響がハリケーンを起こすというたとえ話で知られるあの効果。ハルヒやみくるのちょっとした服装や表情の違いが、キョンがアタリのセリフに思い至るかどうかという大違いを生み出したかもしれないではないか。

しかしそれだからこそ、「エンドレスエイト」は不自然なのだ！　アタリのセリフが出る出ないの違いを誰かの服装や目配せのような微差が引き起こすというなら、毎回見られるその種の無数の微差が、大きな行動の違いをたくさん生み出しているはずではないか。

ハルヒにせよキョンにせよ、人間たるもの、朝たまたま選んだ服によって気分が変わり、言動が大幅に異なるのが自然だろう。水着や浴衣となるとなおさらだ。原作の世界では着衣に応じて各人の言動が毎回大違いだったはずだ。なのにアニメの表現では、服装のミクロな違いにもかかわらず、

＊56　「原作レイプ」には次のようなものがあるとされる。⑴ストーリーの改変、⑵重要場面のカット、⑶絵柄の変更、⑷オリジナルキャラクターの活躍（ニコニコ大百科「原作レイプ」より）。「エンドレスエイト」の例は⑴に該当するが、原作者も（おそらく）気づきにくい側面でのレイプである点で、「原作準レイプ」と言ってよいかもしれない（法律用語で「準強姦」とは、睡眠中・酩酊などにより抵抗できない者をレイプする罪のこと。二〇一七年七月一三日の刑法改正により、強姦（一七七条）、準強姦（一七八条二項）はそれぞれ強制性交等、準強制性交等に名称変更された。メタファーとして使いにくくなった点では改悪に感じられるが……）。

マクロなストーリーの違いに発展しない。八回ともずっと同じセリフで推移しているではないか。無数に潜む「バタフライ効果」はどうなったのだろう。人物の心理、物事の連関が大味すぎるではないか。

〈大きな心理物理的展開は等しく、中途の物理的ディテールが異なる〉〈ミクロでは多様な変化がありながら、マクロには同型の繰り返し〉という「エンドレスエイト」の属性は、微妙さに欠けすぎている。つまり物理的世界の複雑な実態を反映できていない。だから見ていてきわめて不自然であり、エンドレスエイト特有の「リアリティの欠如」そして「方法的失敗の印象」を生み出してしまったのだ。[*57]

『ハルヒ』の複雑で繊細そうに見える世界が、実は鈍感な世界だった――ちょっとやそっと喫茶店での座席位置だの服装だのが違っていても毎回ピッタリ同じセリフと行動の系列に帰着してしまう、冗長かつ硬直した世界だった――そういう認識を強いられて、視聴者は無意識のうちにシラけてしまうのである。ミクロの差異などどうでもよい、という作り手の暗黙のメッセージが伝わってしまう。ハルヒたちがどんな水着、どんな浴衣でアピールしようが、キョンのモノローグにも古泉のセリフにも全然影響していない。いかなる細部も、予定調和的ストーリーに飲み込まれてしまう。――そう、「エンドレスエイト」は微差にこだわりをみせたようでいて、実は微差をこの上なくないがしろにした作品だったのである！

事実上、微差しか見どころがないと思われたとりわけ「II」から「VII」まで中盤六回は、実は反対に、肝心のその微差群が物語的影響度ゼロの泡のようなものにすぎない、と宣言しているも同然の作品群なのだった。微差愛に満ちたコアなオタクであればあるほど、微差愛を裏切られて白けたことだろう。オタク的でない視聴者の多くも、表面上の手細工的凝り性と、内容面の微差軽視との矛盾に、作り手側の職人的欺瞞を感じたことだろう。これが「エンドレスエイト」の味気無さの根本原因である。

エントロピー的観点から

アニメ「エンドレスエイト」の八回で描かれた大まかな流れで進むシークエンスを、〈Eシークエンス〉と呼ぶことにしよう。「高校野球放送→市民プール→キョンによる長門呼び止め→盆踊り会場→花火→セミ採り→バイト→駅前での四人の相談→天体観測→バッティングセンター→……喫茶店での解散→宿題（放棄または達成）」という十五日分の事象系列にほぼ従い、各人のセリフの内容と順番もあの通りであるシークエンスだ。中間の六回はもちろんのこと、「Ⅰ」と「Ⅷ」もマクロな輪郭が酷似しているので、Eシークエンスと認めよう。

各シークエンスの途中で服装など識別可能なミクロ変異が生じても、最後まで「各人のセリフの

＊57　アニメにおけるリアリティは、伝統的ミメーシス（模倣的再現）の原理とは異なるのであり、「アニメ・まんが的リアリズム」（大塚 2000, 2003）「ゲーム的リアリズム」（東 2007）の観点から評価すべきだ、という意見もあるだろう。しかし具体的な理由が見当たらない間は、伝統的リアリズムへの違反は（無自覚になされた場合はとりわけ）作品的欠陥と見なされるほかはない。アニメ・まんが的リアリズムによって「エンドレスエイト」を再評価すべき具体的理由は、第8章以降、いくつかの層で発掘されることになる。

順序」のみならず「キョンのモノローグ」つまり心の動きにすら変異が生じずに、三〇日の同じ喫茶店場面そして（「Ⅷ」を除いて）三十一日の諦めモードに収束する。そんなEシークエンスがまとまって出現したのが、「エンドレスエイト」の描くループだ。そういうループが成立することは不可能ではないが、確率は極小である。

長門の証言からすると、一万五千五百三十二回の中にはアルバイトをしなかったなど比較的大きな違いを示すパターンが多数含まれている。だが、アニメではそれらもEシークエンスだった可能性が高い。それは「Ⅰ」から推測されることだ。「Ⅰ」はループに気づかずに終わったシークエンスである（初回かもしれない）。にもかかわらず、みながループを知った他の回と基本的に同じセリフ、モノローグで推移した。この無変化ぶりは、朝比奈・古泉が初めてループに気づいた八千七百六十九回目以前と以後とで、Eシークエンス性への攪乱がなかったことを示している。ループを知ったことはキョンたちにマクロな心理的衝撃をもたらし、行動やセリフに深く影響するはずなのに、細かいセリフやモノローグに一切影響を及ぼしていない。服装などのミクロがマクロストーリーに影響しないどころか、「ループを知る」という重大なマクロ事象ですらマクロストーリーに影響を及ぼさなかったというのだ。いや、ミクロなセリフやモノローグすらほとんど無傷で保たれた。そういった実に奇妙かつ強固な収斂作用が「エンドレスエイト」に働いていたわけである。

こうして、「Ⅰ」がEシークエンスだったという事実から、一万五千五百三十二回すべてがEシークエンスだった、と判断して間違いない。イベントが少し変わろうが欠けようが、すぐにまたEシークエンス的基本の流れに立ち戻り、キョンたちはほぼ同じセリフとモノローグを最大限繰り返す、という一万五千五百三十二回だったのだ。[*58]

というわけで、なぜか一万五千五百三十二回ともEシークエンスに統一された展開ばかり生じ続けているのがアニメ版「エンドレスエイト」の世界なのである。原作世界ではカオス的物理学の法則どおり、一万五千四百九十八回すべてが互いにばらけた展開をしたはずだ。なのにアニメではEシークエンスだけ生ずるという、不可解な世界に作り変えられたのである。

ループものはふつう、シークエンスごとにマクロにもミクロにもかなり異なった展開を示す。『リプレイ』『オール・ユー・ニード・イズ・キル』『魔法少女まどか☆マギカ』『STEINS;GATE』等々、同一時点から何度も試行を反復する物語では、始めのわずかな違いが次段階の異なる結果につながり、さらに次の違いを生み……という連鎖によって進展する。だから各シークエンスはマクロレベルで似た繰り返しを再現することは決してない。がっちりと同一マクロ展開から逸脱しようとしない「エンドレスエイト」は超例外なのである。[*59]

＊58　もしもEシークエンス以外を含む多彩なループだとすれば、あの放送どおりEシークエンスが八回も近接して生ずるというのは、カオス的物理学のもとでは確率的にまずありえないことだった。長門の説明から再構成すると、初回と同型のマクロ構造を持つEシークエンスが、最終三五回中少なくとも八回存在していることになるからだ。一万五五三二回全体の中の任意の場所にEシークエンスが八回含まれることすらきわめて確率が低かっただろう。

＊59　広くとれば類例も少なくはない。アメリカ映画『恋はデジャ・ブ』では、主人公のゆく先々、同じ場所・時刻で毎回同じ出来事が起こる（子どもが木から落ちるなど）。しかし主人公との接触がなされたとたん、どの出来事も各回個性的に変動してゆく。アニメでも『時をかける少女』など外界の再現性が高いものがあるが、それらは世界のループではなくキャラクター単独のタイムループを描いていることが多い。

渦やつむじ風のような一様なループではなく、両端がはっきりしている点では、「エンドレスエイト」も他のループものと同じだ。八月三十一日二十四時という特異点において八月十七日朝という特異点にリセットされるという、一瞬の断絶を介しての反復。〈厳密な完全同一コピーの反復〉を示すループもまたありえたはずだが、シークエンスごとにミクロな違いがあるということは、「エンドレスエイト」のリセットは厳密なリセットではなく、誤差を含む「甘めのリセット」である。つまり、同じ初期条件に戻る仕組みが保証されない非決定論的リセットだ。すると本来ならやはり、わずかなミクロの相違から、あれよあれよとマクロな大差に拡大してしまいそうなものなのである。

もちろん「エンドレスエイト」は、他のループものに比べてリセット度が違っている。他のループものではリセット度が甘めどころか、きわめて甘い。主要人物の記憶はリセットされず、各シークエンスの教訓を保持したままループが経験されており、望みの展開を得るために試行錯誤する、という展開が基本である。各シークエンスに違いが生ずるのは、人物が意図的に試みた結果だ。ところがEシークエンスではリセット度が「きわめて甘く」はなく「厳密ではなく甘め」という程度であり、他のループものに比べるとはるかにキツい。記憶がリセットされるため人物たちはほとんどの期間ループに気づかぬまま過ごしてしまう。

長門は「観測」が役目だと自覚しているので、尋ねられるまでは他メンバーに事態を教えない。したがって前シークエンスまでの経験が生かされず、ループがほぼ同一のEシークエンスを繰り返すのは「相対的にみて」自然なのだ――、そう論ずることも不可能ではない。

しかし実はそうではないのだ。「記憶のない自然的成り行き任せ」という事態だからこそ、マクロ同型の展開を示すことの不自然さがかえって顕わになる。『恋はデジャ・ブ』『オール・ユー・ニード・イズ・キル』その他で、目的達成を狙って別展開にするためには記憶が必要だったという事情は、漫然と身を任せたのでは「狙った展開」にならないことを意味している。このことは同時に、「狙ったかのような同一展開（同じイベント、セリフ、モノローグの消化）」を保つためにも記憶が必要とされることを示している。将棋のようなきわめて粗い単位（駒のムーブ）から成るシステムですら、漫然とやっていれば中終盤は二度と似た展開にならない。序盤から終盤までほぼ同じ駒のやり取りで対局を終えるためには、対局者どうしの申し合わせと確かな記憶による意図的微調整が必要だ。大きな駒ではなく極微の単位（素粒子）から成る日常生活システムではなおさらである。

このように、どの方面から吟味しても、〈記憶のない人物たちによる複数試行が同一展開で終始する〉というのは、物理的にありえない——少なくとも自然でない——のだ。

ただ、「エンドレスエイト」のマクロレベルにおいても、回を重ねるごとにキョンたちの既視感が強まるなどといった蓄積的グラデーションは生じており、あげくは半分以上過ぎた八千七百六十九回目からハルヒ以外全員がループに気づくという、いちおうマクロな構造的相違も起こってはいる。しかし、マクロ構造の変化はその一側面においてだけであり、しかも気づいた日から最終日までの展開が八千七百六十八回目以前のシークエンスから変わっていない。バタフライ効果なしの、非カオス的展開への固着が、なおさら不自然に感じられるのである。

逆に言えば、マクロな違いを起こさない設定なら、ミクロな違いも排除されているはずだった。

この直観にもとづく不満は、ファンの声にも反映されている。

設定上ではループ毎に多少の揺らぎがある。（中略）だったら完璧に毎回同じ展開とセリフ回しをするのは変だし、なのに毎回演出が全然違うのは逆の意味で変。むしろほぼ同じ服装と絵の方がまだ筋が通るため、実験としても中途半端。（「エンドレスエイトについて語るスレ」843：さきち：2013/12/12 12:55:29）

物理学の素養の度合にかかわらず、この不自然さは感覚的に感じ取ることができる。だからこそ、先ほど挙げた数多くの時間ループもの作品では、マクロ同型のループ表現は避けられているのだ。ところがEシークエンスは、時間ループかつ物理的同型ループになっているだけでなく、ミクロな違いを伴っている。まさにこの中途半端さが視聴者を苛立たせたのである。服装その他の微妙な違い、フェチ体質のオタクにとっては欠かせない微細要素群が、大勢に全然影響しない「ただのトッピング」だ、という証明を何度も何度も丁寧な手描きで念押しされるわけだから……。

ストーリーとは無関係に、ただ着せ替え人形のようにいろんな装いをあてがわれるだけのキャラクター。ミクロな表層装飾がマクロな基底構造から分離して浮いてしまったこの世界は、物理的以上に心理的に鈍感で不活性な世界に堕しているのである。

オープニングアニメーションのハルヒのシーン末尾に出てくる「エントロピーの数式」にちなんで言い直しておこう。同一のマクロ状態に対応するミクロ状態の数が多いほどエントロピーは大きく、少ないほどエントロピーは小さい。コップの水にインクを一滴垂らした光景を考えよう。インクがまだ一か所にとどまっている時（エントロピー最小）とインクが拡散しきったあと（エントロピー最大）との中間、インクがコップ全体に拡がりつつある途中において、最も面白くて美しい模様が生まれる（Carroll 2012, ch. 14）。つまり、興味深い現象や美しい現象、生命や知的情報処理のようなものが生ずるのは、エントロピーが中間という環境においてである。[*60]

ミクロな状態がいくら変わろうがマクロな展開に変化なしという「エンドレスエイト」の実態は、インク分子と水分子が完全に混じり合った乱雑状態に該当する。ミクロな個々の分子がちょっとやそっと位置を変えようがマクロな色具合に変化が認められない高エントロピーの系。つまり美しくないのだ。

まずこの物理学的基本（そして心理学的基本）を押さえそこねたことが、「エンドレスエイト」の犯した過ちである。のみならず長門のセリフには多様なマクロ展開が仄めかされていたというのに、それをあえて無視し、原作に反してまで退屈演出に凝り固まったのは、倫理的な悪とすら言える。制作委員会がケアレスだったというより、強迫的・偏執的な倒錯に陥っていたと責めたくなるのも道理だろう。

＊60　エントロピー極小のビッグバンからエントロピー極大の熱死に至る宇宙膨張のちょうど中間である現在、我々がこのように「エンドレスエイト」について考えをめぐらしているのも、エントロピーが極小から極大に向かう途中でのみ知的組織化が現われるからである（Dicke 1961）。

第2節 ジャンル的誤謬――フィクションとシミュレーション

アニメの表現適性

前節の物理学的批判に対して、疑問を呈する人はいるかもしれない。「物理学に合致していないからってアニメを批判するのは的外れじゃないか？　表現が自由だからこそ、芸術は面白いのではないか！」

ふむ、一理あると認めよう。前節の〈物理的誤謬〉が「エンドレスエイト」の〈物語〉的内容の側面を批判したものだとすれば、ここでは、物語的欠陥を〈表現〉の側面で挽回できているかどうか、という論点を扱うことになる。

「芸術の本質は表現方法の自由さにあり！」

なるほど。もっともだ。物理法則からギクシャク逸脱した不自然プロットを、楽しめる姿かたちへ仕立て上げられる特質が、アニメという表現メディアに備わっているならば。

しかしアニメが、「バタフライ効果抜きの反物理学的ループ」という設定を効果的に表現しがたいメディアだとすればどうか。倫理思想をピアノで表現しようとしたり、失恋の哀感を二次方程式で伝えようとしたりするように、それこそ的外れな実験にすぎないことになる。何かをうまく表現するには、その何かに向いた方法、適したメディアというものが必要だ。

たとえば「アニメ・まんが的リアリズム」などとひとくくりにされがちだが、アニメとマンガは表現適性がかなり異なる。マンガは「フレームの不確定性（フレームはコマなのか頁なのか）」を利用した「コマの突き破り」のような逸脱表現が豊富だが（伊藤2005、第４章）、アニメはその種の〈形式的なメタフィクション的表現〉が不得手である（非形式的な、たとえば言語的メタフィクション表現なら、「予告編」でキャラクターが物語についてコメントするという手法が定着しているが）。「エンドレスエイト」の反復表現はまさしく非言語的・形式的メタフィクション装置と言えるので[*61]、よほど適切な工夫が求められたはずである。しかもあの反復表現の場合、ファンを失望させかねない種類の実験であることは始めからわかっていたのだから、「メディア表現適性」を慎重に確認することはなおさら必要だった。[*62]

前節で出した〈からくり人形〉と〈あやつり人形〉のメタファーを思い出そう。進路に点在するミクロな違いをどんどん拡大するにまかせるからくり人形と、ミクロな違いが生じてもすぐに軌道修正されてマクロな大差に入り込まないあやつり人形。本来からくり人形であるべきキョンやハルヒたちをあやつり人形として描いてしまった（かつ、着せ替え人形として扱ってしまった）ところに、

＊61　「エンドレスエイト」のメタフィクション的・メタ芸術的性格は第5章・第8章・第10章・第11章などで適宜検証する。

＊62◆　以下で論ずる「メディア表現適性」は、グリーンバーグ 1960, フリード 1967 などフォーマリズム批評の「メディア固有性」のような各ジャンルの純粋性に関する理念ではなく、制作方法が描写対象に実際にうまく合うかどうかの経験的問題である。ただしメディア固有性の純粋主義も無縁ではない。注＊73参照。なお第8章で「エンドレスエイト」を反フォーマリズムの立場から再解釈するが、反フォーマリズムの先鋒 Kosuth 1969 のようにジャンル意識を超克することによってではなく、逆にジャンル意識を改めて鮮明化することで試みることになる。

「エンドレスエイト」の失敗があるのだった。そして「あやつっている」のはもちろん制作委員会であり、監督であり、アニメーターである。

もともとアニメは、からくり人形を迫真的に描くのに適したメディアではない。言い換えれば、自律的ループを生き生きと表現することは、アニメは不得意である。なぜなら、アニメは「意識ですべてコントロールする芸術」の最たるものだからだ。アニメには偶然まかせの要素がほとんどない。現象の表面を一から十まで手作りでこしらえる芸術がアニメなのである。絵画のような即興的筆触の味わいはお呼びでなく、塗った動作の跡を残さぬよう均一に仕上げなければならない。アニメはその意味で、パフォーマンス性を排した徹底したデザイン芸術であり、徹底した「フィクション」である。

対してループは、フィクションとは正反対の制作方法「シミュレーション」の産物だ。シミュレーションというのは、現象の表面を手でこしらえることはせず、始めにプログラム（法則・指示）が設定され、そこへ初期条件の値を入力して、その結果、どのような現象が出てくるか見守る。天気予報や株価予想、電卓での会計計算などがシミュレーションの代表例だ。外形の推移は初期条件から自然発生するべきものとなる。仮想的な天候の変化を手で誘導してしまったり、出力となる数値を手で自由に書きこんでしまったりしたら、捏造となり、シミュレーションとして役に立たない。［もっぱら目に見える外側を直接作ってゆくフィクション］と、［目に見えない深層構造を指定して外側はオートマティックに創発するにまかせるシミュレーション］。この二つは、真逆の制作メカニズムなのである。[*63]

フィクションでは、手作業のいちいちが制作結果に直接の痕跡となって残る。制作行為の諸部分と制作物の諸部分との間に一対一対応がある。だから設計図を用意できる。他方、シミュレーションでは、設計図に従った制作はできず、書けるのはレシピだけだ。制作者の手作業はプログラムと初期値を指定し、実行することであり、制作行為の諸部分と制作物の諸部分との間に一対一対応はない。制作行為の諸要素は制作物全体の中に溶け込んでしまうのである。同じ設計図からであれば同じものを作ることができるが、同じレシピから作る場合は、一回ごとに何が出来るかコントロールできない。

フィクションとシミュレーションというこの区別は、制作物や制作行為を分類するための概念ではなく、側面を抽象化したものである。つまり、個々の制作物・制作行為は、多かれ少なかれフィクション性（手作り性）とシミュレーション性（自律的創発性）の両方を備えている。したがって、この二つを極とするスペクトルに、さまざまな芸術ジャンルや制作行為を位置づけることができるだろう。

アニメと並んでフィクション性が強いのは、マンガ、小説、詩、戯曲、コンピュータゲーム、建築、絵画、彫刻、作曲、デザイン、プラモデル、ジグソーパズル、演説、映画、書、編み物、ファッション、舞踊などである。音楽や映画、演劇は、演奏や演技によって具体化されたときにしばし

＊63　フィクションは、表層的現象をトップダウンで決め、深層法則はボトムアップに任せる。逆にシミュレーションは、深層法則をトップダウンで決定し、表層的現象はボトムアップで生成するに任せる。三浦 2014a, 2015a 参照。

ば作曲者や演出家の意図を超えた効果が現出するし、書や舞踊も意図された文字や振り付けが身体的条件の偶然によって予期せぬ変異をこうむる。したがってそれらは基本的にフィクションでありながら独特のシミュレーション性を帯びている。ファッションも同様だ。また作曲も両極性を帯びており、絵具を混ぜて色を作るように自由に音色を確かめながら完成させてゆく電子音楽はフィクション的な自己完結性を示す反面、作曲者の意のままの音を微細に指定できず処方だけを描かざるをえない器楽曲や声楽は、シミュレーションでの補完を要する。ゲームは、プレイヤーの行為や選択肢によって道筋が分かれるが、囲碁・将棋のようなボードゲームを除くと、可能なすべての行為に対して作り付けでない臨機応変の応答ができるゲームソフトは現状ではきわめて稀なため、ゲームは概してフィクションに分類できる。

シミュレーション性の方が強い（制作者の意図的行為と同型構造の性質が作品に現われない）ものとしては、インスタレーション、造園、陶芸、染め物、即興演奏、コラージュ・フロッタージュ・デカルコマニー、花火、格闘技、コンセプチュアルアート、料理、育児、科学実験、ドキュメンタリー、評論、科学論文、翻訳、計算、写真などが挙げられる。[*64] ちなみに評論、科学論文、翻訳などは、意図的に書いた言語表現が作品にそのまま表われる点では小説や詩と同じくフィクション的だが、制作者の外部にある世界の法則や素材が執筆者の意図を規定しており変更可能性が限られているという点で、シミュレーション性の方がはるかに強いと言うべきである。完全に無意識の状態で紡ぎ出される夢は、当人の神経系をシステムとし感覚入力を境界条件とするシミュレーションであり、フィクション性はほぼ皆無と言える。[*65] ハルヒの「潜在意識」の所業は夢と同じ種類のものであり、閉鎖空間や時間ループの展開の仕方は意識的作り手不在の自然的シミュレーションである。

そうすると、無意識的ループをアニメというフィクションで表現するさいには、微妙な方法的難関が予想されるだろう。アニメにももちろん、制作者の意図しなかった効果が生まれることはある。しかし、実写映画と比べるとその「無意識の効果」の比重は圧倒的に小さい。実写映画にはしばしば「奇跡のカット」（川上 2015、二〇〇–一頁）が生まれると言われる。あらかじめ存在する俳優やロケーションを脚本にインプットして生成するシミュレーション的な実写映画では、監督や演出家が想定していなかった表情や風景の一瞬が現出する可能性が豊富である。対して、素材すべてを一から十まで作り出す自由自在なアニメでは、そのような「予期されざる奇跡」「偶然の効果」は無きに等しいだろう。すべては計画された通りに出来てゆく。[*66]

したがって、そのような「自由自在なメディア」であるアニメで、自然発生的現象たるループを

*64◆　コラージュは、素材となる各パーツが持つ諸性質は制作者の行為とは無関係である点でシミュレーション的だが、複数のパーツの位置関係など、制作者の行為のすべてが制作物の中に残るという点でフィクション的である。とりわけファウンドアートとして見たとき、前者の隣接効果が本質をなすので、コラージュは基本的にシミュレーション芸術と考えるのがよいだろう。逆に建築は、各パーツの物質的諸性質（床の木目など）は建築家の行為外で生じているが、建築の本質は素材より構造にあると考えられるので、フィクションに分類できる。

*65◆　フィクション・シミュレーションの区別は、デザイン・パフォーマンス（川野 1972）やアログラフィック・オートグラフィック（グッドマン 1976）と類縁性がある。ただし、それぞれ語用論、意味論、統語論に定位し、分類軸としては交差する。

*66　大勢のアニメーターの手によって各々作られたシーンが相互作用して、いかなる特定の一人の意識にも統制されない全体が創発する、ということは可能だ。しかし京都アニメーションのような、演出・作画から仕上げまで全作業を社内スタッフだけで成し遂げられる体制においては、高度な職人技の達成と引き換えに、意図せぬ創発は起こりにくいと言える。

描く場合、表現と内容の間に摩擦を生じかねない。ループであるからには、初期条件の微差によるちょっとした揺らぎとか、ノイズの介入によるまた別種の変異とか、自然現象的なバリエーションを楽しみたいではないか。ループの微細な変異は、主にその内在的駆動力と初期条件から――すなわち深層に潜む仕組みによって――「勝手に現われてしまう」ものであってほしい。なのに表層の外形を全部、自由意思に導かれた「手」で描かれてしまっては……。即興演奏と称して楽譜どおりの周到なリハーサルがされていたようなもので、趣も何もありはしない。

「回が進むにつれてキャラクターたちの疲労が深刻化してゆく様を、表情ほか京都アニメーションお得意の技法で、見事に表現しています」（浅羽 2012、三六頁）と評する声もあるにはある。[*67] しかし「見事」であればあるほど、その「疲労の深刻化」にもかかわらず毎回同じセリフとモノローグが最後まで崩れず同じ順番で展開するありさまがわざとらしく、手先の調整めいて見え、非ループ的に感じられるのである。

「エンドレスエイト」の味わいを支持する声の中で多数派を占めるものとして、「声優のアドリブ」がある。「セリフをすっかり覚えてしまった声優が後になるほどアドリブで調子を変えているのが面白い」というのだ。こういった評価は、逆にいかにアニメが実写に比べてループ表現に向いていないかを暴露した評価と言えるだろう。「セリフ」はアニメが実写映画と共有するパフォーマンス的側面なので、そこにアニメの特質が鮮明に浮かび上がるのだ。実写の場合は視覚像も含めた俳優の演技すべてにアドリブが働き、声と映像が有機的に連動するのに対して、アニメでは声と映像との生身の連動を表現できない。実写映画どころか人形劇にもはるかに劣る。人形劇はセリフと人形の動きが同時進行するパフォーマンスであるのに対し、アニメでは映像があらかじめガッチリ作り込まれてしまっているからである。

結果としてアニメでは、音声だけに注目すれば即興の面白みが感じられるかもしれないが、それゆえにこそ、即興が一切利かない画像部分との食い違いが浮き立ってしまう。声がアドリブを帯びれば帯びるほど、動画と音声が乖離してしまうのである。声優のパフォーマンスが「エンドレスエイト」の美的効果を増しているとは到底言えない。[*68]「Ⅶ」の深夜相談場面での古泉の説明開始部分など、声優のアドリブ的アクセントがとくに上滑りして聞こえるシーンが何か所かある。声優の心理状態や体調を反映したシミュレーション的発声の妙味も、いかなる自律音声の機微も、他律的既成動画に嵌め込まれることによってかえって空転気味に聞こえるのだ。

演劇であれば、俳優のナチュラルな身体全体がリアルタイムで鑑賞対象になるため、同じ脚本に基づいた劇を何遍見ても、観客は飽きることがない。[*69]収録モノの実写ドラマもそれに準ずる。フィクション的統一性に収まりきらない出演者の生身の動きや背景環境の偶然的律動によってシミュレ

＊67　「深刻化」を感じるためには、浅羽が述べるように、一気見しなければならない。週ごとの試聴だと、「デテールの記憶が希薄化し、わずかな進展よりも同一反復性の方が強く印象に残る」（三六頁）からである。しかし一気見した私は、浅羽が称賛するような体系的なグラデーションを見てとることはできなかった。それを感じるためには視聴者は、予備知識を持ったうえで「深刻化」に注意の焦点を据えて一気見する必要があるだろう。

＊68　もちろん、声優のファンにとっては該当部分単独で楽しめる要素になるかもしれないが（注＊3も参照）、それが作品の全体的価値に寄与する要素となることはめったにない。

＊69　アニメで演劇並みの偶然効果を醸し出す方法については、第7章で触れる。

ーション性が滲入し、同じストーリーを繰り返しても退屈な反復にはならないだろう。

『3番テーブルの客』という深夜ドラマが格好の例となる。三谷幸喜による同一の書下ろし脚本を二四通りのスタッフ・キャストで放送した企画であるが（フジテレビ、一九九六–九七年）、これは「エンドレスエイト」のような不評を被ることはなかった。冒頭に毎回、「台本が同じなら同じ作品が出来上がると思うならあなたはドラマを知らない」というナレーションが入って、コンセプトが視聴者に了解されていたので、特定コンセプトを貫きやすかった、という事情はあった。[*70] だがそれならば「エンドレスエイト」も「ループ」という設定がわかった時点で視聴者には同様の了解が（むしろいっそう洗練されたスリリングな形で）もたらされたはずだろう。やはり不評の主因は、全手作りによって映像からシミュレーション性を完全脱臭されているアニメという芸術メディアで「むりやりループ」をやってしまったことなのである。

ちなみに『3番テーブルの客』の脚本そのものは、同じ三谷幸喜の劇場映画『THE 有頂天ホテル』にも使われた「見栄による衝動的なりすまし」をモチーフにしたペーソスコメディだが、とうてい良作とは言いがたい。元夫妻が偶然出会い、元夫が咄嗟に演じた虚栄のウソを元妻は信じたフリをする。そのフリを維持するために元妻は逆にウソをつき、元夫の当面のメンツを無理に守り通す——という話で、言動のことごとくがその場しのぎであるため、よほど自然な演技で見せていかないと三文コントにもなりかねない。双方のウソの維持が難しすぎる点、元夫のメンツは守る必要もない些細なものである点、いずれバレたとき感動的シーンが予想されるわけでもない点、等々を棚上げにして、ドラマ時間内限定で「いい話」かのように視聴者をとりあえず錯覚させておしまいという、使い捨てドラマの典型である。しかし物語のこの薄っぺらさゆえにこそ、演出のちょっとした違いが秀作と駄作の大差を生むという面白い結果を生じ、かつ俳優とロケーションの違いによるスタイル差・雰囲気差によって視聴者を楽しませることができた。

「エンドレスエイト」では、そういった妙味は発揮されようがなかった。ハルヒやキョン、長門といったキャラクターはアニメ特有の外観がくっきり規格化されていて、作画監督ごとのスタイル・雰囲気の差別化を主張することは不可能だった。物質的環境を扱う実写監督とは違い、アニメ監督は現象をトップダウンで調整する実務家なのだな、という印象を「エンドレスエイト」は無駄に強化したとも言える。無個性の微差バージョンが八つただ並んだだけという、揺らぎの味わいに欠けた非シミュレーション的平板さばかり表面化してしまった。言うなれば、八話それぞれが「キャラ立ち」していなかったのである（キャラクターのキャラ立ちが著しいアニメだけに、各話の没個性ぶりが痛かったのだ）。

俳優の声でなされるアドリブがかろうじて揺らぎの興趣を醸し出しているように見えてじつは逆効果、と先ほど述べたが、同じことが映像面についても言える。色や形の微妙な違いをつける「遊

＊70　『3番テーブルの客』のナレーションの続きは次の通り。「映像のワンカット、セリフの一つをとっても、監督の思いを反映せずに作品に盛り込まれるものはない。監督は作品という分身を作り出しているのである」。この説明はアニメには当てはまりうるが、実写映画については的外れである。映像音声の隅々までを監督がコントロールする全面的フィクションであるかのように実写映画をイメージさせてしまう。実際には監督の意図を超えた俳優や環境の自律的変異によって作品がシミュレーション的有機体に仕立てられてゆく。すべてのカットを監督が追認するという事実があるにしても、「監督の思い」がすべてに行き渡っているとは決して言えない。

び」それ自体がリアリティを減殺する要因になるのだ。たとえば、エンドレスエイト放送期間中の2ちゃんねるにはこんな意見が見える。

浴衣は買うからともかく水着よくそんな持ってるなとは思う（「涼宮ハルヒ　エンドレスエイト問題を語るスレ」58：Ψ：2009/07/13　http://anchorage.2ch.net/test/read.cgi/liveplus/1247490321/）。

なるほどという感じだ。八回中、ハルヒ、みくる、長門、キョン、古泉の水着は毎回異なっている。[*71] ループ初日にいきなり電話で「水着を持ってくること！」とハルヒに命じられたキョンなので、洋服箪笥の中がシークエンスごとに分岐する暇もなく、一六日（ループ開始前）の時点で彼は少なくとも八種類の海水パンツを所持していたことになる。ちょっと驚きだ。服装等のバリエーションでの視聴者サービスが、「内容軽視の微差設定、実験のための実験」というとってつけた印象を強め、表現の空回りを招き、全体の不自然感をかえって増幅してしまったのである。[*72]

ありうる擁護論

総じて、丹念な手作りぶりがループの現実感と衝突して、かえって粗っぽい印象を与えてしまう。ループならループなりに、自律的なからくり人形がスロープや段差をどう乗り越えるか、その成り行きを楽しみたいのに、一挙手一投足の作り込まれたあやつり人形歩きを見せられても……、これが「エンドレスエイト」に退屈する視聴者心理の基本線である。ランダムな数列や単語列を意図的に作ろうとすると必ず人為的な偏りが透いて見えてしまうのと同様に、ループのような「自然にこうなっちゃった現象」の外形を「綿密な手作り」で縁取ってしまうのは興醒めなのだ。丁寧に作れば作るほど、「科学実験の捏造」まがいのニセモノ性が深まってしまうのである。

こうした批判に対しては、いくつかの反論が可能かもしれない。第一に、『ハルヒ』の売りとも言えるシミュレーション的性格について。先ほど芸術諸ジャンルを二極スペクトルに位置づけたとき、「写真」がシミュレーション芸術の最たるものとして挙げられた。『ハルヒ』は舞台である西宮市の風景写真を忠実にトレースした背景画で知られ、多くの「聖地巡礼者（トレーサー）」を現地に誘い込んでいる。少なくともこのリアルなトレースの側面において「エンドレスエイト」も典型的シミュレーション表現たりえているのではないか。

だが、背景がシミュレーション的だからこそ、その上を動くキャラクターの言動の反シミュレーション的反復がぎくしゃく浮いて感じられる恐れがある。実際、対比の効果で物理学的誤謬が映えてしまうのだ。「道路や建物が固定されてる上を毎回ハルヒやキョンが違った歩き方するのはありだけど、セリフやモノローグが固定されてる上を毎回違った服装が張り付いていくのってありえないよな……」。「あり」のリアリティが「ありえない」の違和感をもリアルにするのだ。

＊71　ただし、「Ⅵ」で部分的にしか映らない古泉のパンツは「Ⅰ」のものと同じである可能性がある。なお、「Ⅰ」でのキョンと古泉のパンツは、「孤島症候群」の海水浴シーンのものと同じである。

＊72　服装等ミクロな相違が逆効果になっている例として前節で触れたのは、バタフライ効果を生まないことの物理学的不自然さ一般だったが、ここでの不自然さは、高校生が水着を何着くらい持っていそうかという日常生活上の特定のリアリティにかかわる。

風景トレースは、『ハルヒ』全般のリアリティにとってはプラスに働いたかもしれない。それゆえにこそ「エンドレスエイト」では逆効果になってしまう。背景的リアリティによって前景的フェイクへの気づきが呼び覚まされるのである。

そもそも、アニメに実写を採用することについては、純粋主義的立場からの批判も考えられる。それぞれの芸術ジャンルのメディア的限界（絵の平面性、彫刻の無彩色や静止性など）こそが、当該ジャンル独特の自律的な表現を可能にする物質的本質であり、それによって高い価値が実現されるのだ、と。[*73]その立場では、アニメは実写と区別された表現を追求すべきであり、他ジャンルの手法で補佐すればするほど、純粋性が失われて芸術的価値は下がることになるだろう。文学の中でライトノベルが低い地位に甘んじているのも、言語以外の装置、とくにイラストによって補佐されていることが大きな理由となっている。そのことを考えると、アニメでの風景トレース表現は、よほどうまくやらないと、リアリティ確保というメリットを相殺するような逆効果をもたらし、現在なお優勢な純粋主義的趣味を説得することができないだろう。

プロジェクトアートとしても鑑賞できるメディアミックス作品に対しては、純粋主義的批評はいささか的外れと言えなくもない。しかし、すでに第3章第1節で見たようにアニメとしての『ハルヒ』だけを鑑賞する視聴者が主流であることは否めないので、まずはアニメ固有の論理の中で、あのループ表現の正当化ができなければならないのである。

メディアミックス性に依拠した有効な反論をするとしたら、次のような第二の反論となるだろう。すなわち、『ハルヒ』は原作ライトノベルのアニメ化であるということ。先ほどの二極スペクトルで、「翻訳」もシミュレーション芸術の典型として挙げられた。アニメ化は翻訳の一種だろう。アニメ化、ノベル化、映画化などというメディア変換制作は（同一メディアでのリメイクや二次創作の場合も）、原作という外部モデルに制約されて二次制作者の意図実現に無意識的イコライザーがかけられる。よって高次のシミュレーションと呼ぶにふさわしい創作を実現するのではないか。ループの表現にも適しているのではないか。

そのとおりかもしれない。しかし、アニメ版「エンドレスエイト」は原作どおりに作られてはいなかったことを思い出そう！　表現面でも、内容面でも。原作小説の「エンドレスエイト」は最後の一シークエンスを描いているだけだったのに、アニメはそれを八回も繰り返し表現した。もしも「エンドレスエイト」の原作がループを八回描いていたのであれば、それをアニメ化したものはそれなりにシミュレーション的ループの面白みを感じさせるものとなっただろう（ただしその場合、八回それぞれ違った展開で描かれただろうが）。原作の描き分けの芸をどうトレースするのかという、非フィクション的興味が掻き立てられるからである。しかし「エンドレスエイト」は、存在しない原作的条件を自ら創り出そうとしてしまった。原作つきアニメやドラマ特有の「どう映像化するのだろう？」という『ハルヒ』全体にすでに行き渡ったシミュレーション的楽しみが、「エンドレスエイト」でだけ反転させられ、結果として楽しみがぽっかり欠落したように感じられるのだ。

＊73　純粋主義を代表する概念としては、リップス 1906 の「美的否定」、グリーンバーグ 1960 の「メディア固有性」、フリード 1967 の「反演劇性」など。芸術ジャンルの自律性をめぐる体系的考察は、次の注で触れるレッシング 1766 の、ヴィンケルマン 1755 への批判的議論にまで遡る。

「エンドレスエイト」は、原作の表現から離れることでシミュレーション特性を放棄した。それでありながら、アニメ特有の多彩なフィクション的可能性で存分遊ぶことをも禁欲してしまった。つまりフィクションの醍醐味もシミュレーションの驚きもともに手放して、あえて空虚な試みに走ったということができる（「多彩なフィクション的可能性で遊ぶこと」の具体例は第6章で多数考案することになる）。

さて、「エンドレスエイト」を擁護する第三の再反論として次のような理屈も考えられよう。シミュレーション適性の自然現象であるループを、あえてフィクションの流儀で生硬に描くことは、なるほど違和感があり場違いだったかもしれない。しかしその場違いぶり、違和感、「それじゃない感」こそが、実験作としての「エンドレスエイト」の異様な美的価値を醸し出しているとは言えないか。芸術美は統一や調和にあるばかりではない。声優のアドリブが出来合いの動画を置き去りにするような上滑り感も、「だからいい」という見方は当然成り立つのではないか。

たしかに「変な作品」の面白みというものはある。「エンドレスエイト」の名声は、ループの不適格な表現法による「過剰な退屈さ」かつ「奇妙な不自然さ」に負うところが大きい。表現の不適切性すなわち「表現対象と表現方法の不整合」が作品の価値や評判を逆説的に高めた、という事例は芸術史上前例がたくさんある。しかしもちろん、単なる失敗に終わった事例の方がはるかに多いのである。[*74] どんな失敗作・駄作を擁護するのにも使えるトリビアルな詭弁に頼らないためには、「エンドレスエイト」ではとくにどのような要因が働いて実験的価値を高めたか、を具体的に指摘する必要があるだろう（この方向での「エンドレスエイト」擁護論は、第8章（陰謀）で改めて探ることにする）。

第四の最も一般的な反論として次のようなことも言える。「エンドレスエイト」に向けられた「シミュレーション的でない」という批判は、ループに限らず、日常生活や自然界の推移を描写するすべての物語作品にあてはまるではないか。どんな物理的出来事であれ人間的出来事であれ、特定の誰かが一人で作ることはできず、さまざまな力や意思の相互作用の結果である。何事も統一的意思に全面的にコントロールされることのない創発性にもとづいて起こる。つまり、この世は外面だけ丹念に作られたフィクションではなく、法則に従って動くシミュレーションだ。絶えず神が介入して人々の祈りを聞き届けたり罰を与えたりする有神論的世界ではなく、せいぜい最低限のデザインと初期条件とともに放置された理神論的ビッグバン世界にすぎない。[*75] 物語芸術というものはそのようなシミュレーション世界をモデルとして展開するほかないのだから、先のエンドレスエイト批判の理屈によれば、そもそも芸術表現にとってふさわしい描写法は、シミュレーションだけだと

＊74◆「詩は絵のように（ut pictura poesis）」という古来の創作原則に反対して、G・E・レッシングが『ラオコオン』（1766）でジャンルごとに適した題材が異なることを唱えて以来、言語芸術での情景描写や、造形美術での時間表現の意義については論争がなされてきた（ラオコーン論争）。絵が不得意とする時間的・空間的推移については、複数の視点から見た対象をむりやり一画面に描く多視点描画（古代・中世の絵画からセザンス、ピカソ、幼児画までさまざまあるが）のすべてが美的に失敗しているなどとは言えない。他方、管弦楽には不向きの〈直接の情景描写〉を志したグローフェ『大峡谷』など、ウインドマシーンやサンダーマシーンを導入した作例はほとんどが失敗作と言えるのではないか。注＊62も参照。

＊75　人生が作品化できるとしたら、トップダウン式のフィクションではなく、シミュレーション的な絶えざるパフォーマンスによってだ、と説く人生論として読めるものとして、アーレント 1958, 1963 がある。

いうことになりはしないか。フィクション的手作りのトップダウン製法は、常に嘘くさく、いかなる法則をも無視したうわべの描写ということになるのではないか。

これは古くからある芸術否定論である。プラトンが『国家』で展開した詩人追放論の基礎がこの論法だった。イデア（真の実在）の影にすぎない物理的世界を、芸術はさらに歪曲して映し出す。芸術は〈影の影〉にすぎない。そんなうわっつらの作りごとが、人々の心を惑わし、知識から遠ざけ、感情に流されやすくするのだ、と。

こうなると、すべてのフィクションが一律に批判されなければならない。すなわち、「シミュレーション的推移をフィクション的手作りで無理に描いた」という批判は、「エンドレスエイト」だけにあてはまる有意義な批判ではなく、小説もダメ、演劇も基本的にダメといった、単なる芸術否定論にすぎないことになる。

これは、芸術というものの根幹にかかわる大問題なので深入りすることはできないが、本質的な点だけ指摘しておこう。

手作りでなされる物語芸術は、歴史書やドキュメンタリーを除くと、法則によって自律的に出来上がるのを待たずに外形だけを作る作業だ。なので、必然的にうわべだけのものであり、嘘くさい。これはそのとおりなのである。しかしフィクションというものはおしなべて、うわっつらの産物であることを自ら隠し、内的法則プログラムを備えたシミュレーションであるかのように装うことによって作品世界がアニメイトされる（内部に生気を吹き込まれる）、という技術であった。描写内容ひとつにつき一度きりの描写であればそうしたアニメイションは難しくない。

「エンドレスエイト」はその嘘くささ隠蔽法を自ら手放した。つまり本来不必要だった反復表現にあえてこだわることによって、芸術そのものに内在する嘘くささを明るみに出してしまった。つまりイリュージョンの放棄である。

手仕事で作り出される疑似現実描写は、嘘くささを隠す技巧が優れていれば、かえって人間的法則性を見て取りやすくする。プラトンの悲観論に反して、フィクションにはかなりの程度、「法則」の認識に鑑賞者を接近させる力がある。記述の正確さを重んずる歴史書やドキュメンタリーよりも、諸事実を取捨選択して再構成するノンフィクションの方がしばしば迫真性を帯び、法則性の描写にも優れている。同様に、諸事実そのものを自由にこねくり出すフィクションはさらにはっきりと法則性を際立たせることができる。照明の当て方を自由にコントロールできるフィクション作品では、心理的法則性を感覚的に強調するような「理想化」をしやすいからである。人々がふだん意識せずにやり過ごしている人間共通の感情や錯覚や先入見、偏見、社会的偏向などを明るみに出すには、歴史書的シミュレーションよりも、焦点を絞った劇的・小説的フィクションの方が優れているのだ。

歴史書は個別的一回性に密着するあまり現実に偶然起きた混沌の一断面しか描けないため、しばしば理解不能の奇形となる（だから「事実は小説よりも奇なり」と言われる）。対して文学作品は、意図的デザインによって嘘っぽさを緩和し、普遍性・必然性・蓋然性を抽象して鮮明化できる。歴史より詩の方が哲学的であり、認識的価値が高い営みと言えるくらいだ。これはアリストテレス『詩学』の基本テーゼである。師のプラトンに真っ向から反対する芸術肯定論をアリストテレスは唱えたわけだ。

アリストテレスの立場は、現代風に言えば次のようになるだろう。

「現実の個別的詳細を反映する手段としてはフィクションはシミュレーションに劣るが、法則的一般性を大雑把に捉える目的のためには、シミュレーションよりもフィクションの方が、真の認識に近づきやすくする方法である」

そしてこれはかなり納得のゆくフィクション観ではなかろうか。だからこそ、フィクション作品の流通様態だけでなく内容そのものから時事的社会批評を展開する批評が意味を持ちうることにもなる。

アリストテレス的蓋然性

そのアリストテレス的見方をプラトン的芸術批判ともう少し対照させてみよう。フィクションの物語展開の物理的あり方については、たしかにプラトン的批判が当てはまる。小説家やマンガ家、アニメーターらが手で書き下ろした物語がそのままの形で成り立つような時空間を、一貫した物理法則によって実現しようとしてもおそらく無理だろう。つまり、フィクションの作者がトップダウンで外形を作ってしまったその通りの描写内容（特定の時空間）は、それを生成する物理法則が存在しないような、いわば諸法則のパッチワークと言うべきものの産物でしかない。むろん、特定のフィクション世界をたまたま記述できるような一つの物理法則がありうるかもしれないが、その保証はない。根拠のない想定にとどまる。そのようなフィクションの物理的展開をいくら観察しても、それは正当化された知識になりえないため、認識的価値を持たないのである。プラトン的芸術批判は、物理的には的を射ている。

プラトンが正しい理由は、物理法則の真相が個人の直観的認識を超えており、本当に知るためにはフィクションのような手っ取り早い方法が通用しないからである。

対して、人間のような知的生命自身が心に抱く主観的世界の描写としてはどうだろうか。心理状態や行動への意思が互いにどのような因果関係で結ばれるかについては、個々人が大筋をよくわきまえている。心理的因果関係は物理的因果関係と異なり、「意味」によって導かれるからである。鑑賞者は抽象的な「意味」のつながりを手掛かりに、フィクションでの心理的展開を自ら検証して、自分の生活態度を省みることもできる。

したがって、心どうしの相互作用に関するラフなスケッチとして見れば、劇や小説のようなフィクションはかなり蓋然性の高いモデルを提供しうる。もちろん、心理的世界のありかたは物理的世界に依存するから、物理的世界の可能的描写としてフィクションが絵空事であるなら、心理的世界の描写としても同じく絵空事と言えそうなものではある。しかし、フィクションの描く物理的展開は、実はたいていの場合、意味世界を描く手段であり、結局は心理的展開を描く手段にすぎない。だから、物理的対象の相互作用の不正確さに目をつぶれば、描写目的である心理的因果連鎖は実際に起こりそうなパターンに沿っていることが多い。ほぼ同一の心理的展開がさまざまな物理的基盤の上に発生しうるので、物理的にはプラトン的に信憑性の低い物語描写であっても、心理的にはかなり実現確率の高い物語描写として現実味を帯びうる。フィクションが心理的展開を描く芸術だと考えれば、アリストテレス的な肯定的芸術観は十分納得できるものとなるわけだ。

そのためには、物理的基盤のリアリティについてはかなり妥協し譲歩した見方が必要とされる。物理的にあまりに無理な描写がなされていて、語られた通りの心理的展開が確保できないと感じさせるような物語の場合は、端的にその「物理と心理の乖離ゆえに」アリストテレス的蓋然性を主張できなくなってしまう。本来フィクションにとっては「心理的意味どうしの連関」が重要であって「物理的因果関係の正確さ」は二の次なのに、鑑賞者が物理的疑惑に気づくような描き方がなされることにより、心理的因果関係定位の鑑賞が妨げられる、ということが起こりかねないのだ。

「ループ」描写の弱みが浮上するのはまさにそこである。あるストーリー展開の描写がただ一度なされる場合は、目当ての心理的展開を実現する物理的基盤の描写として、多少の潜在的法則違反はスルーされ、「そういうもの」として鑑賞されうる。しかしいくつかの物理的展開で同じ心理的展開を何度も繰り返されると、物理法則上の無理が覆い隠せなくなってくる。むろん、まったく同じ物理的展開が描かれて、それが同じ心理的展開を生み出すのであれば、物理と心理の一つの対応パターンが反復されるだけだから、単調は単調だろうがリアリズム上の問題は生じない。しかしあいにく「エンドレスエイト」では、物理的展開が微妙に異なって描かれたのである。

心理的表現は物語の本筋にかかわり、制作者も鑑賞者も心理的法則性は意味連関のロジックによって漠然と体得しているため、マクロ展開はもちろんミクロな部分も、変化させる場合には注意を払う。他方、物理的表現は、マクロ展開を保ってさえいればミクロ変異はどうやってもかまわない（バタフライ効果など無視してよい）と思われがちである。フィクションのかなめである心理的展開の表現とミクロな物理的変異の表現とが互いに独立していること、ここに芸術制作の罠がある。

とりわけアニメの場合は、心理的表現である「セリフ」と物理的表現である「映像」が完全に独立したメディアであるため、心理描写と物理描写の相互独立性が乱用されやすい。先ほど見た「声優のアドリブの空回り」は、この相互独立性の乱用の表われだったのだ。そうした乱用は心理と物理をつなぐ法則に反し、作品を露骨に嘘くさくする。「エンドレスエイト」は見事にその罠にはまってしまったのだ。

「心理と物理をつなぐ法則への違反」という印象は、通常であればイリュージョンによってフィクションの表層から隠されている。特定のマクロ展開をただ一度表現する場合には、複数ルートの相互参照基準がないために、フィクション表現は反法則性を露呈せずにすむ。たとえ反カオス的展開を明示した時間ループ物語であっても、シークエンス群が一つのストーリー中に融合的に畳み込まれている場合は、リアリティ喪失がうまくマスキングされうる。[*76]「エンドレスエイト」では反カオス的展開の並列シークエンス表現がなされたがために、相互参照意識を明確に呼び覚まし、リアリティが崩れ去ったのである。

しかも通例は、どんな非法則的かつ恣意的な表層表現であっても、「小説とはこういうもの」「演劇ならではの表現」「アニメ特有のお約束展開」といったジャンル的情状酌量によってむしろ積極的評価の対象になりえたりする。ところが、「エンドレスエイト」のようにジャンル規範を逸脱し

＊76　もう一つのマスキング要因として、注＊59で触れたように、「ループではなくリープであること」の明示がある。リープでは反カオス的同型反復は不自然ではない（なにしろ外界はリセットされておらず単に同一のままなので）。

た場合は、「アニメというジャンル」が背景的前提となることをやめてしまう。アニメ的鑑賞が中断されて、ジャンル的リアリティの支援が得られなくなる。その結果、内容に比してのアニメ表現の不適合が露呈してしまう。バタフライ効果抜きのループ表現は、フィクションでは、とりわけアニメのような類型的ジャンルではやってはならない表現だったのである。

やはり「エンドレスエイト」は禁則事項に抵触していたのだ。朝比奈みくるが未来に戻れなくなったのと連動して、視聴者がイリュージョンに戻れなくなったのも当然のことである。

カオス的バタフライ効果をないがしろにすることは、アニメならではの過剰な外形操作を露呈することに他ならない。人物たちの心理的展開を同一に保つために、強引に物理的ループを調整しまくった印象を与えたのが「エンドレスエイト」だ。バタフライ効果を摘み取ったことでリアルなシミュレーション的装いを自らかなぐり捨てた以上、多くのループもの同様に〈多彩なフィクション的展開〉を楽しく分岐させるべきだった。しかし「エンドレスエイト」はフィクション的遊びを封印し続け、退屈に回転し続けた。重ね重ね、シミュレーションとフィクションの芸術的ポテンシャルが相互の楽しみを封殺し合い、アリストテレス的蓋然性を殺してしまった残念な実験が、まさに「エンドレスエイト」だったのである。

第３節　予告と設問──「エンドレスエイト」の人間原理的解釈

前節冒頭で我々はこう考えた。──からくり人形であるべきものをあやつり人形化して「あやつっている」のは「もちろん制作委員会であり、監督であり、アニメーターである」と。

誰かが意図的に事態を調整すべく、たえずバタフライ効果を小さく収めるような積極的介入をしない限りは、Ｅシークエンスというマクロ同型展開が多発することは物理的にありえないはずだった。それをアニメーターが外からやると、不自然な捏造に思えてくる。自動生成したはずのループ現象に、手で毎度介入しまくって目当ての形に揃えてしまったのだから……。

しかし、アニメ制作者のように外からではなく、物語世界内でその微調整がなされているとしたらどうだろう。

そう、「作っている」のがアニメ制作者ではなく、アニメ内キャラクターだとしたら？

不自然さはなくなる。

微調整の責任を物語内に帰するのは、原作に矛盾するわけではない。もともとループそのものがハルヒという物語内の力の仕業だったのだから、そこに物語内からさらなる微調整が加えられていてもおかしくない。

それをやりそうなのは誰だろう？

ハルヒはループ発生源ではあるが、無自覚なシミュレーターだから微調整作業など論外だ。ハルヒの潜在意識には、バタフライ効果を相殺してゆくような器用な作為機能はない。とすれば……？　そう、すべてを記憶している者。長門有希（あるいは情報統合思念体）しか考えられないのだが……。

こうして「長門介入説」が浮上してくることになる。

定説では、長門はループを耐えていたにすぎない。しかし実は、長門は積極的にループに働きかけていたとは考えられないか。そう、ループが続く限り、マクロ的に統一してEシークエンスに揃うよう微調整したのは長門ではないのか。放っておけばバタフライ効果で多彩な展開を見せたはずの一万五千回以上のループを、何らかの理由で長門は一律の展開に収めておきたかったという……。

この解釈では、制作委員会が「エンドレスエイト」でEシークエンスばかり描いたのは、原作からの逸脱ではないことになる。表現に物理学的不自然さもない。だってキャラクターの行動の結果をそのまま描写しただけなのだから。

しかもこの解釈は、『涼宮ハルヒの消失』の解釈にも影響を及ぼす。『消失』の事件の原因は「エンドレスエイト」における長門の消耗やストレスだ――、という人気ある読みに修正が求められるからである。

長門介入説によると、「エンドレスエイト」で長門は受動的巻き込まれによって消耗してなどいない。それどころか、微妙な世界改変という能動的作業をせっせと行ない、それによって『消失』の多彩な予行演習をしていたことになるのだ。つまり、「エンドレスエイト」は『消失』の因果的伏線というより、前兆であり、「サムデイ イン ザ レイン」と同じく描写的伏線だったということになる。のみならず、「エンドレスエイト」と『消失』は互いの双対を成すということにもなる。『消失』では世界改変の原因が長門であることが明確化されたが、「エンドレスエイト」では世界固定の原因が長門だという真相が潜在したままである、という二重の意味において。

この「長門介入説」では、『消失』での世界改変行為とは違って、「エンドレスエイト」での微調整行為の動機がただちに推測できるというわけにはいかない。長門有希の動機その他を掘り下げて研究するのは第9章まで延期することになる。そこで「エンドレスエイト」再解釈の加速膨張は「長門介入説」にとどまっていないことがわかるだろう。そう、もっと強力な仮説が浮上してくるのだ。

それはいかなる仮説だろうか。

「長門介入説」を退けるその新たな仮説に、読者はすでに今、独力で思いいたることができるはずである。すでに本書の第3章「人間原理」をお読みになっているからだ。

人間原理とは、2つのロジックから成っていた。すなわち（古泉一樹の解説を修正して正しい解説をするならば）次の「ロジック1」「ロジック2」だ。Λは「宇宙定数」であることを想起されたい。[*77]

＊77　以下、◆から◆までは、すでに見た第3章第3節の整理。第9章、第10章で単語だけ異なり同じ構造をしたロジック1・ロジック2が出てくるが、本章と第9・10章が緊密に関係することだけ念頭に置いていただければ、本書の読解に支障はない。

◆ロジック1

〈宇宙の微調整性（Λ＝極小）から神のデザインまたはマルチバースに絞る論証〉

a　私たちの宇宙は知的生命の進化を可能にする性質（Λ＝極小）を備えて実現している。（トートロジー）

b　ランダムに（デザインなしに）宇宙の性質が決まった場合、知的生命の進化を可能にする性質（Λ＝極小）が実現する確率は極度に低い。（微調整＝ファインチューニング）

c　【a、bより】宇宙が一つだけ生まれたとすれば、私たち知的生命が存在して宇宙を観測していることは神のデザインの産物である。（デザイン論）

d　宇宙が一つだけではなく、いろいろな性質を持つ様々な宇宙が生じているならば、デザインがなくても、偶然に知的生命を生み出す微調整宇宙（Λ＝極小）が必ず生じるだろう。（多宇宙＝マルチバース）

e　私たちは知的生命なので、知的生命を生み出す宇宙しか観測できない。つまり宇宙が一つか多数かにかかわらず、「私たちの宇宙」が実現するならばそれが微調整宇宙（Λ＝極小）である確率は1である。（観測選択効果）

f　【c、d、eより】したがって私たちの宇宙は神のデザインによって生み出されたか、多宇宙（マルチバース）の中の一つか、いずれかである。

ロジック2
〈宇宙の非・超微調整性（Λ≠ゼロ）からマルチバースのみに絞る論証〉

a　私たちの宇宙は知的生命の進化にとって理想的な性質（Λ＝ゼロ）を備えていない（苛酷である）。（超微調整＝ウルトラファインチューニング　の欠如）

b　神のデザインはランダムに働きはしないので、この宇宙の性質は知的生命の進化を単に可能たらしめる（Λ＝極小）だけでなく、進化にとって理想的な（苛酷でない）性質（Λ＝ゼロ）であるはずである。（全知全能全善の神）（超微調整＝ウルトラファインチューニング）

c　多宇宙（マルチバース）からランダムに一つ選んだ場合、知的生命の進化にとって理想的な性質（Λ＝ゼロ）を備えている確率は極度に低い。（物理法則の偶然性＋生物の微妙さ）

d　【a、bより】私たちの宇宙は神の奇跡によって生み出されたならば、観測事実に反する。

e　【a、cより】私たちの宇宙が多宇宙（マルチバース）の中の一つならば、観測事実に反しない。

f　【d、e、ロジック1のfより】私たちの宇宙は多宇宙（マルチバース）の中の一つである。

ロジック1は、「私たちの宇宙」が多宇宙の中のエリート宇宙（微調整宇宙）であることを述べており、ロジック2は、「私たちの宇宙」がエリート宇宙の中の超エリート（超微調整宇宙）ではないことを述べている。

ロジック1は、私たちの宇宙は観測されている必要があるので観測者を含むエリートでなければならないという主観的必然性にもとづいており、ロジック2は、私たちの宇宙は観測されていれば十分なのでエリート中のエリートである必要はなく、実際その確率は低いという客観的蓋然性にもとづいている。

ロジック1と2は、合わせて、この宇宙が「エリートの中の平凡な宇宙」つまり「微調整されていながら超微調整されていない宇宙」「中途半端な微調整宇宙」「宇宙定数Λが極小でありながらゼロではない宇宙」であることを示している。この「中途半端さ」がマルチバースの実在を支持する証拠となるのだった。

ちなみに、ロジック1、ロジック2は、条件付き確率の計算式である「ベイズの定理」を使えばたった三行で表わすことができる。『ハルヒ』オープニングアニメーションには多くの数式や図式が出てくることは第3章で見たが、シュレーディンガー方程式やアインシュタイン方程式などあれら錚々たる数式のどれよりも優先して、人間原理の枠組みであるベイズの定理が入っていてほしかったと思うのは私だけではないだろう。ベイズの定理は、足し算掛け算以外の計算は不要で、日常生活でも簡単に使えるので、実践的お役立ちとともに脳トレ効果も絶大なのだから……。[*78]

さて、この同じ理屈が、「エンドレスエイト」の解釈にも適用できるはずである。

「エンドレスエイト」のループを構成する多数のシークエンスを各々一つの宇宙とし、ロジック1と2を当てはめてみていただきたい。そうすると、「長門介入説」よりも驚くべき、「長門××説」が浮上してくるではないか！

「長門××説」を人間原理によって導き出す論証は、第9章で行なう。そこを読む前に、是非ご自分でお考えいただきたい。

ヒントとして——、ロジック１・ロジック２における「宇宙」を「シークエンス」に読み替えてみてほしい。さらに、次のような読み替えを試してほしい。

私たちの宇宙→　？
知的生命の進化を可能にする性質（Λ＝極小）→　Eシークエンス（マクロな類似）
ランダムに宇宙の性質が決まった場合　→　シミュレーション（理神論的制作。バタフライ効果あり）
神のデザイン（神の介入）→　長門による介入
超微調整（Λ＝ゼロ）→　ミクロな変異無し、正確なコピーのループ
マルチバース　→　？？
知的生命の進化にとって苛酷な性質（Λ≠ゼロ）→　ミクロな変異（水着や浴衣の多様性）

＊78◆ロジック１、２の構造を表わすベイズ式は次のとおり（ただしMは多宇宙説、Sは一宇宙説、Gは有神論、Eは微調整らしき観測データ、Fは微調整が完全でないことの観測データ）。

$P(M|E)/P(S|E) \gg P(M)/P(S)$

$P(M|E)/P(G|E) = P(M)/P(G)$

$P(M|F)/P(G|F) \gg P(M)/P(G)$

ベイズの定理についてオタク的ノリで一から学ぶには、アニメ風イラストの豊富な涌井 2013 がお薦め。

そう、「私たちの宇宙」「マルチバース」が何に相当するかを突き止めれば、「長門××説」がわかったことになる。つまり「マルチバース」に対応する「??」が「長門××説」なのだ。

　マルチバース説が人間原理的に最も自然で信憑性の高い仮説であったのと同様に、「エンドレスエイト」を理解するには長門××説こそが最も自然な解釈だというわけである。さあ……第9章で長門××説の正体が開陳される前に、ぜひ読者ご自身でお考えください！◆

第5章
エンドレスエイトの消失

「どうしてこんなことに……」

第1節 芸術学的誤謬——低級感覚への感情移入

美的距離と無関心性

潜在意識に発する自然現象のシミュレーションとして現われるべき〈ループ〉を、徹底した作為的手仕事で描いてしまったところに、「エンドレスエイト」特有の挑戦と退屈さがあることを前章で確認した。そもそもループというテーマ自体は、パラレルワールド、タイムスリップなどと並んで、子どもっぽい「セカイ系」的テンプレートであり、ベタな演出こそが似合うテーマである。よほどの算段を調えたうえでないと、「芸術的実験」を加えてはならない領域だったのだ。しかし角川、京都アニメーションをはじめとする制作陣は、可能な限りの算段を調えて（と信じて）実験に踏み切った。おそらく、それだけの美的メリットが期待されたからである。さてしかし、どのような美的狙いがあったというのだろうか？

プロジェクト的には、劇場映画『涼宮ハルヒの消失』を盛り上げるための布石を打つこと。それが「エンドレスエイト」の狙いだったことは明白だろう。そのため二方面から『消失』に「エンドレスエイト」の照準が定められた。一つは、視聴者の心理の側から。もう一つは、『消失』のヒロイン・長門有希の心理の側から。そしてその二つを強固に絡み合わせようとしたのが、あのしつこい八週間演出なのだった。

まず、視聴者の心理にループ演出が与える美的効果とは何だったか。第一に考えられるのは、「いったいいつこの繰り返しが終わるのか？」というサスペンスだろう。「エンドレスエイト」の「エイト」はまず「八月」を意味するエイトだろうと受け取るのが自然なので、「八回」の放送でこの繰り返しが終わる保証はない。というわけで、リアルタイムで見ていた視聴者は、このまま第Ⅱ期シリーズの残りすべてが消費されるのではないかという不安と苛立ちの中に宙吊りにされたことだろう。

「ああ、今週も同じか……」「ああ、今週もまた抜けられなかった……」このサスペンスはもちろん、ネットの実況での「祭り」を（ネガティブな意味でだが）大いに盛り上げた。そうした外在的な意義にとどまらず、『ハルヒ』の世界の理解という内在的側面においても、いや内在的理解においてこそこのサスペンスは有意義だった、というのがほとんど定説である。すなわち――果てしないループをただひとり経験している長門有希の、地獄のような単調極まりない主観的感覚をわずかでも視聴者は自ら経験すべきだ、という説である。[*79] 長門の一万五千回以上に比べれば、八回くらい耐えられなくてどうする、ファンならそのくらい耐えろと。「エンドレスエイト」が視聴者に与えた苛立ちと味気なさは、〈アンドロイドだから耐えられた想像を絶する単調経験〉を人間向けに希釈した縮小バージョンなのである。

＊79　この定説の初出は不明だが、角川書店発行『月刊ニュータイプ』二〇〇九年九月号の『エンドレスエイト』完結記念大特集に、「今までこのような試みをした作品があっただろうか。（中略）１５０００回以上の夏休みを過ごした長門の気持ちを追体験できたはず」（一二三頁）という記述があるので、制作委員会の意図に一致していることは確かである。

さらにこの定説によれば、「エンドレスエイト」でのループ記憶は長門が『消失』で壊れる原因となった。[*80] そして『消失』は「アンドロイドの自我」というSFの定番テーマに沿った物語であって、鑑賞者は長門有希にしっかり感情移入しておくことを求められる。とりわけ「エンドレスエイト」の時点での長門の内面をありありと実感しておくことは重要となる。こうしてこの定説によれば、「エンドレスエイト」の退屈な繰り返しに視聴者をさらすことは、『消失』の劇場上映へ視聴者を吸引するための姑息な引き伸ばしどころか、『消失』を十分に味わってもらうために必須の、愛の鞭だったことになる。芸術的に正しい道を、心ない不評を覚悟で貫いた信念の力作が「エンドレスエイト」だったのだ！

これは理屈としては成り立っているように見えるが、どうだろうか。

結論から言えば、この定説は美学芸術学的にナンセンスである。

美学芸術学的にナンセンス？　「何様だ、美学の名においてひとの鑑賞にケチをつけるなんて」と思われるかもしれない。しかし一般論として――構造的な問題あるいは相対的な判断の問題として――第一近似を述べるという意味では、学問的に明確な判断を下すことはできる。上記定説の難点は、「芸術作品のリアルな鑑賞とリアルな実感とを混同すること」だ。この混同は芸術作品の受容の慣習に反し、未熟な趣味を露呈するだけなのである。[*81]

たとえば考えてみよう。子どもを亡くした登場人物の悲しみを理解し鑑賞するには、その人物の立場に対応したリアルな悲しみを鑑賞者も抱いていることが望ましいだろうか。子どものいない人はその物語を深く鑑賞できないのか。そんなことはないだろう。物語に感情移入するためには登場人物の立場を単に想像できさえすればよい。*82

これはフィクションに対してだけでなく、現実にも当てはまる。痛みに苦しむ人に同情するために、自分も同じ痛みにさらされる必要はない。反戦を誠実に叫ぶことができるのは戦争で自ら負傷したり肉親を死なせたりした人だけ、などということはない。

フィクションというのは、限りのある個々人の経験世界を、経験そのものを拡大せずとも想像の中で拡大させ、疑似的に経験値を高める装置である。物語理解のためにいちいち登場人物と同じリアル経験を要求することは、むしろフィクションの機能と存在意義に反するのである。

反戦映画の適格な鑑賞者は戦争体験者だけではない。戦争体験者は体験ゆえにかえって冷静に楽しめなかったり、経験に縛られたバイアスによって作品のメッセージを曲解したり看過したり自分

＊80　本書で「定説」と呼ぶ立場は、大まかに「受動的にループを経験し続けた長門はついに壊れた」というものである。厳密には、「ループに対して長門は受動的だったのか、介入的だったのか」という判定軸と、「ループによって長門は壊れたのか、壊れていないのか」という判定軸は、論理的に独立である。とはいえ、因果的な相関関係はありうる。定説の本質をなすのは前者の軸での「長門は受動的（前章末で触れた長門介入説の否定）」という要素であり、次節以降で見るような「壊れた・壊れてない」という相違は〈定説内の正統・異端〉を分ける争点であると言える。

＊81◆　「芸術鑑賞における感情」と「芸術作品をめぐる感情」との混同、とも言い換えられる。なお、「エンドレスエイト」を（または『涼宮ハルヒの憂鬱』そのものを）芸術作品ではないと見なすならば（たとえば万華鏡やマッサージ機、睡眠薬のようなものだと見なすならば）、以下に述べる批判は当てはまらない。何であれアニメであれば芸術であることが含意される、という立場をとることもできるが、「エンドレスエイト」がアニメと言えるかどうか自体が問題になりうる。注＊160参照。

＊82　感情移入に限らず、物語の鑑賞中に感じられる「感情」が本物の感情かどうかについては、膨大な研究がある。偽物説としてウォルトン 1978、本物説として戸田山 2016 などを参照。

の主張を読み込んだりしてしまうかもしれない。登場人物と同じ体験を持つことは、平均して、芸術鑑賞を高めもしなければ悪くもしない。

もちろん、感覚の種類によって事情は異なる。視覚と聴覚については、登場人物が経験した知覚と同じあるいはほぼ同じ知覚を鑑賞者が経験していくのは一般に望ましいだろう。とくに映像芸術では、キャラクターが見た形、聞いた音は、鑑賞者にも見え、聞こえるように表現することで作品の迫力が増す。視覚と聴覚はいわゆる遠位的な「高級感覚」だからである。高級感覚は情報処理に優れており、複雑で微妙な知的意味合いをも弁別できる機能だ。つまり、フィクション鑑賞のような文化的活動に適した感覚であり、芸術といえばその全域を「視覚芸術」と「聴覚芸術」に分けることができるほどである。

対して、「触覚芸術」「味覚芸術」「嗅覚芸術」などは存在しない。もし存在しても周辺的な芸術としてしか認められない。その第一の理由として、触覚・味覚・嗅覚などの近位的な「低級感覚」は視覚・聴覚ほどの鋭敏さと弁別力に恵まれず認識世界の豊かさに欠ける、ということ。さらに大きな理由としては、低級感覚は対象との現実的近接ゆえの生理的相互作用を強要しがちなことが挙げられるだろう。

低級感覚は、視覚・聴覚におけるような〈対象との美的距離〉を保った認識の余裕がほとんどないため、「フィクションの鑑賞」には不向きだ。経験が虚構的自由で完結せず現実に直結してしまう。食事やマッサージ、ジェットコースター、性行為などが芸術鑑賞として認められがたいのは、芸術特有の「無関心性」（現実生活の利害関心から切断された境地）が確保できないからである。血や臓物、汚物の大写しによって現実的な嫌悪感を味わわせるスプラッターが辛うじて芸術と認められるとしても、それは臭いや感触が想像でしか伝わってこないからだ。対して、ポルノが総じて芸術とは認められないのは、性的な映像を見て想像上の性的興奮にとどまることが難しく、リアルな性的興奮が容易に喚起されてしまい、実際の性的サービスとの区別があいまいになるからである。

つまり、虚構世界において登場人物が経験する視覚刺激、聴覚刺激はそのまま、鑑賞者が目や耳で受け取るのに適しているのに対し、触覚刺激・味覚刺激・嗅覚刺激・性的刺激についてはそうではない。低級感覚については、鑑賞者は感覚器官によってではなく、想像することによってのみ理解するよう求められるのが芸術鑑賞の原則なのだ。[*83]

近年、映画館のテーマパーク化が進み、『ポリエステル』（一九八六年）の「匂いカード配布」あたりを先駆として、『スパイキッズ４D：ワールドタイム・ミッション』（二〇一一年）『３D SEX&禅』（二〇一二年）『ジュラシック・ワールド』（二〇一五年）など、映画のシーンに合わせて椅子が揺れたり、眼前に水や霧や香りが噴き出したりする「４D体感型」「センサラウンド」と称する仕様が見られるようになった。視覚・聴覚以外の感覚に訴えかけるこの種のバージョンは、

＊83◆　江戸川乱歩の『盲獣』で描かれたような「撫でて鑑賞する触覚芸術」はどうだろうか。その種の「芸術」の鑑賞には、盲人特有の「触覚の鋭敏さ（解像度）」が鑑賞能力と正の相関を持つ。対して、視覚芸術や聴覚芸術では、視力や聴力の度合は鑑賞能力と無関係であり、知覚できるものをいかに解釈するか（アスペクト知覚）が重要となる。鑑賞の質を決めるのが感覚の解像度なのか、解釈なのかによって、非芸術と芸術が区別される。解釈の違いとは「見えなかったものが見えるようになる」ことではなく「見えていたものの見え方が変わる」ことで生じる事柄である。触覚芸術も、解像度ではなく解釈による批評文化が体系化されれば、芸術（少なくとも「感情移入」が意味を持つほどに洗練された芸術）になりうるだろう。

『マッドマックス 怒りのデス・ロード』（二〇一五年）の「極上爆音上映」（立川シネマシティ）のような境界事例を除き、概して不評のようである。「極上爆音上映」が好評だったのは、触覚的震動とはいえ聴覚の延長という感覚が自然に保たれていたことが大きいだろう。

４Ｄ体感型に限界があるのは当然である。匂いや振動やフラッシュくらいなら「効果的」とも言っていられるが、痛みや寒さや空腹や便意についてはどうするのだろうか。登場人物が負傷するシーンの鑑賞のために、同じ部位に痛みを与える装置を映画館が備えたとして、それが鑑賞の質を高めるだろうか。痛みはリアルな生体反応であるため、虚構世界の無関心的鑑賞から気をそらしてしまう。芸術的価値は脇に置いて大衆的支持という効果で測るとしても、激痛を感じさせる映画が良好な興行成績を挙げられるとは思えない。

「感情」についてはなおさらである。想像上ではなくリアルな悲しみや怒りをもたらすとなると、ドラッグか脳深部刺激を使うしか方法はないだろう。化学物質や電流刺激による美的体験は、芸術による美的体験とは言えない。なぜなら、鑑賞対象が持つ意味や美的性質の解釈によって得られた美的体験ではないからである。[*84]

「エンドレスエイト」は、解釈的ではなく物理的な苛立ちを誘発する仕掛けに頼った点で、（「長門への感情移入」という側面においては）芸術作品よりもドラッグやマッサージ機に近い。虚構体験の効果について、完全に方向性を間違っていたわけである。しかも、かりにループの間じゅう長門有希が苛立っていたとして、人間である視聴者の苛立ちの質感が、アンドロイドである長門有希の苛立ちの質感と似ている保証はない。かりに似ていたとしても、苛立ちの対象が異なっている。長門有希は時間の繰り返しという超常現象に苛立っているのに対し、視聴者はアニメの多彩な展開を見る楽しみを奪われたという俗っぽい現実に苛立っている。視聴者は「いったいいつ次のエピソードに移るのか」という欲求不満と退屈に苛まれながらも「いつかは終わる」ことがわかっているのに対し、長門の場合にはループから脱出できる保証はない。何にどう苛立っているかが、長門と視聴者とでは対応していないのである。*85

さらには、定説に反して、そもそも長門有希ははじめから苛立ってなどおらず、淡々と観察に徹していただけという可能性もある。花火のときいつも、ニョロニョロのたくる地味なヘビ玉ばかり好んで見つめている長門であってみれば、同じ時間の繰り返しというのはむしろ〈居心地のよい環境〉として受け止められていたのかもしれない。とすれば、視聴者の苛立ちは長門の内面理解にとって何の役にも立ちはしない。長門にバグが蓄積されていったとしても、どうやらただ静かに静か

＊84　化学物質の視覚的性質（たとえば結晶の美しさ）が視覚的快感をもたらす場合は、当の化学物質を対象とする芸術的美的経験と呼べるが、化学物質が神経中枢に作用することで視覚的快感をもたらす場合は、化学物質を対象とした芸術的美的経験とは呼べない。なお、４Ｄ体感型と並ぶ上映方式として、『ロッキー・ホラー・ショー』（一九七五年）あたりから始まり『シン・ゴジラ』（二〇一六年）でも話題になった「発声型上映、応援上映」（観客が声出しやコスプレで映像とシンクロして楽しむ上映形態）は、一種のリレーショナルアート（関係性の芸術）として別途考察に値する。

＊85　「感動ポルノ」はこれに近い。『24時間テレビ「愛は地球を救う」』のようなチャリティー番組で被災者や難病患者が紹介されれば反射的に涙し、美談仕立てに同調し、当事者の心理が理解できようができまいが出来合いの自己中心的感情移入スイッチをオンにする態度である。この態度を偽善と見なすのは誤りで、むしろ多淫と見なすべきである（感動ポルノという呼称は適切である）ことは確かである。

に溜め込まれていったらしいのだから。同一エピソードを八回浴びせられてイライラしても、視聴者は「長門の気持ち」を追体験できたことにはならない。苛立ち損である。

また、かりに長門の内面を追体験でき感情移入できたのだとしても、それによって視聴者は「エンドレスエイト」をよりよく鑑賞できたことにはならない。なぜなら、『ハルヒ』の他のエピソードでは、視聴者はそのような「現実の感情を掻き立てられることによる鑑賞」を要求されはしなかったからである。「笹の葉ラプソディ」で時間移動したキョンの眩暈感覚、装置を紛失したみくるの焦燥、「溜息」でみくるビームを掌で受け止めた長門の痛み、「溜息」でキョンに殴られそうになったハルヒの意気消沈、『消失』で朝倉涼子に何度も刺されたキョンの激痛などを、視聴者は現実的な感覚や感情によって経験させられただろうか。いや、想像上の体験として感情移入しただけだった。映像を手掛かりに想像的に経験すればよかった諸感覚・諸感情を、なぜ「エンドレスエイト」のときだけ本物の苛立ち感情によって、みっちりリアル体験しなければならないのだろう？「エンドレスエイト」がループの話だからといって、他のエピソードと論理的に別扱いされるべき理由はない。視聴者は単に「実験のための実験」に付き合わされたとしか言いようがないだろう。

というわけで、「長門の気持ちを経験するため」という理由は、「エンドレスエイト」を正当化する根拠にはならない。根本的には「現実の感情を抱くこと」が低級感覚と同様に芸術鑑賞経験にとって場違いだからである。そして副次的には、他のエピソードにはない鑑賞形態が持ち込まれたことの正当化がなされていないからである。

ツンデレカタルシス

別方向からの擁護論も考えられる。「いや、サスペンスそのものよりも、その解決が『エンドレスエイト』のかなめなのだ」と。すなわち、「いったいいつまで続くのか」というウンザリ感が、キョンのセリフの「アタリ」によって一気解決した瞬間、視聴者はなだれ落ちるようなカタルシスを覚えたはずだ。その感動は実際に味わわないとわからない貴重な体験だろう。[*86]

このことは、実際に「エンドレスエイト」の八回目（第一九話、八月六日放送）において、最後の脱出のときにネットの掲示板に無数に現われた歓呼、「キターーーー！」「キターーーー！」の乱舞が証拠となっている。そう、我慢して「エンドレスエイト」を見続けた視聴者は、原作であらかじめ与えられているキョンのアタリのセリフ「俺の課題はまだ終わってねえ！」が言い放たれた瞬間、たしかに途方もない解放感に陶酔したのだろう。今までの苛立ちが大きいほど、そのカタルシスは強烈だったはずだ。

「俺の課題は、まだ終わってねぇ！」「そうだ、宿題だ！」「俺は夏休みの宿題を何一つやって

＊86　読者や視聴者というものは、一人称の語り手以外の者に感情移入することは難しい。『ハルヒ』全編と同様「エンドレスエイト」でも、ほとんどの視聴者はキョンと同一化しており、「Ⅲ」以降の2ちゃんねる実況では、「キョン頑張れ、がんばれ」「頼むキョン」の嵐が観測された。ライブ上演でない出来合いの作品提示に対する応援というニューカム問題的倒錯を自虐的に楽しむ「オカルト的心性」が仄見える（ニューカム問題……自分の行為と因果的には無関係の事柄に対して、意味的な相関関係にもとづく影響を及ぼそうとすることの合理性を問う問題）。

ない！　それをしないと、俺の夏は終わらないんだ！」

しかも、カタルシスは二段構えである。立ち去りかけるハルヒから古泉・長門・朝比奈の方に向き直ったキョンは、

「古泉！　おまえは終わってるのか？」「じゃあ、一緒にやろう！　長門も来い！　おまえもまだだよな？　ついでに朝比奈さんも来てください！」「俺んちでやりましょう！　ノートも問題集も全部持ってきて、まとめてやっちゃいましょう！　この夏の課題を、全部終わらせるんです！　長門と古泉！　出来てるとこまで写させろ！」「よし！　じゃあ明日の朝からだ！　一日でどうにかしてやるぜ！」

算段をつけ始めたところへハルヒが戻ってくる。

「待ちなさいよ！　勝手に決めるんじゃないわよ！」ただひとり七月中に宿題を終わらせていたハルヒは、仲間外れの気配を察してキョンに詰め寄る。

「団長はあたしなの！　そういう時はまずあたしの意見をうかがいなさい！　キョン！　団員の独断専行は重大な規律違反なの！　……あたしも行くからねっ!!」

絶妙のツンデレでカタルシスは締めくくられるのである。このツンデレがハルヒ自身にも崩落的カタルシスをもたらし、ループはめでたく解除された。*87

「みんなで宿題をする」という夏休みらしいことを終えてハルヒが満足した。あるいは文武ともに優秀ゆえ宿題が負担だとは想像できなかったハルヒであればこそ、友人とともに分担作業をする初体験ができて満足した。――こういったそれなりの理解は実は表面上のものである（九月一日の部室で古泉が語っているのはこの理解だが）。本当は、宿題であれなんであれ、初めてキョンの自己主張を聞き、自らのツンデレ衝動をぶちまけることができたからこそ、ハルヒは満足したのである。*88

ちなみに、「エンドレスエイト」に続いて放送された「涼宮ハルヒの溜息」全五話でも、同じような「長期フラストレーション・のちツンデレカタルシス」戦術が用いられている。

「溜息」は文化祭での上映映画「朝比奈ミクルの冒険 Episode:00」を制作するプロセスを描いたものだが、そこでハルヒがやらかす行為の数々（みくるの頭を叩きまくる、みくるを池に投げ込む等）は彼女の性格破綻ぶり、人格障害ぶりを示しており、少なからぬ視聴者の反発を煽った。「うざい」「酷い」「クズすぎる」「ＤＱＮ」等々、ネットにはアンチの書き込みが増殖した。原作どおりの描写（というよりむしろ原作より抑制した描写が多いが）であっても、ハイテンションの金切り声を伴うアニメでは、駄々っ子的な自己中ぶりがいっそうドギツく表現されたのだ。「溜息」はキャラク

＊87　このカタルシスシーンには、きわめて通俗的でドラマチックなＢＧＭが流れ、強制的に感情を盛り上げる手法が使われている。「現実の感情」に依存する方針が貫かれているともとれるし、鑑賞者のレベルを高く設定してきた「エンドレスエイト」の実験的精神とは相容れないともとれる。

＊88　一七日に「夏休み中にしなきゃダメなこと」をハルヒが列挙して団員から案を募ったとき、朝比奈みくるが「金魚すくい」を希望しただけで、ほかに案は一つも出なかった。

ターとしてのハルヒの人気を下げたエピソードだと言ってもよいくらい、嫌悪の念がおびただしくネットに吐き出された。

メインキャラクターの好感度を下げてまで物語的カタルシスを狙った演出が成功したかどうかは、評価が分かれるところだろう。いずれにせよ「溜息」のカタルシスは次のように二段構えで喚起された。まずは「Ⅳ」、ハルヒの振舞にキレたキョンがハルヒを殴ろうとして古泉に止められる展開となった翌日のこと。ハルヒのションボリぶりが直接・間接に描かれ、そのあとでファン垂涎のシーンがくる。部室のドアをキョンが開けた瞬間、髪をポニーテールに結おうとしていたハルヒがあわてて髪をほどく一カットだ。[*89] 視聴者はハルヒの性格の悪さにさんざんイライラさせられた反動で、この一瞬のツンデレシーンにじんわりカタルシスを覚えるのである。

この「ポニーテール中断シーン」はほんの一瞬なので、気づかない鑑賞者も多いかもしれない。[*90] しかしまもなく第二段階がかぶさって、「エンドレスエイト」と「溜息」のツンデレ対応が明白になる。両エピソードの類似性は、ラストが同じ喫茶店のシーンであることで念押しされたのだ。「エンドレスエイト」の喫茶店シーンラストの露骨なツンデレに対し、「溜息Ⅴ」の喫茶店シーンラストは、これも露骨だが暗示的なツンデレになっている。キョンの言葉に怒って店を出ていくハルヒが、キョンが追ってくるのを待つかのようにガラス戸の外で振り向き加減に立ち止まるのである。[*91]

この喫茶店シーンは、原作では「溜息」の冒頭に置かれ、時系列的には「エンドレスエイト」よりさらに前の出来事だ。それがアニメでは「溜息」のラストに移されている。これによってアニメでは、原作にない〈イライラのちツンデレ〉という〈エンドレスエイト=溜息の同型性〉が実現された。第II期が「時系列順」というルールを破ったのはここだけだ。同型対応に制作陣が強いこだわりを示したことが窺える。*[92]

その後ハルヒは、「ライブアライブ」で人助けを兼ねた健康な熱唱ぶりを披露したり、「サムデイ　イン　ザ　レイン」の部室でキョンが目を覚ました瞬間にあわてふためいたり（カーディガンをかけてやりながら照れくさいセリフを囁いた直後だったからだろう*[93]）と、ツンデレの上塗りを重ねる。このツンデレ連発攻撃によって、視聴者が「溜息」でため込んだ不快感、嫌悪感が一転ツンデレ萌えに

＊89　キョンがポニーテール萌えであることをハルヒが知ったのは、「憂鬱V」での閉鎖空間からの脱出時（これはハルヒの中では夢ということになっているが）とその後の会話においてである。「退屈」には、みくるをポニーテールにしようとしていたハルヒが、キョンの視線に気づき不機嫌顔で中止するシーンもある。

＊90　この髪ほどきシーンの描写は、アニメより原作の方がうまい。『涼宮ハルヒの溜息』、二一六頁参照。

＊91　この喫茶店ラストシーンについて諸々の伏線を見通した感想記事がネットにあるので引用しておく。「怒りに任せて席を立ち上がると、キョンのコーヒーをガブガブかっくらって店を出て行ってしまいました。（中略）喫茶店を飛び出したものの、チラチラと店の外からキョンの様子をうかがうハルヒ。こ、これは…もしかしたら「間接キスしちゃった間接キスしちゃった」と動揺しているんでしょうか（えー　はっ（゜ロ゜）もしかしたら溜息IIでみくるのペットボトルを取り上げたのも、「キョンと間接キスしていいのは私だけなの！」というこのシーンの伏線だったのか!?（えー　」　管理人　大志Mk-2 http://lipcre.sakura.ne.jp/diary/2009/haruhi2.htm　ただし次の注を参照。

＊92　前注の「伏線」のくだりを参照。みくるがキョンに「あたしの飲みかけでよければ……」と差し出したペットボトルをハルヒがひったくるシーンは原作『溜息』の一〇三頁、ハルヒがキョンのコーヒーを飲むシーンは原作『溜息』一一一頁で、時系列的にも描写的にもコーヒーの方が前である。原作のコーヒーシーンをアニメが切り取って「溜息」ラストに移した、つまりペットボトルシーンが伏線だったかに見えるよう置き直した、というのが正しい。コーヒー→ペットボトルという原作の「デレツン」が、アニメの順序入れ替えでわかりやすいツンデレに転じたのだ。

変化する効果が生まれるわけだ。[*94] 〈溜め〉の後のこのツンデレ爆発効果こそ、「ライブアライブ」と「サムデイ イン ザ レイン」が第II期で初めて獲得した美的性質と言ってよいだろう。第I期には「溜息」が含まれていなかったからである。[*95]

長い時間視聴者が耐えに耐えた結果、一瞬のカタルシスを味わえるという構造が、このように、「エンドレスエイト」と「溜息」で共通しているのだ。[*96]

さて、以上のようなことで、「エンドレスエイト」のカタルシスが正当化されるだろうか。サスペンス（視聴者がイライラさせられること）は正当化できなくとも、カタルシスは文句なく正当化できた、と言えなくもない。しかし明らかに正当化できるのは、悪しきサスペンスとは無関係の部分、つまり「あたしも行くからねっ!!」だけである。

八回反復演出を擁護するためには、カタルシス第二段（ツンデレカタルシス）「あたしも行くからねっ!!」の部分ではなく、カタルシス第一段（ループ脱出カタルシス）「俺の課題は、まだ終わってねぇ！」「そうだ、宿題だ！」そのものが正当化されなければならない。あの「ループ脱出カタルシス」は適正なカタルシスだったのだろうか？

〈イライラのちツンデレ〉の対応実現のためには適正だった――そう言うとしたらマッチポンプである。〈イライラのちツンデレ〉は、「エンドレスエイト」でイライラ段階が設定されてしまったからこそ「溜息」に要請された事柄だったからだ。本来、カタルシス効果のためにはツンデレ対応だけで十分だった可能性が高い。そして「エンドレスエイト」のハルヒツンデレ実現のためには、八回反復放送など必要なかったのである。

ループ脱出カタルシスの正当化は、こうして、簡単になされうる事柄ではない。一般的に言えば、カタルシスの美的効果を得るには、直前のストレスやフラストレーションが必要だったのか、という基本的な問題を解決せねばならないことになる。鑑賞者にとって不快感の域に達するほどのストレスを自覚させられなくとも「泣ける」作品というものは珍しくないからだ。

こうして、「エンドレスエイト」と「溜息」でのイライラ誘発表現がそもそも必要だったのか――という疑問が残ってしまう。「エンドレスエイト」はもちろんのこと、それにリンクした「溜息」についても、ファン予想三話程度のエピソードを五話に引き伸ばしてまでハルヒのＤＱＮぶり

＊93　第１章で触れたとおり、第Ⅰ期放送時の次回予告に「おつかれさま。キョン」というセリフが聞こえており、そのセリフの位置はこのキョン目覚め直前しかない。なお、キョンにカーディガンが二枚かけられていたことから、一枚目をかけたに違いない長門の間接的内面描写としてもこのシーンは評価が高い。

＊94　さらに『消失』のラストで極めつけのツンデレが訪れることを忘れてはならない（昏睡するキョンのベッド脇に、ハルヒが寝袋で四六時中添い寝している！）。注＊49で見たように、涼宮ハルヒはツンデレキャラとしては平板な「悪いツンデレ」（飯田 2012）である。通常は悪いツンデレであるからこそ、「エンドレスエイトⅧ」～「溜息」～「ライブアライブ」～「サムデイ イン ザ レイン」～『消失』におけるツンデレ全開ぶりの妙味が引き立つ。依然として内省性に乏しいままなのがかえって生き、普段の低レベルツンデレと短期集中発露とのコントラストが輝きを発するといった、メタツンデレと言うべき効果である。

＊95　同一のエピソードが物理的属性を変えぬまま美的属性を変えるありさまを提示したところに、第Ⅱ期を第Ⅰ期の「拡張版」とした『ハルヒ』固有の戦略的価値がある。ここから、プロジェクトアート性は『ハルヒ』の単なる可能性にとどまらず、本質的属性と認めるべきであることが察せられる。

＊96　不愉快エピソードの視聴にツンツンしながらカタルシスでデレッとなる視聴者の心理は、自らのツンデレ性を楽しむ自慰状態でもある。そのカタルシスをもたらす事象がまさにキャラクターのツンデレであるとなれば（つまりツンデレを観て自らツンデレを演じられるとなれば）、視聴者の快感は至福の自己モニタリング的法悦へ高まることになる。

を描き込む必要があったのか。

そこでおおもとを重ねて問おう。「ループ脱出カタルシス」は適正なカタルシスだったのだろうか？

第2節 解釈的誤謬――『消失』との因果関係

壊れた？ 目覚めた？ 戻った？

絶妙なツンデレカタルシスをもたらした「あたしも行くからねっ!!」だったが、あのカタルシス達成そのものは、エピソード八回反復とは無関係だった。ツンデレカタルシスは、ループ脱出カタルシスをもたらしたわけではなく、単にサポートしているだけだ。「あたしも行くからねっ!!」も「溜息」以降の連続ツンデレ効果も、キョンの対ハルヒ感情、あるいはハルヒの対キョン感情をそのまま反映したオーソドックスな表現と言える。二人のいずれかの感情に同一化することで、視聴者はカタルシスが得られるのだ。

では肝心の、八回反復実験に直結した「俺の課題は、まだ終わってねぇ！」のカタルシスは、作品世界の何を反映したカタルシスなのか。具体的に誰の心理に対応するのだろうか。

キョン、朝比奈、古泉の三人は、最後の一シークエンスしか記憶していないのだから、九月一日以降から振り返れば、初めてのシークエンスでいきなりアタリを引いたに等しい。ときどきの既視感のほかにはサスペンスや苛立ちを経験したこともないし、したがってループから抜けたカタルシスも経験しようがない。ハルヒに至っては事情を把握してすらいない。残るは長門だが、彼女は「キターーーー！」を経験したのだろうか？

長門が「キターーーー！」を経験したとしてもしなかったとしても、カタルシスの意義は不明瞭になる。経験したならば、『消失』の世界改変を引き起こすほどのバグの蓄積が長門の中から洗い流されたはずであり、『消失』の因果的伏線としてのエンドレスエイト、という重要な定説的意味合いが薄れる。つまり八回も続けるに値するエピソードとは言えなくなる。他方、バグが完全に洗い流されない程度のカタルシスを長門が感じたのだとすれば、そんな中途半端なカタルシスのために視聴者は八回分もループに付き合う必要があったのか、と疑問が増すだけだ。長門がカタルシスをまったく経験しなかったとすればなおさらで、誰が経験したわけでもないカタルシスのタネをなぜ視聴者は我慢して溜め込まねばならなかったか、ということになる。

もちろん、カタルシスに限らず、鑑賞者の心に生ずる感情は、登場人物の誰の感情にも対応しないものであってかまわないだろう。たとえば、登場人物がうろたえているとき、鑑賞者はいっしょに狼狽するより、滑稽に感じる方が適切な反応かもしれない。有頂天になっている人物たちに対して、共感するより義憤を覚える方が正しい鑑賞ということもあるだろう。ソファでくつろいでいる人物の背後に不吉な影が差すのを見て、鑑賞者はくつろぐのではなく怖がる、陰謀に嵌められて絶望する英雄を見て、鑑賞者は絶望ではなく憐みを覚える、……等々も同様である。登場人物の誰も感じていない感情を鑑賞者が感じることが適切な鑑賞姿勢である場合はいくらでもある。カタルシスも、鑑賞者だけが感じて悪いということはなかろう。

しかし、八週我慢という犠牲が強いられた後であることを忘れてはならない。画面の中の誰も感じていない「ループを脱出した解放感（カタルシス）」なる感情を鑑賞者だけが抱くとすれば、それによって何がどれほど報われたことになるのだろうか。登場人物中の誰の感情にも対応しないカタルシスが、八週我慢に値するとは思えないだろう。「カタルシスというより苦行からの解放感だ」という苦情はウェブでさかんに呟かれている。[*97] ループ脱出時の視聴者感情が、ただの解放感にとどまらず積極的なカタルシスとしての価値を持つためには、「エンドレスエイト」というエピソードが『ハルヒ』全体にとってよほど重要な役割を演じている必要がある。

そこで、「エンドレスエイト」は本当に重要な役割を演じるエピソードだったか、と問いかける必要が出てくるわけだ。具体的には、ループ経験は長門にどのような、どれほどの影響をもたらしたのか、という問いである。

「長門がエンドレスエイトの一万五千数百回で感じたストレスが『消失』での誤作動の主因になっている」というのが一般に認められた定説なのだった。その定説を正しいと前提したうえで、「エンドレスエイト」の表現を正当化できるかどうかをここまで考えてきた。しかしその前提は、実はさほど確かなものとは思われない。長門有希が誤作動によってあのような世界改変を企てたという解釈は、どうにも薄っぺらいのである。異常事態が生じた理由として「誤作動」は包括的すぎる。「誤」で説明が済むのであれば何でもありだ。奇行の原因として「ストレスによる神経疲労」を挙げるのは、誰がどんな事をやらかした事件に対しても当てはまる万能の説明になりかねない。

そういう手軽な説明ではなく、ほかならぬ長門有希というキャラクターだからこそしっくりくる種類の説明を求めたいのである。

そこで問題は、「長門の行動を誤作動と評するにしても、その誤作動とはいかなる種類のものか？」ということだ。そして「長門のメカが異常をきたした」的な機械的解釈のもとで『ハルヒ』を観るよりも、あの世界を豊かにする別の観方がありそうなのだ。

『消失』では、長門有希が自らの世界改変の結果「人間らしく」なり、というより本当に生身の人間になり、キョンへの恋心を表わすようになった。それを実現した行動は、誤作動ゆえだったのだろうか。長門自身が「わたしのメモリ空間に蓄積されたエラーデータの集合が、内包するバグのトリガーとなって異常動作を引き起こした」（『消失』、二〇八頁）という言い方をしているが、同時に、「すべての責任はわたしにある」「わたしの処分が検討されている」（『消失』、二四一頁）とも言っている。誤作動だったのなら、情報統合思念体が長門の「責任」「処分」を検討するはずがない。長門は壊れたというより、自己へ覚醒しただけではなかろうか。「長門壊れた説」から「長門目覚めた説」への転換が〈検討される〉必要がありそうだ。

キョンのモノローグを聞こう。

＊97　類似した感情を取り違えることは多い。出来の悪いホラー映画は、不意に画面に物体を突き出したり、大きな音を出したりして観客を驚かせる「ショッカー」の手法により、期待される効果（恐怖体験）をもたらす。恐怖より驚きの方が簡単に誘発でき、少し時間が経つと驚きと恐怖は主観的に区別しがたくなるので、ショッカーは安上がりな方法である。

「それは思いっきりベタな代物なんだ」「それはな長門。感情ってヤツなんだよ」「これは長門の望みだ。こういう普通の世界を、長門は望んだのだ」(『消失』、二〇八–九頁)

長門はこわれたわけではなく、こなれただけだったのである。人間の女子高生である自分が暮らす世界へと長門が改変を行なったのは、その前の三年間のうちに、すでに長門が普通の女子高生化してきたからなのだ。長門にストレスによる故障が生じたと考えると「エンドレスエイト」こそが『消失』の主因めいて感じられるが、じつは長門が感情を持つこと(あるいは取り戻すこと)を促しそうなエピソードはみな、『消失』の伏線になっている。「エンドレスエイト」だけが特別ではない。『消失』の原因は、長門が知らなかった遊びや人間関係によって彼女の内面がほぐれ、豊饒化したことなのである。

そもそも『消失』で長門が作り出した世界は、狂った世界などではなく、もとの世界よりもむしろ真っ当な、邪神も超常現象も存在しない世界である。「もとの世界」なるもの自体が、三年前にハルヒ発の「情報爆発(情報フレア)」で改変された後の異常な暫定的世界だった可能性が高い。そのことはキョンも認識していた。*98

長門は単に、情報フレア以前の原状に世界を戻しただけなのかもしれない。あの内気な文芸部員こそ、長門有希の実像だったのかもしれない。そう、三年前にハルヒによって〈理想のアンドロイド〉に変えられてしまった自分を、元の生身の女子高生に戻しただけかもしれない。*99 そんな解釈が決して荒唐無稽に聞こえないのも、長門の「異常動作」が文字通りの誤作動やエラーではなく、従来とは異なる正常動作だった可能性が高いからだろう。

今思い当たった解釈――〈ハルヒによる世界改変でアンドロイドに変えられていた長門が、自らを元の人間に戻した〉という解釈を、「長門戻った説」と呼ぼう。長門戻った説は、「長門目覚めた説」の強いバージョンであり、「目覚めて当然バージョン」と言える。

ただ、キョン自身が同時に次のように呟いていることから真相がわかりにくくなっている。

……「こいつは疲れていたのだ。ハルヒの思いつきに振り回されたり、俺の身を守ってくれたり、おそらく俺たちの知らないところで秘密の活躍をしていたり――、そんなことに色々な疲労が溜まっていたんだ」（二〇七頁）

「おかげで長門は――こいつは世界を変えちまおうとするくらいにおかしくなっちまいやがった」（二〇九頁）

＊98　長門が「情報爆発」、朝比奈が「時間震動」と呼ぶ三年前の出来事を、古泉一樹は「世界の出現」と捉えている。超能力者をカミングアウトしたとき古泉は「世界が三年前から始まったという仮説」をキョンに披露する（『憂鬱』、一六六–七頁）。その仮説の出典である「世界五分前誕生仮説」（ラッセル 1921）や「ボルツマン脳」（Linde 2007 ほか）といった思考実験は、まさに人間原理のバリエーションである。

＊99　ハルヒの情報フレアが作用しなかったパラレルワールドを描いたのが、スピンオフ漫画・アニメ『長門有希ちゃんの消失』だということになる。なお、本編とスピンオフの関係は主に三種類に分かれる。(1) 後日談や前日談、裏話など、同じ歴史の中の外伝。(2) 同じ虚構世界の中の別の時間分岐・別の歴史を描いたパラレルワールドもの。(3) まったく別の虚構世界を描くパロディや類似作品。『長門有希ちゃんの消失』は(2)、『涼宮ハルヒちゃんの憂鬱』は(3)に該当する。

キョンの心には「長門壊れた説」と「長門目覚めた説」が混在している。「長門戻った説」には思い至っていないようだが、ともあれ「長門壊れた説」と「長門目覚めた説」の間でキョンは揺れている。正解は「目覚めた説」の方だとキョンにはわかっている。なぜ「目覚めた説」が正解とわかるのか？　そう、キョンは、長門がメッセージを残しておいたことを信じ、そして知ったからだ。〈改変前の超常世界への復帰〉と〈改変後の平穏世界の継続〉との間で選択するためのヒントをキョンのアクセス範囲内に長門はちゃんと残していた。改変行為の認否をキョンの自由意思にゆだねたわけである。この周到な措置は、長門の心が壊れたり乱れたりしていたのではなく、理性的な判断に導かれていたことを意味しており、そしてキョンもそのことを承知している。[*100]

　にもかかわらず、長門が希望してせっかく立ち上がった「長門が目覚めた正常な世界」を消去しようとしているのはキョン自身だ。正常な世界より、ハルヒの気まぐれに左右される元の狂った世界をためらいなく選ぼうとする超常現象中毒者。それがキョンの素顔なのだ。[*101]情感豊かな少女となった長門有希に容赦なく修正プログラムを注入しようとする自分、鬱で無機的なヒューマノイドに長門を戻そうとしている自分自身を正当化するために、キョンは「長門壊れた説」にしがみつく。長門は壊れて暴走したのだから自分が世界を元に戻すのは当然だ、と。

　キョンの自己正当化のモノローグを真に受けた視聴者が、ネットなどで「長門壊れた説」を過大評価し、それがいつしか定説のようになってしまったというのが現状のようだ。『消失』でのキョンの語りには自己弁護のバイアスがかかっていることを考慮しなければならない。語りのこのバイアスこそ、『消失』に悲哀を醸し出す秘密なのである。

長門が本当に壊れてしまったという解釈では、キョンの苦い自己正当化を味わうことができない。長門壊れた説よりも長門目覚めた説（または長門戻った説）の方が望ましいのは、それが長門有希を単に機械論的因果の側面でなく有機的側面で理解するのに役立つからだが、同時に、あるいはそれ以上に、キョンという語り手の抱えるアイロニーを立体化してくれるからなのである。[*102]

いつしか壊れていたのは、長門ではなくキョンの方なのだ。『消失』というエピソードは、原作においてもアニメにおいても、それまでもっぱら受動的・傍観者的かつシニカルだったキョンが一転して、能動的な決断をもって駆け回る話だった。そのことを思えば、『消失』は長門事情に劣らずキョン事情によって読み解かれるべき物語だったことがわかるはずである。[*103]

＊100　この段落の考察を踏まえると、長門戻った説はやや信憑性を失う。長門戻った説では、長門が人間に戻れないのはきわめて理不尽であり、キョンに決定権が委ねられるという物語構造が不正義に見えてしまうからである。ただし、理不尽であればあるほど悲哀は強まるので、より優れた解釈とも言えるかもしれない。

＊101　坂上 2011 は、「人格」より「設定」を楽しむライトノベル読者のメタファーとしてキョンを捉える視点を提示している。「憂鬱Ｉ」冒頭のモノローグですでにキョンは、自分が子どものころから「心の底から宇宙人や未来人や幽霊や妖怪や超能力や悪の組織が目の前にふらりと出てきてくれることを望」む人間だったことを述懐しており、ハルヒが非日常から日常へシフトしてゆくのに反比例して、キョンはますます非日常へのめり込んでゆく。

＊102　キョンによる「緊急脱出（時空修正）」の動機は、ＳＯＳ団への執着やハルヒへの恋愛感情だというのは当たらない。『消失』の世界でもＳＯＳ団は結成されかけていたし、ハルヒの人格も変わっておらず、より望ましい形での交流が望めたからである。また、原状復帰は本能的な傾向だ、という説明もうまくいかない。三年前にハルヒが世界を改変していた可能性が高い以上、本当の原状は不明であることをキョンはわきまえていたからである。

正しい解釈と正しい演出

『消失』のキョン事情に攪乱されて誤解されてしまった長門事情は、こうして正しく解釈し直され、「エンドレスエイト」との誤った関係づけから解き放たれなければならない。夏休みループの長期間を含めさまざまな対話や表情のニュアンスをたっぷり学んだ長門が『消失』で化けた真の原因は、彼女が順調にはぐくんでいた「健康な感情」に他ならない。長門に感情を目覚めさせたのは（あるいは思い出させたのは）、ＳＯＳ団の仲間たちとともに経験したほとんどすべての出来事である。それはあの膨大な読書も含め、人や環境との触れあいのすべてだ。

キョンが長門に、ループに気づいていたならどうしてもっと早く教えてくれなかったのか、と尋ねたとき、長門はこう答えた。「私の役目は観測だから[*104]」。

しかしこれまで長門は、頼まれなくても危機回避には自分から動いてきたはずである。キョンを朝倉涼子のナイフから救ったり（「憂鬱Ⅳ」）、情報生命体の増殖を阻むためにＳＯＳ団のエンブレムを変形させたり（「ミステリックサイン」）。長門はただの観測者ではなかった。つまり「エンドレスエイト」で長門がループをあえて「観測」し続けていたのは、それを嫌悪すべき事柄とは受け止めていなかったからだろう。

長門が花火のとき毎回ヘビ玉ばかり注視し、盆踊り会場の屋台でも毎回ウルトラマンのお面を買うなど、同じ行動をわざわざ繰り返していたのもおそらく、ループへの肯定感情ゆえだ。飽きてなどいなかった証拠だ。危機への対処のような実用的行為が一切求められない平和な夏休み、それこそが長門がやすらぎを得ることのできる時間だったのだろう。いつまでも過ごしたいエンドレスサマー。長門は十五日間のすべてを心地よく受け入れていた、あるいは楽しんでいた可能性がきわめて高い。*105

『消失』でキョンの袖をそっと指でつまんで引き留める長門を、誰にでも起こりうる〈神経疲労の産物〉だと考えるよりも、アンドロイド特有の〈情緒的成長の産物〉だと考えた方が、長門有希というキャラクターがはるかに立体的に、豊かに、リアルに見える。あるいは、ハルヒによって無機的アンドロイドに変えられた一少女の、本来の状態への復帰のプロセスとして『消失』までの物語を読んだ方が、長門有希の人物像が豊かな悲哀を帯びる。あの長大ループが長門に影響を及ぼしたとすれば、啓発的影響だったと考えるべきなのである。

『消失』での世界改変前にその「長門の内面の豊饒化」の兆しが最も明らかだったのは、「射手座

＊103　東2007によると、キョンの選択は「自然主義的リアリズムの世界とまんが・アニメ的リアリズムの世界のあいだの選択」を意味し、後者の選択はそのままハルヒの物語に向かう鑑賞者の選択の隠喩になっているという（四七頁）。だとすると、鑑賞者は自分が肯定されたことに安心するあまり、長門事情に対してキョンが行なった仕打ちの無情さを見過ごすことにもなりかねない。

＊104　キョンと長門のこのやりとりは、アニメではループ発覚の数日後、バッティングセンターや肝試しの場でなされるが、原作ではループ発覚直後の深夜に四人で相談する現場においてなされる。

＊105　長門が「私の役目は観測だから」と答えたのは、原作では「数秒間の沈黙の後」（『暴走』、六一頁）ということになっており（アニメではそれほどの沈黙の間は設けられていない）、脱出回で初めて試みた答え方だということを示している（したがって、ほぼ毎回長門にそれを言わせたアニメは原作に忠実でなかった）。その数秒間の沈黙は、「このままが楽しいから」という答えとどちらを言おうか迷ったしるしとも受け取れる。ループへの長門の肯定的態度が隠蔽された結果、キョンはアタリのセリフに思い当たった、という解釈も可能だ。

の日」だろう。はじめはマウスの使い方も知らなかった長門が勝負に目覚め、対戦相手のコンピュータ研究会のインチキに憤る。そして対抗措置をとる許可をキョンに請う。その結果ゲームを勝利に導き、その実力を買われてコンピ研にスカウトされる――この一連の顚末を描くエピソード「射手座の日」。その日から長門は文芸部室で黙々と読書するだけでなく、自由意思でコンピ研に出入りしてパソコンで遊ぶようになる。[*106] 無感動にみえる長門の中に趣味や人間的感情が芽生え、探求心、自発的交際の意欲が膨らんでいたところ、それが一気に発現した瞬間を描いたエピソードが「射手座の日」なのだ。『消失』での長門の企てが、故障による乱心ではなく感情の組織化による行為だとしたら、「エンドレスエイト」より「射手座の日」の方がより直接的な原因（あるいは兆候）を代表していると言えるだろう。

つまり「エンドレスエイト」は、『消失』の伏線という基準で見たとき、さほど重要なエピソードではない。六百年以上の時間をかけて長門が人間的感情の機微を学んだという意味では、彼女が吸収した人間的要素のほとんどが「エンドレスエイト」の期間に得られたと言えるかもしれないが、[*107] コスパの点ではきわめて地味な時期だった。それ以外の基準、つまり他の諸エピソードとの有機的連関をみても、「エンドレスエイト」は比較的目立たない、いわば独立したエピソードと言える。極端な話、あれをそっくり除去しても『涼宮ハルヒシリーズ』の物語世界に何ら影響はない。そこで起きていることがループだからといって、視聴者が八回も付き合うに値するエピソードだとは到底言えないのである。

したがって、「エンドレスエイト」の実験は『ハルヒ』全体の物語的バランスを崩す元凶となった。アニメでほぼ同じセリフ回しの同一展開を八回も見せられると、視聴者は「ああ、こんな単調な反復を一万五千回以上やらされたらそりゃ高性能アンドロイドもおかしくなるわ……」と納得してしまいかねない。しかしこれは制作委員会の自作自演である。前章第1節「物理的誤謬」で見たように、原作からはこんな単調な反復を導き出すことはできなかった。本当はバタフライ効果により、もっとバラエティに富んだ一万五千何百回が展開していたはずである。そのつど違うセリフ、応答、行動様式のシミュレーションが、長門有希の経験を豊かにし続け、潜在的感情機能を鍛えたのだ。

以上長々と力説してきたような自然な読み（「長門目覚めた説」）に近い解釈は、ネットでもちらほら語られている。ただし結局そのすべてが「長門目覚めた説」に「長門壊れた説」をブレンドした解釈に落ち着いているようだ（「長門戻った説」に該当する意見は見つけられなかった）。ブレンド解釈の例をひとつ引用しておこう。

感情自体をエラーと見る考えもありますが、個人的には感情が発生しても問題が起きないよ

＊106　この描写はアニメでは省略されているが、容易に想像することができる。アニメ『ハルヒ』に存在しない情報を小説版で補って解釈することは、メディアミックス作品として当然許されるが、メディアによって互いに矛盾する情報の扱いは難しい。Lewis 1983, pp. 277-8 参照。

＊107　「エンドレスエイト」は少なくとも「時間の長さ」の点で『消失』の原因として重要である、という考えについては、第9章末尾で否定的な解釈を示すことになる。

うに対策されていたのだと思います。でも結果としてエラーになってしまった、それはなぜか？

その理由には『エンドレスエイト』説を採りたいですね。つまりあの、アニメ史に残る曰く付きのエピソード『エンドレスエイト』がエラーの原因であるという説です。

情報統合思念体が準備していた『感情が発生しても問題が起きない』システム。しかし、そのシステムは１００年程度の運用を想定していたのではないでしょうか？

想定をはるかに超える５００年以上の運用。しかも感情を揺さぶるような濃ゆ〜い夏休みの２週間！ それを、あのメンバーで１万５千回も繰り返すという荒業。さすがの情報統合思念体も想定外の状況のはずです。

１００年程度なら何の問題もなかっただろう感情の処理システム。想定をはるかに超えた感情の蓄積を処理しきれなくなり、とうとうバグが顕在化してしまった・・・そんな風に解釈しました。

そう考えると『エンドレスエイト』の非常識な構成も納得いくんですよね。

「アニメとスピーカーと・・・。」２０１６年１月８日

http://kato19.blogspot.jp/2016/01/suzumiya-haruhi-syoushitu.html

最後の一文が素朴すぎることを除けば、この記事はほぼ正しい。*108 正しいからこそ、「エンドレスエイト」はあの演出ではダメだったのだ。ループの中でたとえ長門がストレスや退屈を少なからず

感じたことがあったとしても、その退屈な側面ではなく、長門の感情を豊かにする楽しい起伏を視聴者に追体験させなければならなかったのだ。

あのループが長門にもたらした影響がストレスによるバグなのか、ヒューマノイド本来の感情的存在への成長なのかは、物理的客観的には微妙な差異であり、単なる強調点の違いとも言える。しかし強調点だからこそ、それこそ強調して際立たせ、解釈上の大差として反映されなければならなかったはずだ。作品としての「エンドレスエイト」が退屈な表現になるか、多彩で豊かな表現になるかの分かれ目として。

『消失』での長門の行動が成長ではなく異常によるという制作委員会の誤導により、視聴者の一部は「エンドレスエイト」の退屈な演出に無理やり納得させられ、誤った解釈に満足しかねない羽目に陥った。いや、それ以前に制作委員会自身が『消失』を正しく読めていなかったがゆえに、その誤った解釈が自ずと「エンドレスエイト」の誤った演出を生んでしまったのである。

なお、『消失』での長門の行為を理解するためにどうしても考慮に入れなければならないことがある。長門が、自分はいずれ世界改変を企てることを知っていた、という事実である。『消失』でキョンと朝比奈（大）が三年前の長門を訪れ、長門は彼らに再修正プログラムを処方しているからだ。長門はこの自分の将来の行為について知りながら、キョンに黙っていた。これは自らが実行し

＊108　ただし、「想定をはるかに超える五百年以上の運用」に情報統合思念体が対処できなかったという解釈は疑問である。情報統合思念体もループをリアルタイムで認識していたはずなので。さらに注＊197、および前注も参照。

た世界改変という「既定事項」（未来の事項だが、知った時点に対して影響を及ぼしているので、既定事項と言える）を予定通り実行せねばならない、という制約によると考えられる。つまり、この制約による義務感が「長門の世界改変の動機」だったとも考えられるのだ。

これは「長門務めた説」というべき解釈である。この「長門務めた説」は、「長門目覚めた説」「長門戻った説」はもちろん「長門壊れた説」と比べてすら格段につまらない解釈であり、採用しがたい。が、実は最も論理的な解釈だとも言える。自分がやると知っていたことをやり遂げたにすぎないのであれば、「壊れ」も「目覚め」も必要なかったからである。

「務めた説」は、長門が合理的判断にもとづいて行為したとする点において、「目覚めた説（戻った説）」の方と相性が良さそうだ。反面、「エンドレスエイト」のループは長門の「お務め」を阻む要因とも考えられるので、「長門を壊した要因」だという解釈へ収まりうるとも言える。

「エンドレスエイト」と『消失』の関係をめぐる長門事情として、四つの解釈――「長門壊れた説」「長門目覚めた説」「長門戻った説」「長門務めた説」――が発掘できた。「エンドレスエイト」を観て視聴者は長門有希の心理を追体験せよ、という前提に基づくならば、四つの説それぞれが暗示する〈視聴者への鑑賞上のメッセージ〉は、次のようになるだろう。

長門壊れた説＝視聴者《おまえら》も壊れろ。退屈に耐えて見続けて、虚ろな侘しさを噛み締めつつ憂鬱の奈落でへこむがいい。

長門目覚めた説＝視聴者《おまえら》も目覚めよ。今まで知らなかった情感に心を開こう。感受性を育みつつ、大いに楽しもう。

長門戻った説 ＝ 視聴者《おまえら》も戻れ、童心に。子どもの頃には同じことの繰り返しが無性に楽しかった、あのわくわく感を取り戻せ。

長門務めた説 ＝ 視聴者《おまえら》も務めよ。黙って受け入れよ。このように作られたアニメなのだ。つべこべ言わずに見るのがおまえらの役割《キャラ》。

作品解釈として左辺が正しければ、それに対応した右辺が、視聴者の適切な応じ方となるだろう。長門壊れた説や長門務めた説が正しければ、「エンドレスエイト」は味気ない内輪ウケ的反復表現のままでかまわない。しかし正しそうなのはむしろ長門目覚めた説や長門戻った説の方だ。「エンドレスエイト」は憂鬱・溜息・退屈にまみれた作品であってはならなかったのである。「映像化、舞台化、ノベライズなど、翻案を有意義に成し遂げるためには、原作の正しい解釈が重要である」という古典的にすぎる教訓。その特殊例である「アニメ化」についてこの陳腐な教訓を思い知るための苦い実例が、「エンドレスエイト」だったと言えるかもしれない。*109

＊109◆　アニメ『ハルヒ』を、原作から論理的に独立した自律的作品として捉えたらどうだろう。制作者が制作中に自作をどう解釈しようが自由なのだから、「エンドレスエイト」の表現は正当化されるだろうか。いや、作者自身が自作の解釈を誤ることはありうる。芸術家（とくに物語芸術の作者）は、制作中の虚構世界について最適解を見出し損なうと、美的に有効でない表現に満足しかねない。どんな不合理な描写であれ結果的になされた表現が、表現相応の整合的かつ有意義な解釈を誘い出せるかというと、その保証はないからである。

第3節 メタフィクション的誤謬――ハルヒ監督の意思？

「エンドレスエイト」のアニメ演出を誤りに導いた四つの大きな錯覚――物理学的誤謬、ジャンル的誤謬、芸術学的誤謬、解釈的誤謬――を見てきた。ここで、マイナーだが見逃せないもう一つの誤謬を確認しておこう。「メタフィクション的誤謬」である。

『ハルヒ』が当初から、実験的野心を剝き出しにした企画だったことは第2章で概観した。その露骨な野心を支えた条件として挙げられたのは、「強固なテンプレ的キャラクター設定による安定した土台」「メディアミックス的実験気風の高まり」「オタク文化成熟に伴う視聴者の熱意と知的レベルへの信頼」「祭りへの燃料投下要請」等々だった。劇場版『涼宮ハルヒの消失』に絶対の自信を持っていた制作委員会が多少のスキャンダルは挽回できると踏んでいたこと、も付け加えてよいかもしれない。そうした心理的条件のほかに、論理的条件として、「プロジェクトアート」という見立てが芸術学的に最も興味深い。我々が「エンドレスエイト」の行き過ぎた実験を、ただの悪ノリとして即座に否定しきることができなかったのも、『ハルヒ』がプロジェクトアートであるがゆえだったのである。

涼宮ハルヒ超監督作品「朝比奈ミクルの冒険 Episode00」からアニメ放送が開始された件に立ち

戻ろう。その第一話だけでなく、第I期・第II期を通じ『ハルヒ』の全エピソードが涼宮ハルヒ自身の監督作品であり、制作スタッフ全員、ハルヒの命令に従って動いただけ。そんなメタフィクショナルなプロジェクト設定になっていたのだった。「ハルヒがこうすると言ったんだから仕方ない」という形で、いかなる奇妙な実験についてもその正当化理由を自給自足する仕組みである。作中では、物事の推移はハルヒの潜在意識が望むまま、あるいは少なくとも追認するがままに生じていることは確かなので、その論理がアニメ作品のパッケージそのものに適用されたのだ。

したがって「エンドレスエイト」についても、「涼宮ハルヒがこんな実験を望んだのだから従うしかなかった」というロジックが、制作委員会の後ろ盾になっている。すなわち——

——「朝比奈ミクルの冒険 Episode00」をトップに据える変則的構成に驚き、驚喜したファンは、ハルヒごっこをすでに受け入れたはず。「これから俺らが観ていくのは涼宮ハルヒ超監督の作品だぞ」というごっこ遊びを。いったん受け入れた以上、そのルールに従って『ハルヒ』に参加し続けるのが道理というもの。制作陣とともに遊びに加わって、祭りでさんざん楽しんできた以上、今さら「エンドレスエイト」が来たからといってアンチに回るのはプレイヤーとして潔くなかろう。まるっきりデタラメな代物を掴まされたならともかく、きちんと丁寧に作り込まれた八回連作のどこが不満か。いや、「つまらない」と美的不平を述べるのは自由だが、「自己満足」「オナニー演出」などと制作委員会を倫理的に責めるのは的外れだ。ハルヒ様が作ったという設定なのだから。その設定におまえらも乗っかってきたのだから。共犯者なのだから。かりに劇中劇が退屈でも、劇そのものの作り方を責める正当な理由にはならん——。

「ルールをいったん受け入れたら最後まで付き合え」。これは鑑賞の倫理としてうなずける説教ではある。しかし、ルールの適用が間違っていたらどうだろうか。ハルヒごっこのルールにきちんと従っていれば「エンドレスエイト」があいうことになりはしなかった、という論証ができたなら？「ルール違反だ」という批判は、鑑賞者に対してでなく、制作側に対して向けられるべきものとなるだろう。

端的に言うと、制作委員会が依って立つ前提はこうだ。

――「エンドレスエイト」の八週放送企画案は、涼宮ハルヒだったら採用しただろう。

……これ、本当だろうか？

涼宮ハルヒは、アニメ作品の監督を務めた場合、「エンドレスエイト」八週放映、などという企画を実行したがる性格をしていただろうか？

もしその前提が間違っているなら、「エンドレスエイト」は美的批判だけでなく倫理的な批判にさらされる。単に「つまらない」で済む代物ではなく、「こういうものを放送したのは間違いだ」という根源的な倫理的批判が成り立つことになる。

古泉はハルヒについて幾度か、次のようなことを言っている。「彼女は言動こそエキセントリックですが、その実、まともな思考形態を持つ一般的な人種なんです」（『憂鬱』二三五頁）。ハルヒが自分の能力にいっこうに気づかないのもそのせいというわけだ。ハルヒは、超常現象を望んでいながら、信じていない。団員たちの正体をキョンに打ち明けられても（「溜息V」）、その可能性を吟味しようとすらしない。

「エンドレスエイトⅠ」の昆虫採集シーンでハルヒがこんなことを言う（括弧内はキョンのモノローグ）。「セミって食べられるのかしらね」（知らん）「天ぷらにしたら美味しいかも」（おまえ一人で食ってろ！）「天ぷらってひょっとしたら衣が美味しいだけなんじゃない？　だったらあのセミもそうかもよ」（あやまれ！　全国のてんぷら屋さんにあやまれ！）

キョンのツッコミは的外れではなかろうか。どんなネタも衣ゆえに美味しくなるというのは、調理技術としての天ぷらを褒め称えており、決して貶していない（食材としてのセミを貶してはいるかもしれないが）。つまりキョンをはじめとする周囲が、ハルヒの元来まともな思考内容を事あるごとに曲解し、真逆の意図を読み込み、実像とは異なる過剰なエキセントリックと見なしてきた可能性が高い。*110 ハルヒの言動は、よくよく考えればごく健全かつ保守的な価値判断に基づいていることが多いのである（ちなみに私はセミの揚げ物を何度か食べたが、かなり美味でありながら、セミ独自の味は感じられなかった。なお、ハルヒのこのセリフは第8章で「芸術の天ぷら仮説」として再度呼び出す重要項目なので、記憶しておいてほしい）。

小学生のとき野球場で自ら気づいてしまったとおり、涼宮ハルヒはごく平凡な、常識的な女の子なのだ。古泉や佐々木のような、独特の信念や世界観のようなものを持つキャラクターではない。哲学や形而上学的思索やオカルトへの耽溺とは無縁の人種である。そう、ハルヒにとって「エンド

＊110　例をもう一つ挙げると、「憂鬱Ⅳ」の冒頭でキョンに対して恋愛の意義を否定しまくるシーン。ハルヒが暗に「恋人ができたら肉体関係は当然」（だからイヤ）と信じていることが示されており、自己流スタイルを押し通すどころか通念に対しきわめて従順なハルヒ像が窺える。

レスエイト」八週間放送のような突飛な試みは、ハルヒにとっては超常現象と同じだ。思いついたり憧れたりはするかもしれないが、実行してうまくいくなどとは夢にも思わない。ハルヒはあくまで現実的に考える。ハルヒのキャラクター設定は、「エンドレスエイト」のような実験作品を決して許容しそうにないのだ。

そもそもハルヒは退屈が嫌いである。刺激を好む反面、年中行事を律儀にこなすことに快感を覚えるなど、伝統的お約束は大好きである。この通俗きわまる趣味は、典型的なエンタテイメント志向であり、まさに「エンドレスエイト」的実験とは正反対だ。なにしろ八週反復放送は退屈で刺激に乏しく、伝統的お約束（アニメはスピーディ展開の娯楽たるべし）に違反しまくっているのだから。SOS団の誰かが「エンドレスエイト八週放送」を提案しようものなら、ハルヒは一言のもとに却下だろう。

ここで反論したい人がいるかもしれない。ハルヒは「祭り」は大好きじゃないか。だから、炎上狙いの裏ワザとして「エンドレスエイト八週放送案」を喜んで採用するのでは？

その期待は穿ちすぎだ。ハルヒの好きな伝統的お祭りとネットの「祭り」は別物なのだ。正反対と言ってもいい。『編集長★一直線！』（原作第八巻『涼宮ハルヒの憤慨』）で、長門有希著のほんのり前衛的な小説にすら理解を示さなかったハルヒなのだ。あれ以上の超前衛的試みに、炎上の期待だけで賛成することはありえない。

たしかにハルヒは超常現象を起こしまくってはいるが、潜在意識の所業と意識的な芸術活動とを混同してはならない。ハルヒの潜在意識が夏休みの同じ日々をループさせたのは、やりたくてやったわけではなく、やり残したことを意識化できないがゆえの不随意運動だった。アニメ作品を作る作業はそんな不自由に服することなく思い通りに調整できるのだから、むしろ「エンドレスエイト」の虚しい時間空転とは真逆の、コスパの高い作品をハルヒは目指すはずだろう。ハルヒがコスパ志向であることは、「エンドレスエイト」にも示されている。「せっかくこんな格好してるんだし、まとめて今日やっちゃいましょ」（盆踊りから花火へ移行するときのセリフ）などと、複数イベントをなるべく濃縮して楽しもうというのがハルヒ的自然体なのだ。

もしも監督が長門有希ならば、「エンドレスエイト」の案を採用する可能性は低くなさそうだ。のみならず、たった八回では終わらせず律儀に一万五四九八回分を作って放送したかもしれない。しかし涼宮ハルヒは、スノッブな「アートっぽさ」なんぞで満足できない。とことんベタなエンタテイメントこそが、ハルヒのキャラクターには似合っている。

こうして、制作委員会の「超監督ハルヒ」を立てた自己言及的トリックによっても「エンドレスエイト」を正当化できないどころか、逆に否定的な見方が強化されてしまう。超監督ハルヒに任せたことにより、物語や表現での実験はやりやすくなったに違いないが、「エンドレスエイト」的なコンセプトでの実験はやりづらくなったはずなのだ。とはいえ、制作委員会が「エンドレスエイト」のような無謀な企画を実行できた因果的背景として、「超監督ハルヒ」というメタフィクション装置が効いたことは間違いないだろう。「超監督ハルヒ」というエンドレスエイト正当化装置は、芸術的・倫理的・論理的には的外れだったにもかかわらず、心理的なお膳立てとしては強力に機能してしまったのである。

第6章
エンドレスエイトの暴走

「やりすぎでしょ……」

「やりすぎでしょ……」

第1節　機会コスト

原作の「エンドレスエイト」は、第五巻『涼宮ハルヒの暴走』に収録されている。「暴走」のエピソードでまさにあのような暴走的実験をやってのけた点で、アニメ版「エンドレスエイト」は「実験の暴走」ならぬ「暴走の実験」をしっかりやりおおせていた。と、せめてその程度の評価ができればあの実験も報われるというものだが、はたしてどうだろう。

原作既読の視聴者は「エンドレスエイト」が一話完結サイズの独立エピソードであり「笹の葉ラプソディ」や「憂鬱Ⅵ」のような重要性を持たないことを知っていた。だからなおさら、この一話が八話にも膨張して、最重要エピソード『消失』をテレビシリーズから消失させてしまったことにショックを受けた。それに対し原作未読の視聴者は、予備知識がないぶん、余計な不平を抱くことなく、内容本位で「エンドレスエイト」を受け止められた可能性が高い。

原作未読者は、「ループ脱出のカギはなんだろう?」という「謎解き感」でサスペンスを楽しむ心がまえを固めやすかっただろう。同時に、見え隠れするキャラクター間の関係にも興味を繋ぎ留められたことだろう。表層の〈日常コメディ＋ハードSF展開〉の裏側でハルヒとキョンのほのかな恋愛模様が主旋律を奏でるのが原作・アニメ共通の『ハルヒ』の基調だったが、「エンドレスエイト」にもその二層構造は引き継がれている。とくに「憂鬱Ⅵ」(第Ⅰ期第十四話、第Ⅱ期第六話)

でキョンとハルヒが閉鎖空間から脱出できたカギは、キョンがハルヒにキスすることだった。ハルヒの淡い恋愛感情の充足により閉鎖空間が消えたというベタ展開だが、そのエピソードを知っているエンドレスエイト未読者にとっては、ループ脱出のカギも恋愛がらみの何かだと推測するのが自然だっただろう。

「夏休みじみたこと」を次々にこなすハルヒのスケジュール表には、花火、昆虫採集、金魚すくい、天体観測といった子どもっぽい遊びは網羅されていながら、高校生らしい「恋愛系」はエントリーしていなかった。恋愛っぽい何かこそが、ハルヒの潜在意識のループ紡ぎを止められるのではないか。「憂鬱Ⅵ」ではいわば既定の脱出手段だったキョンの行動が、今度はもっと自発的になされるべきではないか。この自然な推測をベースにして古泉は、天体観測の場でキョンにこう提案する（アニメ版はセリフの細部が毎回微妙に異なるので最大公約数的なセリフとして原作から引用する）。

古泉　「涼宮さんの望みが何かは知りませんが、試みにこうしてみてはどうです？　背後から突然抱きしめて、耳元でアイラブユーとでも囁くんです」
キョン　「それを誰がするんだ」
古泉　「あなた以外の適役がいますかね」
キョン　「拒否権を発動するぜ。パス一だ」
古泉　「では、僕がやってみましょうか」（『暴走』、六九頁）

ここで毎回キョンは沈黙してしまう。間をおいて古泉が「冗談ですよ」と（回によって慌てたように、あるいは怯んだように）言うまで、キョンの表情は七回とも画面から隠されている。うまい演出だ。

このシーンが初登場する「エンドレスエイトII」では、古泉がキョンの首に腕を回して顔を密着させ、キョンが「拒否権を発動するぜ」と言って押しのけるという、原作にはない演出がなされた。「エンドレスエイト」に限らず古泉はことあるごとにキョンに向かって、世界のために〈ハルヒとの潜在的恋愛関係を軽んじないよう〉忠告するのだが、古泉のそのからかい気味ネチネチぶりが疑似BLっぽい雰囲気を醸し出して、腐女子心をくすぐる効果をもたらしているのである。[*111]

ハルヒ以上のツンデレであるキョンは、朝比奈みくるのメイド服にも普段着にも公然と萌えまくりながら、ハルヒに関しては「ふり回されてまったくかなわん」的な愚痴をこぼすのが常で、モノローグにおいてすらめったに好意を口にしない。[*112] そんな背景を持つ「エンドレスエイト」なので、ループ脱出のカギも、きっと恥ずかしい告白めいた何事かに違いないと、原作未読者はループに苛立ちつつ微笑ましく見守る楽しみを味わえただろう。

しかし「Ⅷ」でオチが判明したとき、原作未読者が得たのは、カタルシスというより「宿題ぃ……？」肩透かしの虚脱感に近かったかもしれない。恋愛ネタでの解決はすでに「憂鬱Ⅵ」で使われているため、このアンチクライマックスは妥当な落とし所として納得すべきものではあっただろう。しかも前章で見たように、ハルヒの「ツンデレ欲」というべき準恋愛的衝動が根底にあった。

「宿題」の表面的平凡さに隠れてやや読み取りにくくなっているものの、カタルシスとしては十分な強度である。

というわけで、原作未読者にとって「エンドレスエイト」結末は、カタルシス含みの肩透かし的虚脱感という、エンドレスエイト独特の「美的経験」を実現していると言っても的外れではない(対して原作既読者は、概して改変を嫌う傾向があるにもかかわらず、「エンドレスエイト」に限っては、「これだけ引っ張ってループ回数も増やしておきながらオチは原作どおり?」と非美的な虚脱感に囚われた者が多かったようである)。

このように「エンドレスエイト」は基本的に、さまざまな小ネタを含んだ佳作ではあった。Eシークエンスの過剰な畳みかけで統一された「一様さ」がベースになってこそ、細かい技巧や含意が生きたとも言える。ストーリーがいっこうに進まない不満は、物語ではなく表現の方に視聴者の注意を向けさせるための意義深い代償だったのだ、と認めることもできなくはない。心から「面白い」と感じた少数者の趣味は決して間違ってはいないだろう。しかし――、物事の価値を決める要因として常に念頭に置かねばならない大切な外的要因がある。「機会コスト」だ。

＊111　『ハルヒ』全体で、キョンと古泉の会話シーンは異様に体が近接している作画が多いが、「エンドレスエイト」では天体観測シーン以外にも「顔が近い！」とキョンが古泉を押しのけるシーンが何度かあり、ＢＬ的演出がとくに目立つ。これと対照的に、朝比奈みくるに対するハルヒの同性愛的セクハラ描写は「エンドレスエイト」では後退している。

＊112　ただし、原作では後になるほどキョンがハルヒへの恋愛感情を(少なくともモノローグでは)自認する気配が濃くなっていく。とはいえそれは恋愛感情というよりハルヒの「普通でなさ」への耽溺だと解釈すべきかもしれない(坂上 2011)。『消失』で日常の世界を捨てて非日常のセカイを選んで以降、キョンはハルヒ以上の「ただの人間には興味ありません」病に憑りつかれてゆく。

「やりすぎでしょ……」

「エンドレスエイト」を単独で見れば、それなりに有意義な表現芸術として楽しめる、という言い分も説得力があるだろう。しかし他の可能性と比較したらどうだろうか。あのような「エンドレスエイト」で八回分を消費したということは、他のありえた八回分を失ったことを意味する。ある経験をするということは、その時間をかけて他のことができた機会を逃すことになる。それが経済学で言う「機会コスト」だ。

もちろん、どんな行為にも機会コストはかかっている。いかに楽しい時間も、論理的に言えば、他の有意義な可能的経験を諦めた結果だと言える。しかも私たちは、常に最高に有意義な時間を過ごすことに成功してなどいない。だからといって、実際に経験したものとは異なる経験を逃したことをいちいち後悔したり反省したりするとしたら、まことに愚かなことだろう*113。異なる経験は厳密には同じ尺度で比較できないのだから。

「エンドレスエイト」の実験で話数を浪費せず、「溜息」を手早く済ませ、「消失」をじっくり放送してもらえたら、確かに素晴らしいことだったろう。しかし、「エンドレスエイト」のあの尺を「消失」で経験できていたら……という機会コストへの無念の思いは、ある意味的外れなのだ。いや……視聴者が自由意思で選べなかったことを「機会コスト」と呼ぶこと自体が的外れに聞こえるかもしれないので、制作側の視点で言いなおしてみよう。「ああ、エンドレスエイトであんな浪費をせずに普通に「消失」までテレビ版で進めて、劇場版はその先で勝負していたら……」。そんな後悔の念を制作者が抱くとしたら、それも的外れかもしれない。なぜなら、「エンドレスエイト」と「消失」とはあまりに異なっており、一概に比較はできないからである。

同一の時間的・経済的資源を投入するなら、冗長な「エンドレスエイト」ではなく緊密な「消失」にまわした方が制作者にとっても鑑賞者にとっても実り豊かだったに決まっている。だからといって、「エンドレスエイト∧消失」という保証はない。両者を単純に比較する価値基準は存在しないからである。「消失」のための時間が「エンドレスエイト」で塗りつぶされたことが「無償の障害」（償えない欠陥）だったとは断定できない。「消失」が第II期に含められたなら含められたで、「実はエンドレスエイトでこんな実験をする案があったらしいよ。もし実現していたらさぞ面白かっただろうな……」という喪失感は必ずや生じうるのであり、あのEシークエンス八連発の暴挙だけが持つなんらかの価値を「消失」が埋め合わせることは決してできない[*114]。

しかしである。同じ尺度で計れそうな経験どうしを比べたならどうか。実際に放送された「エンドレスエイト」のあの実験的本質を保ちながら、そこに付加価値を付けた「可能的エンドレスエイト」がたやすく実現できたとしたらどうか。すなわち、「同じエピソードの中で変異を楽しむ」「同型のEシークエンスをいろんな表現で楽しむ」という趣旨を保ちながら、それをもっとうまくやり遂げる方法が簡単に思いつかれるとしたらどうだろうか。その場合は、現実のエンドレスエイトと

＊113　娯楽の選択肢が増えれば増えるほど、機会コストへの後悔を予期してしまい、選択ができなくなる心理的傾向については、シュワルツ 2004 を参照。経済的に豊かになればなるほどかえって不幸になりがちだというパラドクスの原因は、リアルに思い描かれる機会コストの過大評価にある。視野をあえて狭く保って多彩な選択肢の誘惑から身を守り、心の安寧を得る生活スタイルの最たるものが、コレクター、マニア、そしてオタクであると言える。

＊114◆「無償の障害」についてはジェイコブソン 1997、V節以降、異なる芸術作品の価値比較を有意味にする論理マトリックスについては Vermazen 1975, Dickie 1988 参照。

「やりすぎでしょ……」

その可能的エンドレスエイトとの間での価値比較ができそうではないか？　そう、物事は、事実それ自体として評価されるだけでなく、その可能的あり方を考慮して、機会コストの点からも評価されるべきなのである。[*115]

　つまり「可能的エンドレスエイト」に照らせば、「現実のエンドレスエイト」の視聴者は、遺憾の念を、そして非難の弁を述べる権利がありはしないか。そして制作者は、遺憾の情を、そして謝罪の意を表明する義務がありはしないか。

　あの八回分で、微差含みのEシークエンスを描き続けるという異形の実験的演出をするにしても、実験性を損なわずに「普通に面白く」することはいくらでもできた——それが「エンドレスエイト」という素材だったのではなかろうか。機会コストの比較が一番わかりやすいのは、一般によく言われるように、「エンドレスエイト三回バージョン」を想像することだろう。〈ループ無自覚回、自覚非脱出回、脱出回〉という三回でまとめれば、実際の八回バージョンに劣らぬループ感を演出し、実験的雰囲気も保ち、かつ緊密な構造を実現でき、時間も節約できる。まさしく八回バージョンと同等以上の品質と印象を確保しながら、時間節約により機会コストを大幅に削減できたはずなのだ。

　純粋な機会コスト計算のために、比較対象を八回バージョンに絞ったとしよう。それでも、「もっと有意義な八回」が実現できそうであれば、同様の機会コスト論法が成立する。前々章・前章では「八回反復」という試み自体が誤りだったことの理由を探ったのだったが、本章・次章では「八回反復」をやるならやるで、もっと別のやりようがあっただろうという諸要因を探る。まず本章では、機会コストを残念に思うべき明白な諸可能性を考えてみたい。

第2節　可能的エンドレスエイトI

サプライズ → サスペンス → カタルシス

ループ表現を「八回放送」という形で必ず実行するという前提を認めたうえで、あのようなやり方しかなかったのか、あれが最善だったのかを、制作の論理から考えてみよう。*116

まず、巻の不評・炎上が物語るとおり、「やりすぎでは？」という側面を調べてみる。わざと平坦に徹した「エンドレスエイト」は、やはり「やりすぎ」だ——暴走の実験というよりも実験の暴走だ——という印象的側面についてである。

繰り返すにしてもなぜあんなに同じシークエンスばかりにしたのか。まさに退屈させるためという悪意すら感じられるではないか。そういった素朴な苦情に対しては、次の指摘を見よう。

＊115◆「エンドレスエイト」を「消失」と比べる *de dicto* 様相判断は正しい機会コスト判断になりえないが、「エンドレスエイト」を「可能的エンドレスエイト」と比べる *de re* 様相判断はまともな機会コスト判断となりうる。

＊116　この第６章と第７章は、第９章から第10章にかけて「エンドレスエイト」の内容と存在そのものとを「人間原理」で読み解くための不可欠の作業となる。

どうせなら少し違うパターンの夏休み描いてもよかったんじゃねえの？　って思ったけどそれだと失敗ルートって分かっちゃうから毎回同じイベント描くしかなかったんやな。
名無しさん：２０１６年05月04日（「ハルヒのエンドレスエイトって今やったら、昔以上に炎上してたよな・・・」http://yaraon-blog.com/archives/84041）

なるほど。あのような退屈な繰り返しにせざるをえなかった制作側の動機は、これだったのだ。視聴者に対するサスペンスの確保。

なるほど……。この指摘のとおりなのだろう。「複数回放送」を実行する限り、制作側はあわせざるをえなかったのだろう。

しかしこの事情は、動機としてはともかく論理としてどうなのだろう？

冷静に考えてみよう。初回「エンドレスエイトⅠ」は、原作からセリフを大幅に変えたり、イベントのつながりを変えたりできない。それをすると、「ああ、これってエンドレスエイトだけど原作と違ってるから、アニメオリジナルなんだな。てことは脱出できないシークエンスをやる気だな……」と視聴者に始めから気づかれてしまう。最後の喫茶店シーンになった時点で、ようやく視聴者が「あれ？　深夜の相談シーンがなかったよな……」と思うようにしたいのに。ハルヒが去って、視聴者は愕然。それを実現させたいのに。

こうしてサプライズ効果のため、「Ⅰ」はできるかぎり原作どおりに作らねばならない。

「Ⅱ」はどうか。原作が描いたループ最後のシークエンスは一万五千四百九十八回目だが、その回がアニメ版「エンドレスエイトⅡ」にあたる。

「Ⅱ」で長門が言う該当回は、「一万五千四百九十八回目」である必要がある。それより少ないと、「ああ、まだ脱出させない気だな……」と視聴者に悟られてしまうからだ。こうして最後まで、原作どおりのセリフと進行、つまり「Ⅰ」とほぼ同じ展開になる。

視聴者へのサプライズがこうして二回連続する。「Ⅰ」→おお、原作が描かなかった〈気づき無しパターン〉！　「Ⅱ」→ループ発覚、されど脱出成らずパターン！　……サプライズの畳みかけが成功だ。したがって、アニメ版では原作の設定よりもループ回数が必然的に増えることになり、結果として三十四回増しとなった。原作の一万五千四百九十八回が一万五千五百三十二回に引き伸ばされたのである（単純に七回追加にならなかった理由については次章で考察する）。

「Ⅲ」以降ではすでに原作回数を超えているので、視聴者は長門の説明（何回目という告知）を聞いてもこれが脱出回かどうかわからなくなる。原作どおりのＥシークエンスが描かれている限り、今回が原作に一致した回かどうかが喫茶店シーン終了まで確信できないからだ。……こうして、何回続くか不明、というサスペンスに視聴者を保つことができるのである。

アニメでは原作ループ回数情報を増やしてまで八回繰り返した。八回それぞれをバラエティに富んだ内容にせず、すべて原作どおりに統一して視聴者を退屈させたのは、ひとえに、「視聴者をサプライズ後のサスペンスのもとに置き続ける」という目的の必然的帰結だったのだ。

視聴者に「今回こそ脱出か？」というサスペンスを感じさせ続けるためには、原作どおりのＥシークエンスに統一すべし。しかしなんという皮肉だろう。ひたすらサスペンス持続のためにのみ、退屈への束縛が求められるとは。サスペンスはハラハラドキドキの代名詞であり、退屈からはもっとも遠い心理状態のはずではなかったか……？

こうしてみると「エンドレスエイト」がEシーンエンス一色に固められたのは、決して視聴者を退屈させようという悪意や前衛気取りゆえではなく、試みの論理的本質からして、ああならざるをえなかった、という事情が察せられる。しかしここには制作側の重大な勘違いがあった。サプライズのメリットと退屈なマクロ同型描写のデメリットとを天秤にかけなかった誤り（あるいは天秤にかけたがその傾きを見損じた誤り）？　もちろんそれもある。しかしそういう単純ミスは別にしても、いっそう深刻な誤りが見られるのである。

制作委員会は、「原作世界を改変しない」という建前に則って、サプライズを仕掛けた。なぜなら、「視聴者が〈脱出回は原作と同じ展開〉と信じている」という前提が制作サイドにあったからである。だからこそ、八回ともEシークエンスに統一しなければならなかった。しかしそれならば、ただちに次の二つの問題点が列挙できるではないか。

A　「原作を改変しない」という制作方針がすでに破られている。制作側はまさにサスペンス実現のために、原作世界を改変する方向へ踏み出した。ループ回数を増やすだけならまだしも、「物理的誤謬」（第4章）により本来原作世界に起きていたはずのバタフライ効果を消去してしまった。原作を改変するのかしないのか、方針が分裂している。

B　「視聴者は原作どおりの脱出回を予期している」という前提が間違っている。視聴者は

「いつかは脱出回が来る」と信じているから、その信念に乗っかって制作側は「II」以降いくらでも原作を改変したシークエンスを描くことができた。普通にさまざまな夏休みを展開して視聴者を楽しませつつ、「今度こそ脱出回？」というサスペンスに置くことができた。

Bは、Aによってもたらされていることに注意しよう。制作側がすでに「原作に忠実」という方針を破ったのを視聴者は知ったからこそ、「もはや、この後にどんなシークエンスが来ようが脱出回でありうる」という心の準備を強いられたのだ。

この簡単な理屈が、制作委員会にはなぜか見えていなかった。つまり制作委員会は、自ら採用した方針の意味を自覚できていなかった。視聴者の「原作どおりのはず」という前提を利用してサプライズを仕掛けておきながら、そのために原作を裏切ることが必要となり、にもかかわらず依然として視聴者の「原作どおり」という期待（もはや存在するはずのない期待）を信じ続け、「原作どおり」の同型Eシークエンスに固執し放送し続ける――そんな自縄自縛の自己矛盾に陥っていたのである。

「エンドレスエイトI」のサプライズを喰らった視聴者は、「II以降は何が来るかわからない」という気分になっている。何でもありモードに入っている。制作側にはその視聴者目線が欠落していた。「ミクロに変異・マクロに同一」ではなく、「ミクロに変異・ゆえにマクロにも変異」というループもの定番の標準仕様にすべきだった。その方が、「どのマクロ展開でも発見できないアタリのセリフ」の価値を重層化させ、スリリングな期待感を高めることができる。創作作法の点からも、「エンドレスエイト」の「ミクロに変異・マクロに同一」という繰り返し方は、失敗だったのである。

［サプライズ→サスペンス→カタルシス］の絶妙パターンは、多彩な八バージョンで視聴者を楽しませたとしても十分成り立った。いやむしろいっそう輝いたはずだった。

「エンドレスエイト」の中途でのイベント内容変化がどれほど思いきったものであれ、『ハルヒ』全体に面倒な影響を及ぼしはしない。どうせリセットされるのだし、鑑賞者への印象面でも、他エピソード、たとえば「孤島症候群」でなされた改変（島にキョンの妹が同行し、キョンとハルヒの転落孤立シーンが加わったなど）に比べて突出するとも思えない。オリジナルアニメを七回追加したと思えば、「孤島症候群」より改変度ははるかに低いくらいだ。それでもあえて原作パターンそのままに八回繰り返したのは、確信犯という以前に、A、Bの簡単なロジックに気づかなかった制作側の過ちだった。

［サプライズ→サスペンス→カタルシス］という視聴者サービスに目がくらんだあまり、サービス実現のために本来不要な「退屈反復パターンの我慢」という多大な犠牲を視聴者に求めてしまった皮肉なパラドクス。無駄な代償を鑑賞者に強いたことで、「エンドレスエイト」はあたかも「実験のための実験」と化してしまった。本当は実験至上主義の気取りというより論理的錯覚にすぎなかったとはいえ、確信犯的に過剰な前衛実験のような外観を呈してしまった。「やりすぎ」という印象がせり出した。「脚本の手抜き」も根深く印象づけられた。「あんな過度の抑制をせずにこうす

ればずっとよかったのに」という痛恨の呻きが聞こえてくる。「普通に毎回脚本作成の労力を投入しろよ」という叱責の声も聞こえてくる。

たとえば――、

「長門の気持ちを鑑賞者に経験させる」という定説的コンセプトが有意義だったというなら（それが不適切であることは前章「芸術学的誤謬」で指摘したが）、なぜキョン視点のみで通したのだろうか？　長門視点導入の絶好の機会だったのでは？

『ハルヒ』は原作もアニメも、スピンオフを除いてすべてキョン視点で成り立っている。だからこそ「エンドレスエイト」でどうせ実験をするなら、視点変更という超サプライズを実施すればよかった。そう、〈すべてのシークエンスを記憶する長門有希の視点〉で描くという新鮮なサービスがあって当然だったろう。もちろん長門のモノローグ入りで。ハルヒなど目じゃない人気を誇り真のヒロインとも言える〈俺の嫁〉長門有希のモノローグで「エンドレスエイト」が埋め尽くされていたら、何十遍繰り返そうがオタクたちの驚喜乱舞で迎えられたに違いない。[*117]

視点、時間、映像表現

長門だけでなく、団員それぞれの視点で描き替えるという技も使えたはずだ。たとえば次のよう

*117　本編とは別人格の長門有希を主人公とするスピンオフアニメ『長門有希ちゃんの消失』では、第10話から第13話まで本編とほぼ同人格の長門有希に交代し、「別の自分」の記憶についてさかんにモノローグを発する。同様に、「エンドレスエイト」での長門モノローグは、すでに知っている将来の別人格への共感や推測を含む「長門務めた説」寄りの味わいとなるかもしれない。

な提案は参考になる。――「折角ループするなら「夏休みにこのキャラはこんな事していた！」みたいにすりゃ良かったのにね　ＳＯＳ団のくだりは所々に入れる程度にして、それぞれの回で別のキャラに焦点を当てるの　１話キョンの夏休み、２話ハルヒの夏休み、３話古泉の夏休み、４話みくるの夏休み、５話長門の夏休み　６話鶴屋さん・キョンの妹の夏休み、７話国木田・谷口の夏休み、８話ＳＯＳ団の夏休み…みたいな感じで。　最初は前の回と同じに見えるんだけど、喫茶店（?）で別れた所から古泉視点になったり　家に帰ってキョンが妹と会話した所から妹視点になったり　きぐるみバイト中に谷口が冷やかしに来て、そこから谷口視点になる…　とかなら「何処で分岐するんだろう」って楽しみも出来たと思うんだがどうだろう」（「エンドレスエイトについて語るスレ」674：ななしのよっしん：2012/03/07 04:38:47）。

こうなると八回では足りないくらいだ。さらには、古泉の「機関」が解決に向けて動いていないはずはないのでその様子を描く回があってもよかっただろう。同一ストーリーの描き方は無数にあるのだ。視点多彩化で視聴者は退屈せずに済む。そしてループを何度も描くというコンセプトも全うできる。こういったアイディアは、ループ脱出までのシークエンス回数以外において原作と矛盾しない範囲で十分実行可能であり、「原作改変をしない」という制作委員会が自身に課した原則のもとでも容易に思いつかれていたはずである。*118

キョン視点、あるいは長門視点だけでかたくなに通すとしても、前回までに描いていない時間帯を次々に埋めていくという方法があっただろう。八回同じ時間帯ばかり切り取ったのはこれも「やりすぎ」であり、退屈すぎた。ある回は人物それぞれが風呂に入っている時間を、別の回は食事している時間を、遊びの最中であっても回ごとに別の時間帯を手分けして描き出すという芸くらい見せてほしかったところだ。キョンが古泉の提案を真に受けて「アイラブユー」とハルヒに囁いてしまうパターンもぜひ欲しかった。「憂鬱Ⅵ」のキスパターンの二番煎じをキョンが自覚して「いっぺんやったんだから絶対違うよな……」とぼやきながら……そんな感じのメタフィクショナルな演出になっただろう。*119 そうした工夫がされていれば、毎回まったく異なるセリフを聞くことができ、声優も無意味な「アドリブ」で気を紛らわす必要などなかった。

描写内容だけでなく、映像表現のバラエティをつけなかったのも「やりすぎ」だ。各話ごとに異なるスタッフが別々に作ったため、さぞ監督ごとの個性が出るかと思いきや、そうはならなかった。*120

＊118　ただ、Bで見たように制作委員会は自らの錯覚に縛られていた。原作の最終シークエンスの「内容」と矛盾しないだけでなく、「表現」とも一致するように毎回作り続ける、という強い制約のもとで初めて視聴者をサスペンスに保てるかのように。

＊119　「二番煎じ」どころか何番煎じまで続くかわからない「エンドレスエイト」の最中であるがゆえに、「エンドレスエイト」以前のモチーフの再導入は自己批評的演出として効果的だったろう。なお、『長門有希ちゃんの消失』第16話と17話は「エンドレスエイト」のバリエーションだが、朝倉涼子と鶴屋さんが加わった別展開になっているため、一瞬「まさかここでもエンドレス……」と慄然としかけた鑑賞者にとっては、オリジナル版「エンドレスエイト」のトラウマ的フラッシュバックとして適度な快感誘発装置となった。

＊120　次の評も参照。「京アニ内部は今のところ、少なくとも演出には京アニたたき上げの人間しかいないので、多かれ少なかれ似た様なものになる。例えば、これがグロス出しをしていたらどうだったか。多分、もっと多様なループを見れただろう。（中略）確かに、京アニが作った「エンドレスエイト」達も細かく見れば違いがあるだろう。しかし、それは京アニの作画監督比較表の様に、一種のエスパーにしかその違いを楽しむことは出来ない。この企画はそんな一種のエスパーにしか楽しめないものではなく、誰でも楽しむようにすることが出来る可能性のあるものなのだと思う」（「まっつねのアニメとか作画とか」2009-07-20 http://d.hatena.ne.jp/mattune/20090720/1248031962）。

むしろフィクション性を徹底させて、演出をトップダウンで統合したうえで表現法を分担することが望ましかったのだ。ワンカット、スプリット画面やマルチビジョン[*121]、POV、モノクロやセピア調、『涼宮ハルヒちゃんの憂鬱』風のギャグマンガ絵、長門だけ劇画タッチで、声優交代、一回にシークエンスを三〜五回詰め込む、実写挿入、早送りで一日全部、等々多彩な提示法で毎回新鮮な印象を与える方法はいくらでもあっただろう[*122]。実際にも毎回微妙に異なる多くの技法が使われていたことは確かだが、各回の個性を体系的に印象づけるベクトルに導かれてはいなかった。制作陣の得意な図柄・技法のみで漫然と統一してしまったのは、やりすぎであるにもかかわらず冒険心が欠如していた。実験の名が泣くとしか言いようがない[*123]。

さらに言えば、ミニマルミュージックのような有機的位相展開を試みる手もあった。「本当に変化なしを6回やるのはいくらなんでもヒドイ　俺は原作読まずに観たけど、部分部分が少しずつ変化していって　最終的にループアウトに至るんだと思ってたんだよ　ループに気づくタイミングが変わるだとか、行くイベントが変化するとか」（「エンドレスエイトについて語るスレ」758：なないよっしん：2013/02/22 08:26:32）。そう、キョンの既視感のタイミングや内容が回を追うごとに特定の瞬間に収束してゆくとか、長門の表情やセリフが一方向に変化してゆくとかいった演出がなされなかったのはまことに残念だ。

以上に挙げたさまざまな「エンドレスエイト代案」は、八回すべてをEシークエンスで統一したままで実現できるものばかりである。Eシークエンスのみを描くこと自体が誤りであることは第4章・第5章で見たとおりだが、かりにEシークエンスだけ徹底描写というミニマルな作法に制作委員会が固執せねばならなかったとしても、その表現可能性は、現実になされたような味気ないものばかりではなかったのである。視聴者は、「エンドレスエイト」の機会コストの大きさを嘆く権利があるのだ。

以上のような代案のどれかが試みられていれば（さらにはEシークエンスから離れる手も考え合わせればなおさらのこと）、「エンドレスエイト」はかなり楽しい作品になり、視聴者は長門とともに人間的情緒を堪能して脱アンドロイドの内的蠢動を共有できただろう。長門はあの八月の後半、決して飽きたり退屈したりの地獄を味わったのではなく、楽しい日々を過ごした可能性が高いからだ。「夏休みじみたこと」をみんなで次々にこなす経験が、いつもの読書では得られない刺激となって、長門の内面をどんどん豊かにしていったのだろう。そんな長門の心理を視聴者に追体験させるというのなら、「エンドレスエイト」はまさに、毎回、技法的にも内容的にも実験の限りを尽くして視

＊121　ループ脱出の放送直後には、全話を一画面に並べる八分割バージョンがニコニコ動画やYouTubeに投稿された。http://www.nicovideo.jp/watch/sm12213061「最初からこれにすれば7回分無駄にせずに1回で放映できたんじゃね？と思いました…」（「とあるぷろぐらまーのぶろぐ」http://d.hatena.ne.jp/hate666komei/20090928/1254231264）

＊122　「あるエンドレスエイトは最高に笑え、あるエンドレスエイトは最高に泣ける　「同じ話でも、演出が違えばこんなに違うんだ！」と演出の面白さに触れるには絶好の企画なのだ。このハルヒでの失敗によって、この絶好の企画が、当分はアニメの世界では見られないだろう事が、ただただ悲しい」（前掲「まっつねのアニメとか作画とか」2009-07-20）。同じストーリーを九十九通りの文体で描いたレーモン・クノー『文体練習』（マンガ版もあり）は参考になったはずである。また、日本のサブカルチャーからの引用を散りばめた『ハルヒ』のコンセプトからして、第4章で言及したテレビドラマ『3番テーブルの客』の演出法のいくつかをハッキリと真似てもよかった。

＊123　得意な領分に閉じこもったこの職人的安全主義は、次章「エンドレスエイトの動揺」にも数え入れることのできる要因である。

聴者を楽しませなければならなかったし、楽しませる絶好のチャンスだったはずである。

前章末尾で達した認識をもう一度述べておきたい。「エンドレスエイト」の砂を噛むような退屈さの元凶は、「長門が壊れたがゆえの『消失』」という制作陣の誤読だった。「長門が心豊かになったがゆえの『消失』」と正しく読めてさえいれば、「エンドレスエイト」は普通の素晴らしいエンタテイメントへ仕上がっていたはずだ。スタッフによる原作の正しい読解がアニメ化にとっていかに重要であるか、「エンドレスエイト」は重ね重ね痛い教訓を残したわけである。

いずれにせよ、エンタメとして穏当かつ刺激的な変異可能性がことごとく握りつぶされて、ひたすら反エンタメの自縄自縛が誇示された点において、「エンドレスエイト」の実験は「やりすぎ」だった。コンセプトの実験をするのに表現の実験が邪魔になったはずはないのに、表現の実験を必要以上に抑制して「コンセプトの実験性」を強調しすぎたのである。[*124]

多くの点で「普通のアニメの前提」をわざわざ捨て去り、微妙な表現的差異でのみ勝負するという禁欲的高尚感のオーラを醸し出そうとした過剰な実験作、それが「エンドレスエイト」だったと言えそうである。

付帯状況a メディア的要因

以上は、表現とコンセプトの面から見た場合の「やりすぎ要因」だが、「エンドレスエイト」が実験芸術としてやりすぎである理由としてあと一つ付け加えねばならないことがある。それは、実験的前衛芸術の通例から大きく逸脱していることである。すなわち、ジャンルにかかわる要因、換言すれば「メディアとプロジェクト」にかかわる要因だ。

マルセル・デュシャンが既製品の便器を置いて芸術と称して以来、現代アートではちょっとやそっと変わったことをしても大して注目されはしない。「エンドレスエイト」が物議を醸したのは、ほかならぬアニメというジャンルでなされた突飛な実験だったからだ。美術でも音楽でもなく、詩でも演劇でもなく、アニメという「大衆芸術」においてあのような実験がなされたということが「やりすぎ」要因の最たるものだろう。オタクはもはや大衆ではなく、サブカルとの確執を経て「アニメってもしかしてアート……」という意識がそこそこ浸透する世紀末を経てはいたものの、アニメの存在意義は依然として「娯楽」であるには違いない。娯楽ビジネスの中枢たるアニメにおいて、退屈な前衛アートまがいが長大な尺を占有してしまったことは、やはり大事件だったのである。

マルセル・デュシャン『泉』

＊124　「表現」と「コンセプト」の二層の関係は、第3章で見た「プロジェクト」と「物語」の層を合わせた計四層の中において、第10章で総合的に整理する。

アニメは観るのに必ず一定時間かかるメディアだ。ゴッホの自画像だろうがデュシャンの便器だろうがその前を三秒で通り過ぎることができるし、小説も鑑賞時間を自分でコントロールできる。音楽は「ながら聴き」が利く。しかしアニメはそうはいかない。一定時間の視線の拘束を要するメディアであういう冗長な実験に耽り、お得意様に向かって「じっと観てろ」と命じた「エンドレスエイト」のスタンスには、いかなる前衛アーティストも太刀打ちできない傲慢さが漂っている。

そう、「エンドレスエイト」は、孤高で身軽な芸術家がオープンエリアで行なった自由な前衛芸術とはわけが違う。一人の個性的なアーティストの采配によってではなく、集団的な制作によって、しかも深夜のU局とはいえ複数の大きな資本と資源が動くテレビアニメのパッケージの中で、大衆に向かってこのような実験を敢行したというのは、明らかに行き過ぎだった。のみならず、純粋芸術家が単身で前衛を気取るのとは桁違いの関門が——企画説明に会議に裁決に——たくさんあったにもかかわらず、それらがすべてクリアされてしまった。その集団的努力の結実ぶりは、まさに「暴走」の最たるものと言えるだろう。

第7章
エンドレスエイトの動揺

「いや、まだまだでしょ……」

第1節 一万五千四百九十八＋十七＋十七＋十七など――可能的エンドレスエイトII

省エネ貫徹戦略

もっと穏健な楽しい実験作に出来たのに、どうしてあのような奇形が生み出されてしまったのかという無念の数々を見てきた。つまり実験作として過剰な側面をいくつも見てきた。

ところがよく考えてみると、「エンドレスエイト」の実験性が「過剰」に思われてしまうのは、あれが逆に「不徹底だった」からではないか――そんな疑いも湧き起こるのである。もっと徹底してしまえば事情が違ったのに、中途半端に標準アニメの域にとどめたがゆえに、標準的判定基準がせり出して実験の無謀ぶりが際立ってしまったのではないか、と。

確かに、突き抜けた試みであればかえって自然な印象をもたらし、「やりすぎ感」を感じさせないということはある。「大衆は大きな嘘ほど簡単に信じる」というヒトラーの言は、芸術の実験性についても当てはまりそうなのだ。たとえば、五十二拍の同一モチーフを八百四十回繰り返すエリック・サティの「ヴェクサシオン」は、なまじわかりやすいメロディがあるぶん単調かつ退屈に感じられる。ラヴェルの「ボレロ」くらいメロディが複雑になればいくら繰り返されても退屈でなくなるのは当然として、逆にラ・モンテ・ヤングやフィル・ニブロック、アルヴィン・ルシエらのドローン音楽くらい平坦になってしまえば、メロディもリズムも皆無であるため、単調とか退屈とか感じられない。単調さや退屈さとは縁のない領域に入ってしまうのだ。むしろディープな意識を喚起し、音響フェティシズムを覚醒させ、いつまでも聴ける。それと同じことが、「エンドレスエイト」の退屈さにも言えはしないか。「ヴェクサシオン」的な不徹底さが、苛立たしい退屈さの元凶だったのではないか、と。

「エンドレスエイト」は、所期のコンセプトを徹底させれば、あの「物理的誤謬」「ジャンル的誤謬」「芸術学的誤謬」「解釈的誤謬」のすべてまたは大半に引っかからずに済んだ可能性が高い。娯楽定位の健康なアニメファンを普通に相手にするのをやめた勢いで、アートかぶれの芸術哲学者をも唸らせる掟破りへ突っ走ってしまうというやり方だ。

つまり「エンドレスエイト」は、「サティ症候群」に冒されていた。もちろん徹底した実験に突っ走れなかった深層の原因は、［サプライズ→サスペンス→カタルシス］狙いという事情である。もともとその「絶妙パターン」で視聴者を唸らせるという視聴者サービスの動機に駆り立てられたがために、その実現に必要または最適だと制作委員会が錯覚した極端なEシークエンス反復が、結果として「実験第一主義」のように見えているにすぎない。主たるモチーフは非実験的な作意だった。視聴者サービスがベースにあるので、実験に徹底できなかったのは当然なのである。

しかし出来方はどうあれ、出来た結果が芸術の場合すべてだ。とくにアニメのような娯楽芸術では。しかも、Eシークエンス尽くしのもともとの狙いはどうあれ、途中から実験そのものが多かれ少なかれ目的化したことは事実だろう。反復が論理的目的ではなかったにせよ、少なくとも意識上の目的になってしまったのだ。それゆえ「制作側がもっぱら実験芸術を意図してあの暴走を企てた」という前提のもとで論じ続けるのは妥当だろう。[*125]

さてそれでは、「エンドレスエイト」のどこが不徹底だっただろうか。

第一に、八回とも使いまわしなしですべて新作を作ったというあの作法が、しばしば称賛される反面、逆に胡散臭いと一部ファンから思われている。アングル、キャラクターの服装、立ち位置、セリフのタイミングや単語がちょっとずつ異なるというあの丹念さだ。

細かい差異をオタクの動体視力で弁別してもらう、という趣向はそれなりにオタク魂にアピールするところがあったかもしれない。しかしそんなジグソーパズルのような間違い探し的鑑賞はセンスオブワンダーに欠け、凡庸で味気なく、機械的かつ受動的すぎて創造性が薄い。ハルヒファンのスレッドでも「アニメの楽しみ方としては底辺じゃないのかそれ　最下層めｗ」と突っ込まれるレベルにすぎない（123：Ψ：2009/07/14（火）01:52:52 http://anchorage.2ch.net/test/read.cgi/liveplus/1247490321/）。しかも微妙な違いをつけることが、リアリティを減殺する要因にもなっているのだった（水着のバラエティの不自然さについて第4章で見たとおり）。半端な映像サービスが空回りして、全体の平板さをむやみに増幅してしまったのである。

にもかかわらず各回の違いをなまじ比べたいがために真面目に視聴を続け、退屈してしまったファンは多かったに違いない。インパクトある実験芸術へ向けて腹をくくった視聴者としては、「エンドレスエイト」はむしろ次のようにしてほしかったではないか。

ループについて話し合う深夜の集合場面なしの「Ⅰ」と、アタリのセリフが発せられる「Ⅷ」以外の六回は、まったく同じ画像と音声を使いまわす。必要な変更（深夜の集合場面で長門が語る数字）以外の部分はすべて同じ画像・音声で放送する。

つまり、間違い探し的な鑑賞すら許さず、完全に機械的なコピーの繰り返しとするのである。完璧なコピーは、「エンドレスエイト」におけるリセットのキツさを考えれば不自然ではない。同一の初期状態に戻るならば、ミクロレベルまで同一の歴史になってもおかしくないからだ。バタフライ効果を無視した「物理学的誤謬」も解消される。

もともとオタクコンテンツでは、同一シーンの使いまわしは珍しくない。特撮ヒーローの変身シーンなどお決まりの場面は、たいてい使いまわしである。スーパー戦隊ものにいたっては、毎週正味約二十二分のうち変身・合体・決めポーズ・必殺技などの五分くらいは同じフィルムの使いまわしなのだ（岡田 2008b、一八一頁）。そうした手法の拡張として「エンドレスエイト」が全編使いまわしで放送されたなら、「あの種のコンテンツ」に対する辛口の批評的意義を帯びることになり、大ウケだったかもしれないではないか。

もちろん、完全コピーの反復と分かった時点で視聴者はまともな視聴をやめただろう。換言すれば視聴モードを変えただろう。それこそ宿題をやりながら観るとか。放送時間を別のことに有意義に使えるから、「エンドレスエイト」の機会コストは日常経験並みで済む。ながら見でもループ抜け直前でどうせ音楽などが盛り上がるから、そこで急いで鑑賞モードの視聴に戻ればよいのだ。損

＊125　作品をどのジャンルに属するものとして提示したか（作者は作品がどう扱われることを望んだか）についての「作者の意図」については、第8章で論ずる。レヴィンソン 1996 の「範疇的意図」「意味論的意図」の区別も参照。

「いや、まだまだでしょ……」

失を被らずに実験アートのムードに接することのできた視聴者は「妙なアニメ見ちまったな……」と適度に感心しながら、それなりに評価する気にもなるだろう。

この「機会コスト節約型・完全コピー八連発」ができなかった時点で、「エンドレスエイト」は常識の枠にとどまってしまった。実験として腰の引けた代物になってしまった。「毎回描きおろしの手間かけましたから。手抜きじゃありませんから」と弁明する逃げ道を用意してしまった。実験精神に自信があるなら、無駄に迎合的な労力を費やさず、「普通のアニメ」からの完全脱却を遂げるべきだった。

全回使いまわし……「それほどの手抜きはいくら何でも」と思われるかもしれない。全回使いまわしはもちろん非常識だろう。しかし非常識といえば、「エンドレスエイト」はすでに「やりすぎ」を幾通りもの仕方で実行してしまっていることを前章で見たばかりだ。Eシークエンス以外を描かないどころか、風船配り以外のバイトの日を入れることすら拒むなど、わざと視聴者を退屈へいざなう確信犯罪へすでに踏み出している。そこまで踏み込んでおいてなぜ突き抜けないか、寸止めするか、それでは生殺しだろう、ずるずるの機会コストをどう償ってくれる、という話なのだ。

コンセプト定位のアートにとって、技術的達成のための伝統的労力は不要どころか、価値実現の妨げになる。デュシャンの『泉』に比べてアンディ・ウォーホルの『ブリロ・ボックス』がつまらないのは、いたずらに手作りだからだ。『泉』はただの既製大量生産品の便器にすぎず、デュシャンはそこにサインをするという最低限の労力を施したにすぎない。それに対して『ブリロ・ボックス』は、モデルとなる食器洗いパッドの外箱とそっくりに、ただし紙ではなく木の箱にシルクスクリーンで印刷しペンキ彩色を補ったものである。この作品は一九六四年に一度に百二十個展示され、今はあちこちの美術館に所蔵されているが、来館者に「手作りなんですよ」と説明せずにはいられない学芸員が多いらしい。手作りだから何だというのか。外観が食器洗いパッド外箱と見分けがつかないというのが『ブリロ・ボックス』のポイントなので、「手作り」の強調は的外れである。スーパーマーケットの倉庫に積まれているあれらは芸術でないのにこちらは芸術であるのはどうしてか、そう問いかけるところに『ブリロ・ボックス』の本質がある。物理的性質でのアピールではなく概念的思考を眼目とする芸術作品なのだから。

この芸術的革新は、五十年前にデュシャンが提示したレディメイドによってすでになされていた。しかもはるかに過激な形で。『泉』のようなただのレディメイドに比べると、「手作りの技術的労力」という不純物が加わったぶん、『ブリロ・ボックス』は中途半端な二級品なのである。もちろん、ヨーロッパにはないアメリカ独特の「通俗性の強調」「大量消費への風刺」といったポップアート特有の意義が『ブリロ・ボックス』に認められることは確かだが、そんな社会的意義はすでに他のポップアート作品によって開かれた背景に溶け込んでおり、『ブリロ・ボックス』独特のメタ芸術的コンセプトを濁らせるもう一つの不純要素となっているにすぎない。非芸術を芸術化する革新として見れば、もともとパッケージデザイナーが作ったタイトルつき商品を模造するよりも、通俗性やデザイン性が問題にすらならない「便器」というむき出しの日用品レベルでアピールした『泉』の方がすでにずっと前方を歩んでいた。

ウォーホルの場合はすでに二番煎じだったので、『泉』との差別化を図るには「大量生産の手作り反復」や「消費社会の体現」といった付加価値に頼るのも仕方なかったとも言える。*126 しかし「エンドレスエイト」の場合は二番煎じではなく、この種の（おそらく）史上初の試みだったのだ。堂々と胸を張って「寸分違わぬコピーアニメ八回放送」をやればよかった。コンセプトで一本取っているのだから、美的表現と技術的主張の部分は全面排除で貫くべきだった。

下手な伝統的手作りの努力が「エンドレスエイト」の肝心のコンセプトを弱め、不評のもとにもなったのである。「寸分違わぬ八回放送」にまでぶっ飛んでいたら、半端な苦情を述べた人々のうち八割はただ絶句しひれ伏していただろう。退屈するしないの次元の話ではない、というフレーミング（土俵設定）が否応なく理解されたはずだから。

完全使いまわしの度胸がないなら、本編は完全使いまわしのうえで、タイトル文字や音楽など虚構世界の出来事に直結しない表現だけを変化させておくやり方もある。「再放送と完全ループとの違いって何だろう……」とかなんとか、真面目な視聴者を考え込ませる効果を生んだに違いない。

あるいは、「基本的にすべて使いまわしにしたうえで、各回、どこか一か所か二か所だけ違えておく」という手もあった。本当の間違い探しにするのである。実際の「エンドレスエイト」は、各回が全面的に異なっているため、本当の間違い探しが成り立たない。ごく少数の違いだけを忍び込ませておけば、真っ当な間違い探しパズルとして盛り上がった可能性は大きい。とくに子どもたちの遊び心を掴んで、十年後の次世代ハルヒブームを大いに盛り上げたのではないか。

ちなみに、「使いまわしのうえで数か所違いを」というやり方は、第4章で見た「物理的誤謬」と「ジャンル的誤謬」を避ける名案でもある。つまり、「バタフライ効果なしという不自然さ」「シミュレーションのフィクション的再現の不自然さ」を除去する名案になっている。なぜなら、ミクロの初期条件が同一であればバタフライ効果が起こらないし、にもかかわらず点在する例外的違いの部分は「バグ」として処理できるからである。[*127] そう、自動ループの各シークエンスは完全コピーなのだが、ノイズの位置だけ異なるというのは自然なのだ。傷ついたＬＰレコードが毎回まったく同じフレーズを繰り返しながらところどころホコリの雑音だけが異なる――そういった実際に経験することも珍しくない種類のループなのだから。そういう理解で、同一シークエンスの繰り返しは自然に受け入れられるようになる。[*128]

浪エネ戦略へ

同一シークエンスの反復は、今見たようなフィクション的トッピングで色付けするかわりに、シ

＊126　この点においても、むしろ二番煎じなりに本当の二番煎じに徹した方が興味深い作品になったに違いない。すなわち、既製品のブリロの箱にサインしたものをただ置くなど。「レディメイド芸術をレディメイドとして持ってきた」という身振りが強調され、メタレディメイドとしての理屈がまた大量生産されたはずだ。

＊127　量子力学に即するなら、ミクロ的初期条件が同一だからといってマクロ的同一展開になるとは限らないが、同一であるぶんには視聴者の物理学的直観は阻害されない。ミクロ的差異があるのにマクロ的同型が保たれる、という「エンドレスエイト」の直観的不自然さが回避されさえすればエンタテイメントとしては十分である。あるいはそれ以前に、そもそも完全使いまわし表現では「純粋に表現だけがなされている」と了解されやすいため、リアリティ（世界描写）は問題化されない可能性が高い。

＊128　初回と最終回の「気づきなし」「ループ脱出」という例外的マクロ逸脱は問題含みだが、こじつけの解釈（量子効果の拡大とか）のサポートを得られずとも、（前注で付け加えたように）完全コピーがベースならリアリティ上の問題視はなされないだろう。

ミュレーション的変異を手作りで行なうこともできる。すなわち、まったく同じ絵を毎回描きおろすのである。実際の「エンドレスエイト」は服装やアングルの違いをトップダウンであてがった描きおろしだったが、そうではなく完全に同じ構図で、服装・表情などミクロな細部まで可能な限り同じ絵をすべて八回新作で描きおろすというやり方。「精一杯コピーしようとしてもどうしても輪郭の違いが生じてしまう。人体生理の限界からくる意図せぬブレを楽しもう」というコンセプトだ。[*129]

その提示法なら、「自然発生的間違い探し」「天然間違い探し」の醍醐味がもたらされるだろう。「同じ声優が八回同じセリフのセットを繰り返しただけでなく、もしかしたら同じ描き手が八回同じ絵を描きつづけた」という徹底反復の感慨も醸し出されるだろう。「使いまわしかと思ったら実は同じ絵を毎回すべて描き直していた！」という事実がふと発覚した瞬間には少なからぬ感動が生ずるだろうし、「構図案を毎回用意するのを怠けておきながら作画で無駄に働いている。省エネなの、浪エネなの、どっちなの」といった不条理感も輝きを放って、鑑賞者の意識を物語内容から制作論へと完全に逸らすことができる。鑑賞者の目を絵柄表面に引き付けて、内奥の物理学的不自然さをなかったことにできる確信犯罪の完遂というわけだ。

省エネ方針の自己攪乱としては、次のようなもっとリアリスティックな提案も傾聴に値する。

「エンドレスエイトは、絵を全部使いまわしにして、キョンの語り部分を全部毎回別の各主要キャラの語りでやれば良かったんだよ。これなら毎回全く別の話に思えるし、順番を工夫すれば前の回で不自然に思ったキャラの行動が、その次の回でそのキャラが自ら語ることにより明らかになる。そして絵は書き直す必要がない（笑）昔「東京大学物語」で江川達也がやってた手法だけど、かなり面白かった」（「エンドレスエイトについて語るスレ」646：ななしのよっしん：2011/07/06 02:13:01）。――この試みだと脚本は新たに書き下ろさねばならなくなるが、作画の手間を省けるぶん、かなりの省エネになる。

さて、以上の指摘は基本的に「無駄な労力や意匠を省け」だった。逆に、「労力の費やし方が足りない」という批判も可能である。不評を承知の実験をぶちあげるには、どちらかに突き抜けないと見苦しくなる。省エネに徹するか、浪エネへ突き抜けるか。では浪エネへ突き抜けるとはどういうことか。そう、いうまでもなく「たった八回でやめるな。一万五千五百三十二回ぜんぶやれ！」ということである。

これはもちろん「長門の経験を正確に追体験するために」ではなく、実験として筋を通すためである。「あれだけファン心理を逆撫でしておきながらたった八回で終えるとは何事か。腰が引けているとしか言いようがない」――そんな批判の余地を封じる徹底実験へ突き抜けるのだ。一万五千五百三十二回放送が物理的・経済的に無理であれば、テレビでは八回で終え、並行してネットで一万五千五百三十二回配信し続ける手もあるだろう。もちろん浪エネを誇示するため、各回すべて新作でだ。

＊129　同一脚本による演劇の複数上演の妙味がこれに当たる。第4章第2節参照。同一の上演でこの偶然性を直接利用した例として、多田淳之介の『再生』（二〇〇六年）がある。三十分の話を三回繰り返すものだが、肉体の限界により正確な反復はできず、音楽の中途消去により役者の疲弊が露呈されたりする。完璧コピーができるのにあえてやらなかった「エンドレスエイト」とネガポジ関係にある作品である（東 2017）。

その一万五千五百三十二回は、テレビ放送版のように日々の出来事の時間帯を選択的に切り取るのではなく、実時間をそのままワンカットで表現するのがよい。二十四時間すべてを二十四時間かけてフォローするということだ。つまりキョン視点で六百三十八年と百十日ずっと配信し続けるのだ。睡眠中はずっと画面を黒くしておくか、ときおりレム睡眠時の夢として漠然たる映像と音声が現われるというのがよいだろう。

これは皮肉で言っているのではない。べつだん無理な注文ではないだろうからだ。現実にその種の長期間上演が実行されている例がある。ジョン・ケージの一九八五年作曲作品『Organ^2/ASLSP（できるだけゆっくりAs Slow as Possible）』は、まさに演奏が六百三十九年かかる作品であり、実際にいま演奏され続けている。[*130] 二〇〇一年九月五日（ケージ没後十回目の誕生日）にドイツ、ハルバーシュタットのブキャルディ廃教会で演奏が始まり、二六四〇年九月五日に演奏終了予定。楽譜は冒頭はずっと休符なので、最初の音が鳴ったのが演奏開始後十七か月後であり、その最初の和音（二十九か月持続）はウェブサイトで生中継された。鑑賞したい人は、現地の演奏会場へ入退室するのは自由なので、訪れてみるとよい（ちなみに演奏者はおらず、オルガンを奏でるのは自動送風機である）。

「エンドレスエイト」は原作ではループに含まれるシークエンスが一万五千四百九十八回だったが、アニメでは一万五千五百三十二回に増やされた。それによって描かれる期間が六百三十八年と百十日になり、『Organ^2/ASLSP』の六百三十九年とほぼ一致することになった。制作委員会が『Organ^2/ASLSP』を意識したことは明らかである。

ただし、原作でもアニメでもともに、キョンのモノローグはループ回数×十四日（二週間）で計算しており、「エンドレスエイトⅡ」で「五百九十四年」、「Ⅷ」で「五百九十五年」と言っている。正確には、十七日朝から三十一日真夜中まで、すなわち十五日をかけるべきなので、「Ⅱ」で「六百三十七年」、「Ⅷ」で「六百三十八年」と言うのが正しい。キョンにあえて『Organ²/ASLSP』からズラした発言をさせる意図は不明であり、制作委員会がどこまで『Organ²/ASLSP』を意識していたのか、検証の必要はある。とはいえここまで近似的な一致が見られるのだから、『Organ²/ASLSP』に「エンドレスエイト」が発想上無関係ということはないだろう。

ちなみに、原作の一万五千四百九十八回に十七回を足し、さらに十七回を足すと、アニメの一万五千五百三十二回になる。そこへさらに十七回を足すと、『Organ²/ASLSP』の六百三十九年にぴったり一致する。

一日の狂いもない。

十七を三回加えるという操作に、何か意味があるのだろうか？

＊130　六百三十九年という時間は楽譜にはなく、作曲者は単に「できるだけゆっくり」と指定しているだけである。ブキャルディ教会にオルガンが設置された一三六一年から、演奏開始時の二〇〇一年までの時間が六百三十九年であることからこの演奏時間が設定された。同じくケージの作品として最も有名な無音の楽曲『四分三十三秒』も、演奏時間や楽器の指定はなく三つの楽章がどれも休止という作品だが、初演のときデイヴィド・チューダーがたまたま四分三十三秒かけて演奏したため、それが曲の通称となった。正式には演奏ごとの所要時間をそのつど曲名とする指定になっているが、初演以降の演奏も四分三十三秒に統一される傾向があるようである。なお、世界最長の曲はジェム・ファイナーの『ロングプレイヤー』で、二〇分二〇秒の曲をもとにコンピュータ演奏で千年かかる。二〇〇〇年一月一日に世界各地で演奏が始まっており、反復無しで二九九九年十二月三十一日まで続き、始めに戻ってさらに続くことになっている。

そして、六百三十九年にぴったり一致する「一万五千五百四十九回」にしなかったのはなぜだろう。二百五十五日分つまりちょうどシークエンス十七回分減らしておいた理由は何なのだろう。一万五千五百四十九マイナス十七。モデルとの差が微小であるのにゼロではない、というこの中途半端さは、あの「宇宙定数Λ」を思い起こさせるではないか。いわば「実験が中途半端であること」を制作陣自ら十七という微差で表明しているとでもいうのだろうか？

ループ開始日が八月十七日。だから十七なのか。しかしそれだけだろうか。

十七は素数。谷川流によるハルヒシリーズ最新短編「あてずっぽナンバーズ」（『いとうのいぢ画集 ハルヒ百花』二〇一三年）でも「三つの素数の乗算解」がオチに使われているが……？

いやそれよりも、十七といえばたしか、デュシャン自身が認定した『泉』のレプリカが、世界中に十六個あったはずだ。紛失したオリジナルと合わせて十七。

エンドレスエイト＋デュシャン×3＝ケージ？　原作者はそんなことまで考えていたのだろうか?!

さらに言うと――、第Ⅱ期枠の残りを総エンドレスエイトにすれば、第十二話〜第二十八話、ちょうど十七回になっていた！

六百三十九年と十七をめぐるこの幾重もの数字的符合。そういうことで騒ぎ立てるのは、怪しげな数秘術のたぐいだと思われるだろうか。実は数秘術そのものが、「ディラックの大数仮説」という形で「人間原理」の発想の源になっていた。[*131]　つまり『涼宮ハルヒシリーズ』はその構造上、作品解釈に数秘術が使われうることを自ら前提した、自己解釈的作品なのだ。[*132]

いずれにせよ原作の時点で著者が『Organ^2/ASLSP』を意識していた可能性はきわめて高い。[*133] ならばなおさらアニメ版は『Organ^2/ASLSP』に倣うべきだろう！　すでに八回もやった以上、そこで止めずに一万五千五百三十二回全部をアニメ化し放送し続けるべきである。

微差を伴いつつ千篇一律の「エンドレスエイト」が日常の風景になってゆく。天気予報やラジオ体操、あるいは時報のように、二十一世紀弓状列島の夏の風物詩を七世紀にわたって伝え続ける。もはや話題性を失っても、誰も見なくなっても、細部に凝った新作映像が代々むなしく作り継がれ電波に乗って時を刻んでゆく。ときおり「あ、まだやっていたのか……」と気づかれてはまた忘れられながら、淡々と、わび・さびの極致か悟りの境地か、芸術というよりほとんど宗教的な究極理念へ接近してゆく。

あるいは天気予報やラジオ体操や時報とならんで実用の世界に溶け込んで、「今日のエンドレス

＊131　正確には、大数仮説への反論から「弱い人間原理」の先駆的発想（Dicke 1961）が生まれた。なお、科学史上における数秘術の典型例が、『ハルヒ』オープニングアニメに出てきた「ティティウス・ボーデの法則」（第3章第3節参照）である。

＊132　数秘的仕掛け（?）の一例として、88∞88がある。II期本放送で、8月8日に∞8（エンドレスエイト）第8回が放送されたのである（東京、神奈川など）。

＊133　原作者もアニメ制作陣も『Organ^2/ASLSP』との年数的一致をあえて伏せている理由は、オタクとサブカルの暗黙の対立に関係するかもしれない（注＊13、＊27、＊38、＊53参照）。前衛音楽などというアカデミズム領域に色目を遣っていたことがバレた日には、コアなオタク層から愛想を尽かされてしまう恐れが無意識裡に感じられたのではなかろうか。にもかかわらず年数的一致を仕掛けるだけでは飽き足らず強化せずにいられなかったところに、『ハルヒ』制作陣の秘めたる強固なアート志向（オタク的サブカル化）が仄見える。

エイト」が占いや健康診断に使われたりするかもしれない。日々手作りのアニメが悠久の時を刻めば、廃墟でのオルガン自動演奏なんぞをはるかに凌ぐ環境芸術最高ステージに達するはずである。

そういったわび・さび系を質素に決め込むかわりに、もっと通俗の賑やかな風景だって想像できる。六百三十八年百十日リニアに続けることが実質無理ということなら、インターネットのサイト百個ほどで同時配信していけばよいのだ。六年ちょっとで完走できる。配信終了と同時に順次ウェブから削除していけば、「全部観たいのに観れなかった！」と苦情を言う熱心なファンが必ず現われる。あの「エンドレスエイト」が渇望の対象になるのだ。素晴らしいではないか。

全話保存しても等倍速で見通せるだけの寿命を全うする個人は存在しないが、マルチビジョンや十倍速、あるいは家族手分けで全話コンプリートという猛者は必ず現われるだろう。エンドレスエイトコンプリートがオタクの至上のステータスとなり、保存された動画ファイルが高値で取引されたりもするだろう。アングル違いの「幻のカット」をいくつか流通させてコレクターの競争を誘ってもよい。無数に飛び交うＭＡＤムービーの中から、オリジナルバージョンを選り出す技も洗練されてゆくに違いない。

今からでも是非やっていただきたい実験だ。二次創作でではなく、公式で。『Organ²/ASLSP』を思わせる数字にわざわざ合わせて原作改変的実験を始めた以上、制作委員会には実験を全うする義務があるだろう。

付帯状況b　環境要因

というふうに、以上、「エンドレスエイト」の「動揺」すなわち「暴走の不徹底ぶり」を二種類挙げてきた。省エネの不足と、浪エネの不足である。「エンドレスエイト」の動揺（不徹底）は他の場面にも見られる。徹底するにはどうあるべきだったか、一つ見逃されやすい重要な可能性を挙げておこう。

これまで論じてきた事柄は、作り手側の責任を問うものばかりだった。しかし、受け手側の「動揺」もまた「エンドレスエイト」の中途半端ぶりに加担していたのである。「エンドレスエイト」そのものが実際のあのあり方のままであっても、受け手側の反応次第では、「エンドレスエイト」の属性が大幅に改善されていただろうということだ。具体的には、たとえば次のような事態が生じていたら、「エンドレスエイト」は実験として成功だったと言えるはずだ。

・テレビ放送が大ウケにウケて視聴率が上がった。
・「エンドレスエイト」の巻からＤＶＤ売り上げが倍増した。
・ただちにキー局のゴールデンで一挙再放送が実現した。
・デュシャンの『泉』が芸術界において占める権威的高ポジションを「エンドレスエイト」がアニメ界または芸術界において占めてしまうほど批評や議論がネット外でも盛り上がった。
・本書のようなエンドレスエイト研究書が多数出版された。

「いや、まだまだでしょ……」

……等々、ともかく「エンドレスエイト」ゆえに『ハルヒ』がさらに大好評をもって迎えられるという現象がもし起こっていれば、実験芸術として徹底できたと言えるだろう。

『ハルヒ』のようなメディアミックス型プロジェクトアートを完成させるには、制作委員会や各メディアのプロモーターだけでなく、受け手——視聴者、二次創作の作り手、批評家——の参与が占める比率がもともと大きいはずである。「エンドレスエイト」は前章で見たようにすでに十分に非常識な大実験だった。それが「超・非常識大実験」として暴発せず適度に非常識な大実験にとどまってしまったのは、「エンドレスエイト」の不評という、受け手側の「常識的な反応」「穏健かつ無難な対応」のせいでもあった。

我々ユーザが常識的すぎたことが、プロジェクトアート『ハルヒ』のエンドレスエイト部門を不徹底にとどめた最大の原因なのである。

実のところ「エンドレスエイト」は、二十世紀最大のアートとされる『泉』に比べても、潜在的な革命性はいっそう大きいと言ってよい。「商業的娯楽産業において大々的にやってしまった試み」という点で、非常識度のはるかに高い企画だったからだ。身軽な一芸術家のありがちな冒険程度のものではなく、いくつもの企業のトップが承認して、鉄板コンテンツをわざわざ潰すリスクを冒して金と労働を投入した大プロジェクトだった。にもかかわらず、あのお手軽な『泉』を超える評判や評価を「エンドレスエイト」が得る兆しは見えてこない。ローカルなスキャンダルを超えて大ブレイクするという「受け手側の非常識な反応」があの便器を大暴走の域に押し上げたのにひきかえ、「エンドレスエイト」は平凡な不評にさらされたままで推移したため、大暴走の域にとどまっているのである。

ともに「大暴走の域」。そう、「エンドレスエイト」は『泉』と同程度の芸術的価値を持つ作品だと言える。「エンドレスエイト」は、「制作の直接費用だけでも億単位の金がかかり、間接費用とプロジェクト全体への影響を合わせるとその何十倍にもなる娯楽産業で実行してしまった」という核心において『泉』をはるかに凌駕していながら、歓呼をもって迎えるブッとんだ受け手（批評家でもオタク大衆でも）に恵まれなかった点で、はるかなる劣後に甘んじた。それぞれ相殺して互角といったところだ。繰り返せば、「エンドレスエイト」は総じて『泉』程度の芸術作品である。そう評価するのが妥当だろう。

第2節　「高次の動揺」の宇宙的意義

本章で見てきたのは、「エンドレスエイト」の中途半端性だった。作品の実験的表現として八回反復というやり方は「暴走」していながら突き抜けられずに「動揺」している、つまりやりすぎていながら腰が引けている、という中途半端性である。

「傍若無人な暴走」と「ためらいがちな動揺」との間で「動揺」しているという、いわば「高次の動揺」が見られると言ってもよい。

この高次の動揺——ただの中途半端ではない微妙な中途半端性について、何かピンと来ないだろうか。

そう、「人間原理」である。——すでに『Organ²/ASLSP』との年数一致のところでネタバレしておいたわけだが。

とりわけ、宇宙定数の不思議を思い出そう。知的生命の進化に適したように微妙に調整されているにもかかわらず、最適に調整されてはいないという……。宇宙定数の不自然な値の根拠は、マルチバースにいる全知的生命体の多数派に我々が属するはずだという、単に確率的な事柄のみ。それが「強い人間原理」だった。

「エンドレスエイト」は、芸術論を人間原理的に再構成するきわめて重要な事例なのだ。

実はここまでずっと、人間原理の枠組みで議論が進んできていたことを確認するために、次の二つを対応付けておこう。

・「暴走しながら動揺している」という前章・本章で確認した「エンドレスエイト」の中途半端性（作品としての存在の中途半端性）

・第4章で「物理的誤謬」「ジャンル的誤謬」としてとりあげた属性「シミュレーション（バタフライ効果そのまま）とフィクション（バタフライ効果微調整）の間のちぐはぐ感」（内容・表現の中途半端性）

この二つは、同じものである。「暴走しつつ動揺」「なぜだかバタフライ効果消滅（シミュレーションなのにフィクションで）」という二面にして同根の特徴が、ともに「エンドレスエイト」の不評の大きな原因になっているのである。

　アニメ制作の暴走と動揺は、それぞれ、ループに起こりやすい様態の確率に対応している。アニメのような娯楽産業で確率的に起こりにくいはずの暴走が起きたと判定されるのは、ループでは確率的に起こりにくいはずの「マクロに同型」のＥシークエンスが八回も放送されたからだった。では、暴走しておいてなぜ徹底できなかったか。その疑問のもとは、マクロに同一反復というループではこれまた確率的に起こりにくいはずの「ミクロに変異」という娯楽味をつけてしまったからだった。

　さあ、ここで人間原理の出番である！「不徹底なやりすぎ」のちぐはぐ感は、まさにあの宇宙定数の不可解さそのものなのだ。

　宇宙定数の最有力候補は、量子力学から導かれる真空エネルギーだった。宇宙定数がもしゼロであるなら、正エネルギーと負エネルギーの相殺ということで、数学的に納得できる美しい法則となる。もしゼロでないなら、相殺しない場合に起こりやすい真空エネルギーの標準的スケールとして高確率の値ｘが計算ではじき出される。ところが実際に宇宙の加速膨張観測から導き出される宇宙定数は、ｘよりもなんと百二十桁も小さい。そんなに小さいならなぜゼロでないのか。そしてゼロでないならなぜそんなに小さいのか。どうしてそんな中途半端なのか、という謎だった。

　「宇宙定数ゼロ」を「マクロにだけでなくミクロにも同一のループ（徹底した使いまわし）」と読み替えよう。

「理論的に確率の高い宇宙定数の値x」を「ミクロにだけでなくマクロにもばらけるループ（多彩な表現）」と読み替えよう。

「観測される宇宙定数」を「Eシークエンス」と読み替えよう。

以上三つの読み替えにより、宇宙定数問題と「エンドレスエイト問題」の構造が同一であることがわかるだろう。厳密ループ（徹底した実験）と、バタフライ効果（通常の娯楽表現）。この二つが理論的または確率的に起こりやすいはずの事象だった。しかし現実には宇宙定数は「$x/10^{120} \neq 0$」という中途半端な値をとり、「エンドレスエイト」は「マクロに同一・ミクロに変異」つまりEシークエンスの反復という不徹底な形をとった。

言い方を変えてみよう。

「宇宙定数ゼロ」を「アニメにあるまじき奇特な実験に走った場合のエンタメ度」と読み替え、「理論的に確率の高い宇宙定数の値x」を「アニメにありがちなエンタメ度」と読み替える。伝統的な娯楽度をきっぱりゼロにできないなら始めから実験なんかするなよ、申し訳ばかりの手作りエンタメ色を残したのはなぜ？　……というわけだ。

以上の構造的対応は、単なる知的体操ではない。「エンドレスエイト」の解釈と評価に重大なマルチバース事情を刻み込む対応なのだ。[*134]

ただそこへ至る前に一つ課題が残っている。「エンドレスエイト」への芸術的な評価が、これまでもっぱら否定的なニュアンスで推移してきたからだ。

「エンドレスエイト」は、否定的に評価するしかない作品なのだろうか？　もっと肯定的に評価できるような評価軸がありはしないだろうか？　まだ取り上げていない重要な芸術学的視点がありうるならば、そこからの確認的再判定は不可欠だろう。それは、「エンドレスエイト」をどの芸術ジャンルに帰属させるのが適切か、という問題である。

——あれは果たして、「アニメ」としてのみ評価すべき作品なのだろうか？　評価のカテゴリを変えてみたらどうなのか？

＊134　予告的に述べておくと、人間原理（宇宙定数問題）とループとの比較考察から第9章の「エンドレスエイトの物語構造上の重大解釈」が編み出され、人間原理（宇宙定数問題）と芸術実験との比較考察から第10章の「エンドレスエイトの歴史哲学的重大評価」が生み出される。

第8章

エンドレスエイトの陰謀

「この手でどうだ……？」

第1節　ミニマルとコンセプチュアル

知覚とコンセプト

前章で「エンドレスエイト」の性格を浮かび上がらせるために、デュシャンの『泉』、ウォーホルの『ブリロ・ボックス』、ジョン・ケージの『Organ²/ASLSP』などを引き合いに出した。あれらは、「コンセプチュアルアート」に分類される作品である。コンセプチュアルアートは二十世紀を代表する前衛アートの一潮流だが、他の前衛アートの流れと影響しあいながらも、はっきり異なる重要な特徴を持つ。それは、「現物鑑賞の否定」あるいは少なくとも「放棄」である。

前衛アートとしてくくられる二十世紀以降の美術潮流をざっと挙げてみると――、ピカソやブラックなどのキュビズム、破壊的衝動を賛美するダダイズムや未来派、絵具をカンバスに垂らしたり散らしたりするアクションペインティングなどの抽象表現主義、無意識や偶然性に重きを置くシュールリアリズム、広告・マンガなどを取り入れ大量消費社会を体現したポップアート、ごく単純な形象を提示するミニマルアート、広大な自然環境を素材とするランドアート、廃棄物を寄せ集めるジャンクアート、死体・臓物・血をまき散らしたり自傷行為を行なったりするウィーンアクショニズム……、音楽では十二音音楽、セリー音楽、ミュージックコンクレート、偶然性の音楽、ミニマルミュージック、ノイズミュージック……。

多種多様な形で従来の芸術の常識をひっくり返そうとした試みがひしめいている。だがそのどれもが、「知覚的経験によって鑑賞者を刺激する」という点では伝統的芸術と違わない。つまり、作品に結晶した個別の色・形・音・肌理・動きなどを体感することは必須である。前衛アートは、そうした知覚的性質の内容や実現の仕方として新しさを追求し、それまでの芸術にはなかった知覚的経験の発掘を目指したのである。

それに対してコンセプチュアルアートだけは、「新しい知覚による芸術」を目指さない。そのかわり、「知覚そのものの役割を芸術から追い出す」ことを意図した。色や形や音などの知覚的性質はもはや芸術作品にとってどうでもよいというのだ。「これこれのことをした」「これこれのものを芸術として提示した」ということ自体について鑑賞者に考えさせること、つまり「芸術って何だろう」と考えさせることが目的である。したがって、没入できるような美的経験は一切与えず、ひたすら概念による思考を喚起することに専念する。

ちなみに、知覚でなく概念に専念するということなら、伝統的に文学がそうではないか、と言われるかもしれない。しかし文学作品は、概要・あらすじ・コンセプトを掴んだからといって鑑賞できたことにはならないだろう。原作品の一字一句に触れて、作品世界を想像するという「派生的な知覚経験」が求められる。その点で、文学とコンセプチュアルアートは異なるのだ。

便器を買ってきて展示したんだって、と言えばデュシャンの『泉』のすべてが伝わる。実際に見に行けと勧める意味はない。展示物そのものには価値がない。

ピアニストが舞台に出てきてピアノの前に座り、鍵盤に触れずじっとしていて、しばらくして退場するんですよ、と聞けばケージの『四分三十三秒』のすべてが伝わる。実際にコンサートを見に行ったりCDを聴いたりしたからといって作品の理解が深まるわけではない。『Organ^{2}/ASLSP』にしても、演奏会場に行ってみたところで和音が持続しているか無音かどちらかで、知覚的に意義ある音楽鑑賞の体を成しはしない。そもそも作品全長を一人の人間が体験することは生物学的に不可能である。「こういうことを芸術としてやってるんですけど。どう思いますか？」という概念的アピールがすべてなのだ。

『泉』のオリジナルの便器はすぐに紛失して現存しないが、誰ひとりそれを残念に思う者はいないという事実。『Organ^{2}/ASLSP』を聴き通せる者は一人もいないにもかかわらず、遺憾に思う者はいないという事実。この二つの顕著な実例は、「コンセプチュアルアートに知覚的現物経験は不要だ」というのが共通了解であることの確かな証拠に他ならない。他にも、知覚的鑑賞不要論を露骨に裏付けるコンセプチュアルアート例はいくらでもある。あと二つ、種類の異なる例を挙げておこう。

ひとつは、『消されたデ・クーニング』。ロバート・ラウシェンバーグは、ウィレム・デ・クーニングから譲り受けた描きかけのドローイングを丹念に消しゴムで消してその結果を展示した。この作品について、批評家レオ・スタインバーグから「噂は聞いたが実際に見ればもっと理解できるだろうか」と尋ねられたラウシェンバーグは「そうは思わない」と答えている（ゴドフリー 1998、六三頁）。作者自身の証言が作品の適正な鑑賞法を決める絶対的尺度とは限らないが、コンセプト定位の作品は鑑賞者による物理的アクセスを求めはしない、ということの一応の根拠にはなりうるエピソードだ。

もうひとつは、中国人アーティスト牛波による『泉水』。板橋区立美術館所蔵の永久展示作品である。デュシャン『泉』にそっくりの小便器を工房で作り、美術館一階のトイレに作品キャプション付きで設置したもので、普通に配管がつながって小用可能となっている。便器を実用から切り離してアートにしたデュシャンの行為を逆転させて、アートのまま道具的連関の生活環境へ返還したわけだ。その設置場所からして、『泉水』を知覚的にまたは実用的に鑑賞できるのは男性に限られる。誰も全曲鑑賞できない『Organ²/ASLSP』と異なり、『泉水』では鑑賞不可能性が不平等に成立している。だからといって女性から「鑑賞の自由を奪われた」と苦情が出ることもないし、人権派から「公的資金を費やしながら男女平等に反する」的な攻撃を浴びることもない。『泉水』は視覚芸術でもなければ実用的参加型アートでもなく、概念的理解可能性にその本質があると了解されているからだ。男子トイレから締め出された女性にも、『泉水』をコンセプチュアルに鑑賞する機会は同等に開かれているのである。*135

このようにコンセプチュアルアートは「物理的作品の現物に接しなくても完全な鑑賞が成り立

＊135　女性が男子トイレに入ることはその逆に比べてタブー度が薄いため、「あえて入って見る」行為を『泉水』は教唆する。その意味では、知覚的美質を持つ「ファウンドアート」として『泉』を見る（Dickie 1974 のように）余地が示されており、反モダニスト的高階の意義づけのみに固執する立場（ダントー 1981、西村 2015）への牽制をも『泉水』は暗示することになるだろう。ただし、板橋区立美術館の当の男子トイレの外には、『泉水』なる作品について案内が掲示されていないので（それがまたこの作品の洗練度を示すゆえんだ）、男性同伴でない女性は『泉水』の存在に気づかずに終わることは間違いない。

つ」ジャンルである。コンセプチュアルアート作品について「実際に現場で体験することが重要」と言われることもあるが、それらは例外なく、当の作品をコンセプチュアルアート以外のジャンル（パフォーマンスアートやリレーショナルアートなど）にあえて位置付ける文脈においてであり、コンセプチュアルアートとして捉える場合には「コンセプトを知るだけで十分」という認識で大方が一致している。*136

コンセプチュアルアートは、近年ますます存在感と影響力を増している。もちろんコンセプチュアルアーティストの大多数は、知覚的芸術にも携わってきた。彼らの労働時間全体からすれば、コンセプチュアルアートはむしろ余技と見られるべきかもしれない。デュシャンはキュビスムの系譜に属し、ウォーホルはポップアートの旗手である。ケージは偶然性の音楽の創始者であり、ミニマルミュージックの先駆的な位置にいる。つまりそれぞれ知覚的な芸術作品の作り手でもあるのだが、彼らが芸術史上真に重要な人物だと見なされるのは、主としてコンセプチュアルアートの試みによってだ。*137

彼ら以外にもコンセプチュアルアートは多様な展開を示した。何もない部屋へ鑑賞者をいざなう、椅子の現物・椅子の写真・椅子の定義を述べた文章を並べて展示する、リンゴを置いて腐るにまかせる、旅先から同じ文面の電報を出し続ける、絵を裏返しに展示する、「会期中はギャラリーを閉鎖する」という張り紙を出す、張り紙すら出さずにギャラリーを閉鎖する、銀座の街路に無許可で通行止めの看板を立てて道路を掃除する、美術雑誌にアメリカの住宅建築の写真入り解説を執筆する、鑑賞者たちにキャンディを食べてもらいその包み紙が積もってできた山が一定重量になったら作品完成とする、「フルート独奏曲」と題して「第1曲　楽器を分解せよ　第2曲　組み立てよ」と指示する、一定の距離からピアノにさまざまな物を投げつけて音楽作品とする、自分の大便を缶詰めにしてグラムあたり金相場の値段で売る、作品制作にかかった金の流れを領収書や借入証の展示で表わす、ステンレスの棒に芸術証明書を付け転売条件を指定する、美術史家の著書から説明的図式をカンバスに複製して自作の絵と称する、百台のぜんまい式メトロノームを同時に作動させて全部止まるまでを上演とする、等々。*138

こういった作品は、芸術家としての表現テクニックの修練を必要としない。特殊な感性も霊感も

*136　佐々木 2014 は、『四分三十三秒』をパフォーマンスとして論じ始め、次第にコンセプチュアルアート視へと移行している。

*137　一般にいかなる芸術家においても、コンセプチュアルアート寄りの目ぼしい作品を一度でも発表していれば、それが最重要作品として印象づけられる傾向がある。たとえば、シュールリアリストのルネ・マグリットの作品の中で最重要視されるのは『これはパイプではない』だろう（おそらくフーコー 1973 のおかげで）。作品の重要度認定は引用・言及回数によって決まり、言及するのは主として批評家であり、批評家は理屈での体系化を志向し、理屈を直接に提示する唯一のジャンルがコンセプチュアルアートであることを思えば、これは当然のことと言える。ちなみに、二〇〇四年にターナー・プライズを主催するゴードンズが実施した芸術の権威五〇〇人への「影響力の大きいモダンアート」アンケートでは、一位がデュシャンの『泉』で、「ピカソの名作、便器に負ける」と話題になった。

*138　これらの作品の作者は、順に、イブ・クライン、ジョセフ・コスース、ヨーコ・オノ、河原温、ジュリオ・パオリーニ、ロバート・バリー、サンティアゴ・シエラ、ハイレッド・センター、ダン・グラハム、フェリックス・ゴンザレス＝トーレス、ジョージ・ブレクト、小杉武久、ピエロ・マンゾーニ、ロバート・モリス、ウォルター・デ・マリア、ロイ・リキテンスタイン、リゲティ・ジェルジュ。なおゴドフリー 1998 は、コンセプチュアルアートの形態として以下の四つを挙げる（七頁）。「レディメイド」、路上美術館のような「介入」、行為を記録としてのみ残す「ドキュメンテーション」、そして「言葉」。四形態それぞれの多様な配分において、『泉』をはじめいかなるコンセプチュアルアートにも四形態の側面が見出されると言える。

情念も必要としない。芸術と非芸術の垣根を限りなく低める作用を持つ。作品は保存されるに値せず、記憶されさえすればよい。コンセプチュアルアートの目的は、観てもらうこと・聴いてもらうこと・買ってもらうことではなく、理屈を掻き立てることである。

ただし、実際に作品が作られて展示されたり、実践されたりしなければコンセプチュアルアートとは認められない。どうせコンセプトなのだからかまうまいと、アイディアだけ書き留めてそれを公表しても、そのアイディアがコンセプチュアルアートになるわけではない。コンセプチュアルアートといえどもアートである限り「物質的メディアの操作」という芸術の本質からは逃れられないからだ。しばしば引用されるレイモンド・チャンドラーの名言を思い出そう――「失敗の可能性なきところに成功はない。媒体（メディウム）の抵抗なきところに芸術はない」（Cone 1977, p. 444, Chandler 2014, p. 237）。すなわち「なんちゃって」ではなく「やっちゃいました」がコンセプチュアルアートの眼目であり、実際に行なわれてこそ、現実の芸術概念を揺るがす力を持つ。*[139]

他方、鑑賞者は実際に間近に鑑賞する必要はない。「見たことにしとこう」で十分だ。「本当になされたのだ」と信じられさえすれば、コンセプチュアルアートを完全に鑑賞できたことになる。「エンドレスエイト」はまさに「こんなこと本当にやっちゃいました*[140]」の代表だろう。そして「見たことにしとこう」の代表にもなりうるのではなかろうか。

先ほど十数個列挙した悪ふざけ的実作品群にひとつ付け加えてみよう。「物語の展開を楽しみにしているアニメファン相手に、八週間同じエピソードを放送し続ける」。なるほどコンセプチュアルアートの範例と認めたくなる文化的悪ふざけではないか。アニメーターの職人的技術の無駄遣いがなされている点で通常のコンセプチュアルアートの真逆を演じてはいるが、「媒体の抵抗」を受け止めながら職人的技術の否定を成し遂げたという意味では、コンセプチュアルアート的理念の極限形態と言うにふさわしい。早々にアニメ鑑賞モードを解除して〈観ずに語る〉姿勢が唆され、噂をネタにあれこれ考えたり論じたりする態度が推奨されているではないか。あるいは正確には、「原作と同じく最後の脱出回だけを実際に観て、他の七回分は趣旨だけ把握した方が、機会コスト削減の生産的な鑑賞だぜ」といった自己推薦が「エンドレスエイト」の中核的メッセージたりえているように見えないだろうか。*141

ジャンル的枠組み

これについては——「エンドレスエイト」を現代芸術のどこに位置づけるかについては——残念

＊139　デュシャンは便器を展示してそれを芸術作品に出来た反面、ウールワースビル（一九一六年当時、世界で最も高いビル）をレディメイド作品にするとか、レンブラントの原画をアイロン台として使う（日用品を芸術作品にするレディメイドとは正反対のコンセプト）とかいったアイディアは、制作ノートには書き留められたがコンセプチュアルアート作品として認められていない。デュシャンがそれらの現物に所有権がなく、実行もされなかったからである。しかし、「実行を思考する行為」を実行してはいるので、思考提示そのもの、たとえばノートの記載をコンセプチュアルアートにすることはできる。ただし思考提示だけではメディア操作の度合が小さすぎて大した作品にはならない。よってそれなりの工夫が必要である。エド・キーンホルツは、資金不足で作れない立体作品の「制作指示書」を額縁に入れて作品とする『概念タブロー』を発表した。タブローの購入者は、さらに金を払ってキーンホルツに物理的制作を委嘱する権利を持ち、いくつかは委嘱されて実際に作られた。ただし、作られたあるいは作られなかった立体作品とコンセプチュアルアート『概念タブロー』とはもちろん別物である。

＊140　「やっちゃいましたね〜」は半ば作り手視点からの岡田斗司夫のエンドレスエイト観である。岡田 2013.

ながら明確な論考はこれまで出ていない。「コンセプチュアルアート」という言葉を出して「エンドレスエイト」を論じている例が一つだけ見つかったので、引用しておこう。美術評論家の暮沢剛巳がこう書いている。

私自身は、ネット上の不評などお構いなしに、「エンドレスエイト」を八回ともに興味深く見ていた。といっても、別に間違い探しの要領で各回の細部の違いに眼を光らせていたわけでも、あるいはほとんど同じエピソードの反復をあたかもミニマル・アートやコンセプチュアル・アートを鑑賞するように眺めていたわけでもない。私にとっては、「エンドレスエイト」という作品における時間と記憶の構造が非常に面白く感じられたのである。（暮沢 2010、九九－一〇〇頁）

ここではミニマルアートとコンセプチュアルアートが列記されている。確かに両者は現代前衛芸術の中でもモダニズムアートと対置されるポストモダニズムアートの代表的潮流として、同じカテゴリに入れられることが多い（cf. Levinson 1989, p.41）。[*142] しかし、ある作品をミニマルアートとして見るのとコンセプチュアルアートとして見るのとでは、互いにまったく異なった経験を志すことを意味する。「エンドレスエイト」をミニマルアートとして見るというのは曲がりなりにも「エンドレスエイト」の知覚的性質を経験するということであり、「間違い探しの要領で各回の細部の違いに眼を光らせて」観るというのはその典型的なあり方だ。

いや、暮沢が区別しているとおり、「細部の違いに眼を光らせて」観るモダニズム的鑑賞と、むしろ作品外空間に広がりがちなミニマリズム的鑑賞とは、ともに知覚的鑑賞とはいえ、異質のものかもしれない。しかし両者の相違は、概念的鑑賞との垂直的相違に比べれば同水準にあると言えるものであり、いずれにせよミニマリズム的鑑賞は「細部の違いに眼を光らせ」る姿勢を排除しはしない。

ミニマルアートはシンプルな形象を本質とする芸術だから、細部にこだわる鑑賞は的外れだ、と思われるかもしれない。たしかにミニマルアートやその類縁であるアルテ・ポーヴェラ（貧しい芸術）は、極度にシンプルな構造ゆえに、現物を実際に観なくても、「実際に観たらどういう感じか」を想像しやすい。少なくとも想像しやすいように感じられる。

たとえばドナルド・ジャッドの「積み重ね」と呼ばれる一連の作品では、「壁にこのように箱を取り付ける」というアイディアだけ提示して、制作は職人に発注する。カール・アンドレの

＊141　ネットに「アニメのハルヒ完走したやつ来い!!」「エンドレスエイト観たやつ来いｗｗｗｗｗｗｗ」といった自嘲的スレッドが多数立つなど、全話（とくにリアルタイムで）見通した者どうしは戦友意識めいた連帯感で結ばれているようである（注＊3参照）。「エンドレスエイトをリアルタイムで全話観た」「これからあえて観る」という（無駄な）経験が「芸術」である、というような「逆コンセプチュアルアート」がいずれ一ジャンルを成すかもしれない（「逆」というのは、制作ではなく鑑賞、概念ではなく肉体的実行に力点が置かれるため）。「逆コンセプチュアルアート」には第8章第3節で再度言及する。

＊142　現代アートは「新しい芸術とは何か」を問うものと「芸術とは何か」を問うものとに分かれ、前者は「××主義」と称され後者は「××アート」と称されてきた、という見方もある（平芳 2016、八-九頁）。本当の区別は知覚的経験の要請の度合であり、それが芸術論的問いの一般性の度合に連動していると見るべきだろう。

「Equivalent VIII」は、ギャラリーの床に市販の煉瓦百二十個を並べる方法を示した指示書が作品本体である。概して作家自身の技術の披露がないのだ。そういったミニマリズムを突き詰めれば、モノから概念へ本体が移り、概念だけあれば物質は不要ということにもなり、容易にコンセプチュアルアートに発展しそうだ。ミニマルアートの極限がコンセプチュアルアートだ、という見方もごく自然に思われるだろう。

しかしミニマルアートである限り、単純な物質体だからこそあえて実際に観られること、単なる想像と現物鑑賞との差異を味わわせること、わずかな行為から創発しえた空間の微妙な雰囲気を体験させることなど、あくまで物理的な体験が眼目となるはずである。「観てみたら想像と結局同じだった」という経験しか味わえないとしても、その確認のためだけにでも、知覚的な現物経験はミニマルアートの趣旨達成に必要である。カンバスを切り裂いただけの『空間概念』がずらり何十枚も掲げられたルチオ・フォンタナ展を観たとき、あまりにも想像を超えない千篇一律ぶりに私は愕然としたことを記憶している。この「愕然」も、知覚に直接アピールしたミニマルな戦略の効果と見るべきだろう[*143]。

ミニマリズムの「知覚性」が顕著なのは、ミニマルミュージックにおいてだろう。実験的試みとして始まったはずの反復音楽は、いつしか「環境音楽」「サウンドインスタレーション」さらには「ヒーリングミュージック」へと合流した。ヒーリング効果で癒されるには、物理的な音の波動に身をゆだねなければならない。こうしてミニマルミュージックは、「実際の聴取体験が重要な度合」「非概念的な知覚的意義の大なる度合」においてはいかなるジャンルの音楽をも凌ぐほどになってしまった。美術のミニマルアートも同様である。[*144]

「エンドレスエイト」をミニマルアートと見なすというのは、Ｅシークエンスの反復という〈マクロ構造のシンプルさ〉を作品の本質と見なすということだろう。[*145] それは、〈ミクロ組織の複雑な細部〉を明瞭に意識せざるをえない態度を促す。その態度は同時に、アートと鑑賞者自身の置かれた空間的関係の微妙な変化を味わうことに相当し、それがインスタレーション的な空間の鑑賞に転化する。「エンドレスエイト」は、〈類型的なキャラクターの鑑賞やゲームのリセットの繰り返し〉に明け暮れるオタク生活空間のループぶりを意識化するきっかけをもたらすのである。

この観点から見た場合のポイントは、ループ八回視聴のマンネリから脱したとたん、普通のアニメという別のマンネリへと『ハルヒ』が回帰する、という仕組みだ。『ハルヒ』はマンネリと評す

＊143　赤瀬川原平は、フォンタナを「芸術から形骸を経てファッションへと移行する」典型と批判的に見ているが（赤瀬川 1988、一六九−七二頁）、これはすぐ次で述べるインスタレーション的な空間経験への移行、さらには文化的空間経験への移行と読み替えてよいかもしれない。

＊144◆　ミニマルアートは、鑑賞者を空間に取り込む「劇場性」を呈し、彫刻または絵画に特有の自律的美的価値を失っている点でモダニズム芸術の対極にある、と批判するのがフリード 1967 である。前述のように本章では、知覚的性質を鑑賞対象として提示するかどうかの違いに定位して、非コンセプチュアルなアートとしてミニマルアートはモダニズム芸術と同じ陣営に属するものとみなす。ミニマルアートのミニマル性の極限としてコンセプチュアルアートがあるという俗見に対する代案（とりわけ「エンドレスエイト」のプロジェクト性が鮮やかに例証する）を、第10章で提示する。

＊145　アニメが変則的な受容をされる場合はたいてい、ミニマルアート性が関わっているようだ。『ハルヒ』第Ⅱ期とは対照的に、原作が無名で期待値も低く放送時（二〇一二年一月〜三月）に爆死しながら一年以上を経て「時間差ヒット」を遂げた『キルミーベイベー』は好例である（山口 2017）。

るには高水準のアニメではあるが、セカイ系のテンプレートをなぞった「いかにもアニメ」なアニメには違いない。その「普通さ」からしばらく解脱したかのような超常的マンネリズム八回分がようやく脱出ルートに乗って元の時間に復帰したとき、視聴者は「アニメ試聴といういつものマンネリ」に改めて気づくことになる。そして、「超常的マンネリよりも普通のマンネリの方がよほどマンネリ度が高かった」と悟ることにもなる。本物のマンネリ・モラトリアムに喜んで浸っていた自分が、どうして虚構的マンネリループのモラトリアムを怒ってしまったのか。第3章第2節で名づけた「モラトリアム文化のジレンマ」が想起されるだろう。

「思えば俺八回どころか毎回毎回同じオープニングと同じエンディングぼーっと見てたし。それで満ち足りてたし。なんで今さらエンドレスエイトに怒ったかな、俺」——確信犯的マンネリに毒づいた舌の根が乾かぬうちにふと、もともとのマンネリ的鑑賞生活に浸りきった無反省レベルから目覚め、自意識覚醒ステージへと高まったオタクも多かったかもしれない。自己パロディによる覚醒アイテムを一つオタクは手に入れたのだ。

空間的自意識と理論的自意識

「エンドレスエイト」が指し示す自己パロディのベクトルについては、放送期間中からすでに指摘されている。掲示板上の苦情の嵐の中で、「お前らどんだけ気合い入れて見てんだよｗｗｗ　にしても、何だかんだ言って毎週見てるんだから相当なツンデレだよな」（「エンドレスエイトについて語るスレ」119：ななしのよっしん：2009/07/26 17:16:03 http://dic.nicovideo.jp/b/a/ エンドレスエイト /91-）。

視聴者は、オタク趣味に内在する「マンネリ」性だけでなく「ツンデレ」性にも覚醒できたというわけだ。他の無数のオタク属性についても同様の自省的覚醒作用を「エンドレスエイト」は陰に陽にもたらした可能性がある。

「エンドレスエイト」はこうして見ると、類型的キャラクターに飽きもせず萌え続けるオタクのマンネリぶり、ツンデレぶり等々を眩しく映し出す鏡だった。オタク的サブカル空間あるいはサブカル寄りオタク空間に設置されたインスタレーションとして「エンドレスエイト」は、自嘲的自己対象化の誘い水となる。八回反復にうっかり飽きてしまった自分を見出させて普段の自分への批評的意識を促すショック療法だったとも言える。むろん、そのささやかな自覚を開花させるために「エンドレスエイト」八回視聴が本当に必要だったかといえば、コストパフォーマンス（あるいは機会コスト）の点から大いに疑問だ。とはいえ、心底からの自省的実感を得るために、八回観続ける体験には良かれ悪しかれ意義があったと言わねばなるまい。

「エンドレスエイト」をミニマルアートとして捉えるならば、である。

他方、「エンドレスエイト」をコンセプチュアルアートとして見るならばどうだろう。その場合は、知覚的性質がどのように作られているかはどうでもよい。作品の物質的媒体がシンプルか複雑かということは問題にならない。デュシャンが展示した便器がどのくらいの大きさだったか、白さだったか、光沢だったか、どこにどのような曇りがあったか傷がついていたかなどどうでもよいのと同じである。同じアニメが何度も繰り返されたという事実が重要であるにすぎない。

その事実の意味を味わうために、きちんと八回とも観る必要があるだろうか。

必要ないだろう。望ましくもないだろう。「エンドレスエイトって、同じ短編小説を八個別々にアニメ化して八週放映したんだってさ」と噂で聞けばもうその趣旨は一〇〇%伝わる。二百分もかけて全部観るのは時間の無駄である。全部観たらどんな感じかを想像するだけでよい。いや、想像する必要すらない。頭で咀嚼し、それなりの議論をすれば十分だ。*146「アニメでこういうのって、ありかな？」「これはアニメとは言えないだろう、アートにはなるかもしれんが」「いや、アニメをそう狭く取る必要もなかろうよ」「おまえはサブカルにかぶれちまったか？」……今までになかったものがアニメとして流通したせいで、アニメファンは少なからず「アニメ」という概念を問い直さざるをえなくなり、アニメ視聴者としての自覚を一段高めることになる。

つまるところ、ミニマルアートもコンセプチュアルアートも、鑑賞者の自意識を掻き立てることにおいて共通している。自意識を高める作用は現代アート共通の傾向だから当然といえば当然だ。ただし両者には大きな違いがある。ミニマルアートの場合は、作品の知覚的性質を通して実感することで自意識昂進が生ずる。現実に作品の前で鑑賞者自ら時間を過ごし、空間を共有し、自分の知覚のあり方と世界観の変化を実感してみないことには、作品を鑑賞したとは言えない。ただ噂を聞いたのでは得られない経験がものをいう。対してコンセプチュアルアートの場合は、当該作品がつくられた、発表された、認められたという事実そのものによって自意識昂進が引き起こされる。作品に実際に接しても接しなくても、まったく同じ効果が得られるのだ。

逆に言えば、特定のミニマルアートの経験は、経験者が未経験者に鑑賞経験をそのまま伝達することはできない。コンセプチュアルアートの経験は、経験者が未経験者に趣旨を述べてやるだけで、鑑賞の全容を論理的に伝達することができる。*147

ミニマルアートを観て刺激される自意識は、「芸術表現の可能性」「芸術経験の開放性」さらには「自分と芸術作品との関係」を問い直す種類の自意識である。個別的・特殊的な自意識ということだ。芸術作品とその芸術性が成立していることは前提であって、そのうえで自分にとっての芸術鑑賞の位置、あるいは逆に芸術鑑賞における自分の立ち位置、その意義や含意を知覚的に実感しなおすような自意識である。

他方、コンセプチュアルアートが刺激する自意識は、一般的・抽象的だ。芸術作品や芸術性の成立条件を疑い、何かを芸術として見るとはどういうことか、を抽象的に問い直させる種類のメタ鑑賞者的意識である。コンセプチュアルアートに触れることは、芸術哲学の論文を読むようなものだ。そこで吟味されるのは個別の鑑賞体験ではなく、一般的な芸術概念である。「彫刻って何だろう」

＊146　オタク的感性の権威からの証言として、岡田斗司夫の言葉を挙げておこう。「（エンドレスエイトは）きつかったです、2回でもう。……わかる人にだけわかるっていうのはレベルが低いんですね、表現者として。……僕の話を聞いてる人はオオそれは面白い、と思うかもわかりませんけれども、注意してください、いまここで聞くのが一番面白いです」ニコ生岡田斗司夫ゼミ特別編「岡田ハルヒ観たってよ」2013/05/20. 現物に直接触れることで伝わる性質と、触れずに伝聞だけで十全に経験できる性質の区別は、シブリー 1959 の古典的区別「美的性質」「非美的性質」に該当する。

＊147◆　コンセプチュアルアートをコンセプトそのものだと定義すれば、記述を聞いた時点で未経験者は経験者に変わるのであり、結局、「経験しないと鑑賞できない」ことに変わりないではないか、と疑問が生ずるかもしれない。小説を一字一句記述することが小説の伝達兼鑑賞をもたらすのと同じように。しかしコンセプチュアルアートの記述は、伝達の必要十分条件について、小説の完全な記述的伝達のような正確な基準がない。すなわち、伝達に使われた記述と作品そのものとは別物と考えた方がよい。Tormey 1973 の「補強テスト（corroborative test）」と「確認テスト（confirmative test）」の区別も参照。

「アニメって何だろう」「芸術と非芸術って区別できるのか」という理論的反省へと導かれる体験なのである。*148

ミニマルアートとして「エンドレスエイト」を観ることは、個別的な知覚経験である。ミニマルアート的観方は、物語的側面を超えてアート的表現への注視を促すとともに、そうした注視をも超えて「空間性」「環境内自己定位」への自覚を鑑賞者にもたらす点で、プロジェクトアート視を必然化しうる有望な鑑賞姿勢ではある。しかし知覚的経験である限り、第4章と第5章で確認した表現的欠陥への不満をいつまでも引きずらざるをえない。しかも商業的プロジェクトの失敗の原因となった点において、文化的空間性の強調という側面でもミニマルアート「エンドレスエイト」は自らの破綻を認めなければならない。

さて、暮沢は「間違い探しの要領で各回の細部の違いに眼を光らせ」はせずに「時間と記憶の構造が非常に面白く感じられ」るような観方をしたという。その観方は、コンセプチュアルアートとしてはもちろん、ミニマルアート視もあえてせず、モダニスト的前衛芸術として観たのでさえなく、まさしく伝統的な物語アニメを鑑賞する態度で「エンドレスエイト」を観たということのようだ。それでなお「エンドレスエイト」を肯定できたということらしい。

しかしその理由は明らかでない。暮沢は、循環的で計測可能な時間「クロノス」と迷路のようで計測不可能な時間「アイオーン」という、「ストア派＝ドゥルーズによる区別」を持ち出しはするものの、「時間と記憶の構造が非常に面白く感じられ」たのがどのようにしてかを具体的に述べてはくれない。*149 アイオーンを見て取る物語的観方が「エンドレスエイト」の非物語的なミニマルアートとしての観方に比べて、さらには非知覚的なコンセプチュアルアート的観方に比べて有意義だったのかどうかについても論じてくれない。

というわけで、「エンドレスエイト」を改めてコンセプチュアルアートと見なせるかどうか探ってみる潮時だろう。もし見なせるなら（そしてかりに見なせないとしてもなお）、「エンドレスエイト」は「アニメ」「芸術」等々といった諸概念についてどういった知的経験をもたらしうるだろうか。

第２節　消極的陰謀その１――前提条件

制作者の意図

「エンドレスエイト」をコンセプチュアルアートとして見るにあたっては、正当な理由が必要である。一般に、特定の芸術作品がどういうカテゴリ（ジャンル）に属するかというのは、制作者が決めることだからだ。『ハルヒ』制作委員会が「エンドレスエイト」を普通のアニメ以外のジャン

＊148　ミニマルアート的反省に比べてコンセプチュアルアート的反省は、鑑賞者個人の美的趣味への反省的態度を要求せず、普遍的芸術概念の分析に向かうので、「傷つきやすいオタク」にとってとても受け入れやすいものだと考えられる。注＊13参照。

＊149　「クロノス」と「アイオーン」の区別によってキョンたちと長門有希の時間経験の違いを強調する見方（暮沢 2010、一〇一頁）については、第９章第２節で批判的に論ずる。

ルとして、とりわけコンセプチュアルアートとして提示したという証拠はないので、ここで我々がやろうとしているコンセプチュアルアート視のためには、本来最大の根拠である「制作者の意図」を埋め合わせる理由がなければならない。

芸術において「作者の意図」がどれほど尊重されるべきかは論争の的だが、ここではジェラルド・レヴィンソンによる「意味論的意図」と「範疇的意図」の区別（レヴィンソン 1996）に従って、次のように考えよう。作品が何を意味しているか（全体のテーマ、メッセージから、統一性や情緒性などの美的性質、キャラクターの動機・心理などに至る内容的・形式的なあらゆる事柄）については、作者が現実に抱いた意図がなんであれ、公になった作品の姿に客観的に現われていることをもとにして鑑賞者は解釈するほかはない。作者の意図しなかった効果や含蓄が生じる場合があるし、作者の表現が描くて意図が実現されそこなう場合もありうるからだ。つまり「意味論的意図」については作者の意図は尊重されなくてよい。これは、とくに第4章や第5章で我々がすでに実行してきた方針である。

他方、作品がどういうカテゴリ（ジャンル）に属するかという基礎的な枠組みは、作者の意向が決めるものと認めるべきだろう。つまり、作者の「範疇的意図」は尊重されなければならない。鑑賞者（とくに批評家）は作者の意図するカテゴリの原理に従って作品を解釈・評価しなければならないのである。たとえば作者が「絵画」を意図していたなら、筆触の跡が見えることは趣の一要素となるが、「イラスト」「アニメ」を意図していたなら技術不足の欠点となる。いったん作者の「範疇的意図」に従ったら、鑑賞者はその枠の中で、作者の「意味論的意図」に縛られず、作品をその論理に従って解釈していけばよいわけである。*150

「エンドレスエイト」の制作者の範疇的意図は、コンセプチュアルアートとしてでなく、真っ当なアニメとしてあれが鑑賞されることだっただろう。いや、たしかに、前章で確認した六百三十九年という仕掛け――あの『Organ^2/ASLSP』と「エンドレスエイト」との年数的一致――は、制作委員会がジョン・ケージのコンセプチュアルアートを意識していた強力な証拠になる。さらには、「ああいったコンセプチュアルな作品と見なしてOKですよ、全体のごく一部だけ観ればいいんですよ」というメッセージを発しているとも受け取れる（「エンドレスエイト」を一秒チラ見すれば、『Organ^2/ASLSP』の全長六百三十九年のうち二十日ほど聴き続けたことに相当するのだから）。

しかしそのような「間テクスト的戯れ」の趣向をもって、「エンドレスエイト」の範疇的意図がコンセプチュアルアートだった、と断定するのはやや乱暴だろう。普通の娯楽アニメ狙いという基本がしっかりしているからこそ、『Organ^2/ASLSP』のようなハイアートとの共振が粋な隠し味になりえたとも言えるからだ（注*133参照）。『Organ^2/ASLSP』との年数的一致は、「エンドレスエイト」

---

*150◆芸術学で「意図主義（現実意図主義）」と呼ばれるのは、「作品のカテゴリが決まったうえでなお選択肢が分かれる解釈問題について、作者が現実に意図した通りの解釈が正解である」とする（作者の意味論的意図を解釈上の権威とする）学説である。Hirsch 1967 に代表されるが、Wimsatt & Beardsley 1946 の反意図主義を乗り越えたとは言えず、意図主義は様々な形で弱められるのが普通である（たとえばレヴィンソン 1996 の「仮想意図主義」）。作者が紛れもなく権威を持つのは、作品のカテゴリ帰属においてであり、作品解釈については、カテゴリごとに解釈の原理が異なるという限りでのみ、間接的な権威を作者は持つにすぎない。Walton 1970, Beardsley 1977 参照。とりわけ意味論的意図を排除したビアズリーは、芸術の定義にさいしては範疇的意図を必要条件としている。Beardsley 1982, 1983.

をコンセプチュアルアートとして見たくなる心理的動機を提供してはいるものの、範疇的意図の証拠としてはむしろ不利と言わざるをえない。

となると、やはりコンセプチュアルアートとして見るのは無理筋なのだろうか？

いや、さらに考えられるのは次のような理屈だ。――「エンドレスエイト」をレディメイドとして再提示してしまえば、それはもとの「エンドレスエイト」ではない。メタ的に捉えなおされた新たな対象になっている。よって範疇的意図を気にする必要はない――。シェリー・レヴィーンは、ウォーカー・エヴァンズの有名な写真を自分で写真に撮って、それを自分の作品として提示した（「ウォーカー・エヴァンズにならって」一九八一年）。それと同じように、あたかも写真に撮った、あるいは動画に複製したかのように「エンドレスエイト」を枠に入れて提示すれば、それは「エンドレスエイト」の引用であって別の作品なのだから、「エンドレスエイト」の制作者の意向など気にする必要はないのではないか。

この理屈はこのままでは大雑把すぎる。第一に、シェリー・レヴィーンの写真とのアナロジーは妥当なのか。レヴィーンは対象作品を写真に撮ったが、エヴァンズのもとの写真を何度も複製して画像を劣化させ、エヴァンズ作とレヴィーン作との間に見分けがつくようにした。[*151] 他方我々がここで目論んでいるのは、「エンドレスエイト」の外形をそのまま提示することなのである。所有権や著作権の問題以前に、見分けのつかないものを同じタイトルで、由来をも明示したうえで提示する以上、原制作者の範疇的意図に従わないわけにはいかない。

そうするとやはり、「エンドレスエイト」については、制作委員会の範疇的意図どおり「アニメだ」と言わざるをえないのではないか。「知覚的鑑賞の対象となるべきアニメだ」と。しかしここで我々は、制作側の仕掛けたトリックと共謀することによって、彼らの「範疇的意図」の裏をかくことができそうだ。制作側の仕掛けたトリックとは何か。それは、『ハルヒ』制作委員会が公表した「本編制作からパブリシティにいたるまで」という方針（山本 2006、二一頁）のことだ。つまり、「エンドレスエイト」を含む『ハルヒ』は、さまざまな構成要素を持つ大きなプロジェクトアートだというのが制作委員会の範疇的意図である。文字どおりにそう受け止めてみよう。[*152]

すると、プロジェクトアートの中の［アニメ本編にみえるもの］［主題歌にみえるもの］［予告編にみえるもの］［広告にみえるもの］などは、制作者の「意味論的意図」による構成物だったことになる。「範疇的意図」は作品全体、つまり「プロジェクトアート」という大枠にすでに適用された。我々としては『涼宮ハルヒの憂鬱』はプロジェクトアート」という範疇的意図を尊重しさえすればよく、プロジェクト内部の構成要素である「エンドレスエイト」の位置づけは解釈的に最も筋の通った形で理解することが許される。「エンドレスエイト」のプロジェクト内ジャンル帰属も、制作者の意味論的意図の産物にすぎないのだから、解釈の問題と化しており、作者の権威はもはや

*151　最低三回以上の複製を重ねていたという。たとえばエヴァンズの「アリー・メイ・バローズ」（一九三六年）を複製したレヴィーンの写真は、「盗作との疑いを避けるために、レヴィーン作はエヴァンズの原作写真が載っている美術書やグラビア雑誌の頁を切り抜き、厚い紙に張ってコラージュ写真を作りそれを再撮影し」ていた（鉢呂 2012、一八八頁）。

*152　「エンドレスエイト」が『ハルヒ』に極端な密度的偏りを導入したこと自体、『ハルヒ』が非統一的プロジェクトあるいはその便宜的部分だという非公式認定の結果であるとともに、その公式確認とも言える。我々が「エンドレスエイト」を自律的単位のように扱ってきたのも、外郭および内部の区切り方に融通の利く開放系イベントとしての『ハルヒ』観に依存していた。

及ばないのである。

こうして鑑賞者は、制作側の最も外側の大きな範疇的意図に乗っかることにより、個々の小規模な範疇的意図を意味論的意図化してしまうことができる。この理屈は、プロジェクトアート『ハルヒ』の中にコンセプチュアルアート「エンドレスエイト」を組み込む論理である。この「カテゴリ再構成」の技を決めることによって、「エンドレスエイト」をコンセプチュアルアート扱いするための最低限の条件が調えられ、いわば形式的なお膳立てができることになるのだ。

実質的に我々を「カテゴリ再構成」へと駆り立てたのは、以下のような直感だった。――「通常のアニメ」と見なしたのでは「エンドレスエイト」があまりに無残な失敗作に終わってしまうことは幾重にも確認済み。いくらなんでもその程度にはとどまらぬ価値が「エンドレスエイト」にはありそうだ……。――この実質的直感に従った「エンドレスエイト再評価」への道を、形式的なカテゴリ再構成が可能にするのである。

以上のことは、「エンドレスエイト」をコンセプチュアルアートとして見てもよい理由であり、消極的理由と言うべきものだ。実は、もっと実質的な、「エンドレスエイト」をコンセプチュアルアートとして見るべき積極的理由を言い立てることもできる。しかしその前に、消極的理由の方をさらに詳しく確認しておきたい。

レディメイド化の論理

「エンドレスエイト」は通常のアニメとしてはあまりに変だし、並みのモダニズム的実験芸術として捉えたとしてもまだまだ変であり、成功した実験とも言い難かった。しかし、「変な対象」も「失敗した作品」も、ナマで接すると変であり失敗であっても、概念化すれば変でも失敗でもなくなる。それがコンセプチュアルアート視のポイントだ。いかなる失敗も、コンセプトによって対象化されると、「失敗したこと」というそれ自体失敗ではない高次の実体へ昇格しうるからである。

こうした昇格は、「エンドレスエイト」を単に「プロジェクトアート」の一部分と見なしたり、メディアミックス全体の一環と見なしたりすることで自動的に達成されはしない。プロジェクトの「エンドレスエイト」の部分が明確にコンセプチュアルアート視されなければならない。

コンセプチュアルアート視は、アニメとしての「エンドレスエイト」の失敗をプロジェクト全体の中に解消することとは根本的に異なる。かりに「エンドレスエイト」をコンセプチュアルアートと見なすことをせず、通常のアニメとして扱い続けたとしても、プロジェクトアート全体に位置づけることにより、単独では持ちえなかった文脈的意義を持たせることは可能だ。ある一定範囲内で見ると欠陥でしかなかった部分が、一定以上の領域においては良い効果をもたらすことがわかるというような、禍を転じて福と為す効果は一般に珍しくないだろう。それ自体美味ではないワサビやコショウが肉や魚の味を引き立てたり、微生物が良質の酒を作る触媒として働いたりするように。「エンドレスエイト」独特の雰囲気が外へ波及して、他の部門（他のエピソード、劇場版、ゲームでの補完、ウェブサイトの運営、コミケやコスプレなど）を引き立て、コンテンツ全体としての成功度を上げることは確かにありえた。

しかし、調味料や触媒が果たしていると思われた最も重要な機能が、実は果たされていなかったり、不可欠でなかったりしたことがわかれば、失敗は糊塗できない。「エンドレスエイト」の心理的マイナス効果が『消失』のための効果的な布石になっている、という定説（長門壊れた説）はどうやら誤りであることは第5章で見たし、「エンドレスエイト」の単独鑑賞でも得られる［サプライズ↓サスペンス↓カタルシス］という絶妙パターンは、退屈な反復でないもっと美しい作り方によっていっそう効果的に実現できただろうことも第6章で見たとおりだ。プロジェクトアートに組み込まれたからといって、「エンドレスエイト」のそうした欠陥性が消えることはない。

プロジェクトアートを構成する諸部分は、全体への貢献の度合にかかわらず、常に単独でも消費・鑑賞されうる。したがって、部分だけで見られたときの欠陥は、プロジェクトアート全体の欠陥として必ず引き継がれるのである。

一方、「エンドレスエイト」がコンセプチュアルアート視されるなら、まったく異なったロジックが作動し始める。「エンドレスエイト」の内容すべてが対象化され、ベタからメタへの完全な「変容」が起きる（Danto 1981）。「エンドレスエイト」をコンセプチュアルアート視する最もストレートなやり方は、「エンドレスエイト」をレディメイドにすることだ。あのアニメ八回分をそっくり引用符に入れてしまうのである。

失敗の引用（あるいは記述）は、それ自体はもはや失敗という性質を持たない。もちろん引用（あるいは記述）そのものが失敗していれば別だが、そういう場合であっても、引用された対象がもともと持っていた失敗と同じ失敗を引用が持つことは決してない。これは失敗という性質に限らない。いかなる性質も、それが使われるのではなく引用されている限り、その性質は消え去り、引用性（記述性）という新たな認知的性質に覆われるのである。

改めてデュシャンの『泉』を考えよう。デュシャンがアンデパンダン展に出品した便器は、便器そのものとして置かれたのではなく、「便器である」というあり方にいったん落とし込まれて展示された。あり方、つまり抽象的意味が展示されたということである。便器本来の用途で使うために用意されたのではなく、見たり語ったり指し示したりするために対象化された。便器そのものを移してきたのではなく、写しているだけだ。

便器と『泉』との関係に比べると、「エンドレスエイト」とそのレディメイドとの関係は、単純明瞭ではない。ただの既製品便器が芸術でないことは誰にでもすぐわかるので、『泉』は便器そのものではなく、便器の提示あるいは引用であるということが誰にでも伝わる。少なくとも『泉』を芸術作品と認識する人には伝わる。しかし「エンドレスエイト」についてはこれが伝わりにくい。「エンドレスエイト」はすでにアニメ作品であり、必ずしも間接的な提示や引用をされなくてもすでに芸術作品であるからだ。つまり、直接にただアニメとして使われた、ということであっても十分理屈は通る。しかしその場合は、「エンドレスエイト」は失敗作なのだった。

そこで「エンドレスエイト」は、素材となるアニメ作品を間接的に提示したもの、つまり対象化したうえで引用したレディメイド作品としてつとめて考え直されねばならない。芸術作品が題材にできないものはこの世に存在しないので、芸術作品そのものが題材になることもあってよい。そして、人物画が人物を描写するような「描く」という技術的手続きを経ずに、『泉』のときと同じようにそのままぽんとモノが提示されてもかまわない。「エンドレスエイト」というモノ（アニメ）

がぽんと（たまたま放送という形態で）提示されるのだ。このとき「エンドレスエイト」はもはやアニメではなく、アニメの観念である。

こうして「エンドレスエイト」は、通常のアニメとしては失敗作だったとしても、通常のアニメの姿をしたコンセプチュアルアートとして提示されうる。提示のやり方（物理的な手間）はアニメでもコンセプチュアルアートでも同じだ。「エンドレスエイト」を構成する特定の光と音を発する物理的媒体を改めてレディメイドとして提示するだけなのだから[*153]。

レディメイドとしての「エンドレスエイト」では、通常アニメとして「エンドレスエイト」が持っていた失敗作的諸性質が引用符に入れられている。引用符付きのメタ性質は、もはや失敗作としての性質ではない。題材の性質は作品の性質にそのまま反映されはしないからである。戦争映画が銃弾で人を殺したり爆弾で都市を破壊したりはしないのと同じように。

「エンドレスエイト」は、このように、自分自身を素材とするコンセプチュアルアートとなることができる。「エンドレスエイト」という一次作品を題材として描いた（あるいは引用した、記述した、要素化した……）二次作品が、真に視聴者に届けられるべき「エンドレスエイト」だ。描いたといっても描写作業が物理的になされたわけでなく、一切手を加えずに置き直すだけなので、一次作品が出来た瞬間に二次作品が完成していた。ゆえに見分けもつかない。一次作品と二次作品の区別は物理的にも現象的にも存在せず、コンセプトひとつで「退屈なエンドレスエイト」は「スリリングなエンドレスエイト」に変貌することになる。

とはいえ、コンセプト発動のためには目立った物理的契機が必要だろう。たとえば「再放送」はその好機と言える。ルーティン的な漫然たるネット放送ではなく、公式の全国テレビ放送が望ましい。たとえばＮＨＫ　ＢＳプレミアム金曜深夜枠（二〇一七年四月七日〜九月二十九日）で『涼宮ハルヒの憂鬱』全二十八話が再放送され、「エンドレスエイト」がちょうど夏休みにかかるタイミング（六月二十三日〜八月十一日）に設定された。[*154] この再放送は、「本放送の反復」でも「本放送の再使用」でもなく、「本放送の提示」「本放送の引用」「本放送への言及」であると見なす好機だったのである。アニメとしては失敗だった「エンドレスエイト」はこうして、二〇一七年に見事にコンセプチュアルアートとして甦ったと言ってよい。[*155]

＊153◆　ここで「提示」するアーティストは解釈者としての鑑賞者ではなく、制作委員会と放送局である。制作者が「アニメの姿をしたコンセプチュアルアート」を提示したものとして鑑賞者が解釈（*de dicto* 演算）しうるということであり、鑑賞者自身が「アニメをコンセプチュアルアートに変容させた」アーティストとなる（*de re* 演算）わけではない。芸術作品を *de re* レディメイド化できる主体は、元の芸術作品の作り手だけである。なお、レディメイド「化」、コンセプチュアルアート「視」、という呼称について一言。レディメイドは手法であり、行為によって生み出される身分であるのに対し、コンセプチュアルアートはアスペクトであり、予在する適性である（本章第３節以降参照）。この区別に関連して言うと、芸術作品の存在論的カテゴリの統一を図った倉田 2012 の「タイプ化」は誤解や杞憂を（たとえば松本 forthcoming）招く用語であり、「タイプ視」とした方がよい。トークンが単数か複数か（演奏や複製がされたか否か）は、本体のタイプ性の成否そのものを変えはしないので。

＊154　AbemaTV やＢＳ11など多くのメディアで再放送された『ハルヒ』だが、初放送時と同じく「エンドレスエイト」が六月〜八月の週一で放送されたのは、これが初めてである。

＊155　ただし、本放送を「追体験できることでしょう」「この特異なエピソードをありのままの形で放送することに決めたＮＨＫ……」https://www.pixivision.net/ja/a/2594（傍線三浦）といった「反復」視の評が主で、メタ化を認定した言葉は見当たらない。

天ぷら仮説

普通のアニメとして（あるいはミニマルアートとして）二百分間見続けるのは勘弁してほしいという人も、コンセプチュアルアートなら趣旨を理解すれば完了なので、ほんの三秒で鑑賞できる。「あんなバカゲた実験」を制作委員会ぐるみ、複数の企業ぐるみで不評覚悟でやらかしたなんて、まことにすべらない話ではないか。せっかくのそんな実話なのだから、今や改めて丸ごと芸術に見立てれば、同じ「エンドレスエイト」という現象に定位した斬新な芸術的側面が伐り出されることになろう。*156

これが、「エンドレスエイト」が自らを退屈ならざる傑作に変貌させるための、秘めたる「陰謀」である。

しかし、そんな安易な手が通用するのだろうか？

メタでベタを正当化した、というだけのことではないのか？

何でもいいから適当に作ってみて、それをAと名付け、「私、Aです」とAが自己言及（自己提示、自己引用、自己対象化）していることにし、Aを構成する物理的物体がそれでコンセプチュアルアートになるとでもいうのか？　そういう手が成り立つなら、どんなつまらない作品であれ、そのまま一切手を加えずして、それなりのコンセプチュアルアートになってしまうのではないか？*157　安手のドラマが再放送のたびに、陳腐な絵画や戯曲が複製や上演のたびに、低俗な小説も再版されるたびに、傑作として生まれ変わることができるとでもいうのか。もとがどんな駄作だろうが失敗作だろうが。

これでは、第5章で引用したセミの天ぷらについてのハルヒのセリフ「天ぷらって衣が美味しいだけなんじゃない？」と変わらないことになってしまう。「レディメイド」あるいは「アート」「自己引用」という衣をかぶせさえすれば、どんなネタでも価値高く生まれ変わってしまう。ネタそのままの形に手を加えずとも、ただアートと呼びさえすれば。

これを「芸術の天ぷら仮説」と呼ぼう。コンセプトひとつ操作することによって、どんなつまら

＊156　物理的に同一の対象を意味的に別個の作品として鑑賞可能にする「水平的メカニズム」を「ライブアライブ」「サムデイ イン ザ レイン」について第4章で見た（注＊94、95参照）。対して本章では「エンドレスエイト」について、解釈枠組をメタ化する「垂直的メカニズム」を検証していることになる。「水平的」「垂直的」の中間に、「平行的（垂直的水平）」ともいうべき「ジャンル変換的」メカニズムも考えられる。たとえば、「エンドレスエイト」は制作陣がリアルに演じた壮大なハプニング演劇だったと見なすことだ。演劇視によっても、アニメとしての「エンドレスエイト」の退屈さは消去できるが、演劇として物理的にフォローするさいに必ずや同様の退屈さが発生し、話のタネという垂直的転化の面白さ（概念的面白さ）に結局転換されることになるだろう。

＊157◆　歴史上、既成の芸術作品をただ持ってきて新たな芸術を作る、という「芸術作品を素材としたレディメイド作品」の事例は存在するだろうか。すでに見たシェリー・レヴィーンの写真の写真という事例と同様、デュシャンの『L.H.O.O.Q.』『ひげを剃ったL.H.O.O.Q.』も、『モナリザ』の現物とは似ても似つかぬ複製を使っているので該当しない。無名画家十四人が描いた一四枚の絵をジョン・バルデサーリが自分名義で展示した『委嘱絵画』は、最低限の指示に基づいた描きおろしだったのでやはりこの事例から外れる。一番近いのは奥村雄樹『会田誠に本気でＶＯＣＡ賞を狙った絵を描いてもらう／その絵をＶＯＣＡ展に出す』改め『会田誠に本気でＶＯＣＡ賞を狙って描いてもらった絵』だろうが、制作上の指示はないにせよ描きおろしを使う予定だったことと、却下されて未遂に終わったことから、やはり既成作品のレディメイド化の事例とは言えない。ＶＯＣＡ展実行委員会の却下理由は、まず「平面作品」という規定に反する（コンセプチュアルアートは平面作品ではない）ということであり、次に改題作品については、四〇歳以下の作家という規定により会田誠は有資格でないということだった。奥村の主張は「展示された時点では、36才である自分の仕事である」というものである（奥村 2015）。

ないものにも芸術的オーラをまとわせることができるのだろうか？

いや、それは杞憂である。芸術はそれほどまでいい加減なおままごとではない。天ぷらを作るには、ネタと衣だけでなく、良い油と、職人技が必要であることを思い出そう。つまり、何かをレディメイド化によってコンセプチュアルアートに仕立てるには、お手軽な発言だけではダメで、しっかりしたコンセプトと芸術的文脈作りのテクニックが必要だ。コンセプチュアルアートである以上、最低限のコンセプチュアル環境に置かれねばならない。理解され諸含意を通じて発展性を持ち、独自の面白さが感じられるだけの理屈に支えられなければならない。美術展に落選した日曜画家の通俗な油絵をコンセプチュアルアーティストが購入して、自分の作品として展示してみたらどうか。やるのは自由だが、やるだけの意義は何だろう。それをやって「たしかにこれは有意義なレディメイドだ」と感心してもらえるような理屈は成り立つだろうか。ただ漫然とやったのでは実を結ばないだろう。

天ぷら仮説で芸術らしい芸術と認められるハードルは、意外に高いのだ。

ただ思いつきでやればなんでも高く評価されるというわけにはいかないのである。「芸術の天ぷら仮説」は、決して「芸術のテンプレ仮説」ではない。天ぷら屋さんの技術に優劣があり、絵具を垂らす抽象表現行為に巧拙があるように、そしておふざけの質に高低があるように、コンセプチュアルアートにも優劣があるのだ[*158]。

「エンドレスエイト」の場合はどうだろう。退屈アニメから傑作コンセプチュアルアートへと有意義に転用できるだろうか？[*159]

第3節　消極的陰謀その2——実質的コンセプト

廃物利用戦術

「エンドレスエイト」がもともと通常のアニメとしては失敗作だとしても、それを通常のアニメではなくレディメイド（コンセプチュアルアート）のパッケージで観れば、傑作になるかもしれないことはわかった。しかし、コンセプチュアルアートとして観ても傑作とは言えないことがわかるかもしれない。レディメイドとしての「エンドレスエイト」がどの程度のコンセプチュアルアートなのかは、提示される理屈しだいだ。[160]「理屈のコンセプトが弱い！」という批判は常に起こりうる。[161]

前節では「コンセプチュアルアート視できるという理屈」を考えてきたが、本節では「コンセプチュアルアートとしての理屈」（コンセプチュアルアート視した場合に持ちうる理屈的価値）を考えて

＊158◆　特定の対象が芸術（コンセプチュアルアートに限らず任意のカテゴリの芸術）かどうかは知覚可能な性質によってではなく理論によって決まる、というダントー1964の洞察は、芸術の定義だけでなく芸術作品の解釈や評価に対しても適用できる。

＊159◆　アニメかつコンセプチュアルアート、ということも可能である。ケージの『四分三十三秒』は同一作品が音楽作品かつコンセプチュアルアートだとして認められている。翻って、注＊157で言及した『会田誠に本気でＶＯＣＡ賞を狙った絵を描いてもらう／その絵をＶＯＣＡ展に出す』も『会田誠に本気でＶＯＣＡ賞を狙って描いてもらった絵』もともに、「出す行為（コンセプト）」であるとともに平面作品である、という理屈は十分成り立ったはずだろう。平面作品の「作者」は平面の物理的直接原因である必要はなく、間接原因（依頼者）で十分だろうから。

みよう。「エンドレスエイト」のレディメイド化（自己対象化）という「陰謀」が謀られたとして、それを成功させる――傑作コンセプチュアルアートを生み出せる――理屈があるかどうかを確認するのである。その理屈とは言うまでもなく、「エンドレスエイト」がどこでどう失敗していたか、その諸要因をコンセプチュアライズするところに醸し出されるユーモア、アイロニー、不条理感、非日常感覚等々に他ならない。

というわけで、我々が諸章で確認してきた〈アニメ作品としての「エンドレスエイト」〉の主な欠点をここで改めて箇条書きにしてみよう――第3章第2節末尾にまとめておいた〈物語〉〈表現〉〈プロジェクト〉〈コンセプト〉の四契機を思い出す機会を兼ねて。

(1) 物語の進展がないため娯楽産業の需要を満たしていない。（物語上の破綻）

◎(2) 物理的にありそうにない非カオス的ループを描くことで、必要以上に平坦な表現に閉じこもってしまった。（物語上の破綻）

◎(3) 当該ループが物理的にありうると仮定しても、その中の複数シークエンスを描くのに、アニメというトップダウン型メディアは適さなかった。（表現上の破綻）

(4) カタルシスのための仕掛けやオタクへの自己パロディ誘発剤としてはコスパが悪すぎる。（表現上の破綻）

◎(5) 超監督ハルヒ（第II期新作では団長ハルヒ）が作ったアニメだ、というプロジェクトアート的設定がハルヒのキャラに反している。（プロジェクト上の破綻）

◎(6)　長門と同種のストレスを視聴者に味わってもらうという趣旨は芸術的に低級だった。（表現上の破綻）

◎(7)　そもそも原作の解釈として「長門壊れた説」は誤りであるにもかかわらず、この説に頼って視聴者感情へのマイナス効果を正当化した。（物語上・プロジェクト上の破綻）

(8)　暗黙の歴史的使命からして裏技へ逃げてはいけない『ハルヒ』だったのに、あえてエヴァの逆説的呪縛に甘んじた。（プロジェクト上の破綻）

(9)　実験として中途半端で、娯楽を放棄しておきながらアートクラスタを唸らせるほどの反俗的徹底を遂げたわけでもない。（プロジェクト上の破綻*162）

「物語上の破綻」(1)(2)(7)で傑作エンタテイメントになりそこね、「表現上の破綻」(3)(4)(6)で傑作アート（ミニマルアート、モダニズムアート）にもなりそこね、そうして残った失敗をプロジェクトア

＊160◆（失敗作である）アニメとしての「エンドレスエイト」と、（失敗作でない）コンセプチュアルアートとしての「エンドレスエイト」とは別の芸術作品と考えるべきだが、その二つが同一の芸術作品だという見方もできないわけではない。「コンセプチュアルアート」が、「彫刻」「音楽」「アニメ」のようなジャンルと並ぶカテゴリなのか、別の分類軸によるカテゴリなのかによって、一つの作品がアニメかつコンセプチュアルアートだという認定が可能か不可能かが決まるだろう。注＊81参照。

＊161◆あとふたつ批判的立場がありうる。コンセプチュアルアートそのものが芸術ジャンルではなく「ハードケース（芸術かどうかが議論の的になるもの）」の総称にすぎないという立場と、芸術ジャンルだとしても価値の低いものだ、という立場だ（Cone 1977, Beardsley 1982, 83, Zangwill 2007 等）。それらの立場はここでは脇に置くことにする。コンセプチュアルアートの、芸術的価値以外の意義について第10章で考察する。

ート流に生かす道を開く道も⑸⑺⑻⑼ゆえに閉ざされ……、というのが現段階における、我々のエンドレスエイト観（通常アニメとしての）である。

――これらの欠点を「コンセプト」の契機でまとめて、スキャンダラスにしてユーモラスな傑作コンセプチュアルアートを創出する、という目論見は成功しうるだろうか？

九つの欠点はどれも、「実際に二百分かけて観た場合に感じられる欠点」つまり感覚的にマイナス評価を余儀なくされるものである。ゆえに「観る価値はない」「話に聞けば十分」といったたぐいの属性である。そして「実際に観られず話に聞かれた」場合、「エンドレスエイト」は、凡百のコンセプチュアルアートに比べて少なくとも同等以上の考察やアイロニカルな感慨を誘発し、芸術概念を再考させる問題提起を行なっている――そのように明言できるだろうか？

できると思われる。コンセプチュアルアートとしての「エンドレスエイト」が我々にもたらす概念的異化効果を、各項目ごとに確かめてみよう。なにしろ元が「陰謀」なので、どの項目も一見こじつけめいて響くかもしれないが、すべて合わされば相当の概念的質量に達するはずである。

⑴　娯楽産業の需要を反故にしたことは、前衛的テロリズムを、ポピュラーアート経済圏のど真ん中で演じるといういわば〈テロリズムの模倣〉であり、現物より模倣の方がはるかに実行困難という意味で〈倒錯した模倣〉だった。キャラの戯れの上に強引にアートを覆いかぶせた点で、アートの世界にキャラをすんなり移植しおおせた村上隆のネガを批評的に演じた身振りを見ることもできる。

(2)　サスペンス実現という視聴者サービスの動機が、実験的雰囲気第一という独善へと容易に滑り出してしまうデモンストレーションとして、クリエイターへの普遍的な教訓となった。[*163]

(3)　アニメの描写力の限界の偽悪的実践。必ずしも最適ならざる媒体によって特定題材を描かねばならない芸術活動一般の足掻き・無益性・自己目的性のアレゴリーになっている。

(4)　制作コスパと鑑賞コスパのズレを誇張して、芸術特有の「反・効率性」「非実用性」「無関心性」をアピールした。[*164]

＊162　◎をつけた(2)(3)(5)(6)(7)は、第4章・第5章で考察した「物理学的誤謬」「ジャンル的誤謬」「メタフィクション的誤謬」「芸術学的誤謬」「解釈的誤謬」に該当する。(6)と(7)は合わさって、「サプライズ→サスペンス→カタルシス」の絶妙パターン実現のためには(1)(2)(3)(4)のような「実験の暴走」が必要だという錯覚を生んだのだった（第6章第2節）。実験そのものを論理的目的とはしないこの錯覚ゆえに、(9)の「実験の動揺」という印象がもたらされたのだった（第7章第1節）。

＊163　商業原理の要請により反娯楽的な「引き伸ばし」に陥る例も、(1)(2)の要因に数えられる。たとえば福本伸行『アカギ』『賭博堕天録 カイジ ワン・ポーカー編』のような極端な引き伸ばし（連載数か月分を通じてワンシーンのみ、作中時間が一時間も進まない……）は、通常のマンガとしては駄作になってしまったが、コンセプチュアルアート視してみれば高く評価する余地がある。

＊164　(3)と(4)は、第4章第3節で述べた次の但し書きへの応答になっている。「どんな失敗作・駄作を擁護するのにも使えるトリビアルな詭弁に頼らないためには、「エンドレスエイト」ではとくにどのような要因が働いて実験的価値を高めたか、を具体的に指摘する必要がある」。なお(4)は、コンセプチュアルアートの制作アルゴリズムの一つをなすと言える。たとえば新しい科学技術を使ってコストの高すぎるアート制作がなされれば、それだけで「コンセプチュアルアート性」が認められる可能性が高い。稲葉・三浦 2017、七〇一頁。

逆コンセプチュアルアート？……………………………………………

以上(1)〜(4)について、「エンドレスエイト」は基本的な概念実験路線の意義を誇ることができたと言える。アニメ『ハルヒ』に没入しようとしていた視聴者をふと我に返らせて、「アニメとは何か」「アニメのファンは何を求めていたか」「アニメには何が期待されうるか」……こういった問題意識を暴力的に掻き立てたのだ。アニメのファンは、概して、物語（ストーリー）を楽しんでいるのか、それとも表現（絵や音や動き）を楽しんでいるのか。「エンドレスエイト騒動」は、前者の比重が思いのほか高い、という事実を明るみに出した。すなわち、次のような推測は間違いだったのである。

「すでにストーリーを知っている原作既読者がわざわざアニメ化された作品を見るのは、アニメの音と色に喜びを見出しているからである。原作に忠実に作られたアニメにはストーリーに新味はないのだから」……。

これはとりわけ、西尾維新の『化物語』のように、「映像化不可能だろう」と思われる原作を見事に自然な（?）アニメにしてしまった事例についてはかなり当てはまりそうな仮説だった。「なんと、こうやって映像化したか！」という技術的要素への感嘆こそが、原作付きアニメを観る楽しみの重要部分であるに違いない、と。

しかし「エンドレスエイト」は、それが誤りであることを実証した。

『涼宮ハルヒシリーズ』では「映像化不可能な作品をどう映像化するか」という好奇心誘発度は『化物語』より小さいにせよ、「萌え動画による快感」の比重は『化物語』の比ではないはずだった。

同一ストーリーをそれぞれ異なるスタッフが各々のテクニックの粋を凝らしてループさせてくれるなんて、色と音と動きというアニメ的精髄を堪能するのにうってつけの企画だ。……と思われたのだが……。

そうはうまくいかないことが判明した。アニメ好きの意識は表現より物語に向かっており、「同じ話」の繰り返しには閉口した。意味情報の空疎さを視聴覚的機微が埋め合わせることはできなかった。ほとんどのファンは「アニメ化されたらどうなるか」だけを楽しみにしており、「どのようにアニメ化されるか」には無関心だった。すなわち、「アニメ化という選択肢がどういうものか」には関心があっても「アニメ化においてどういう選択肢があるか」には無関心だった。このキャラクター、あのキャラクターがこのストーリー、あのストーリーとの組み合わせにおいて動いて喋るとはどういう感じか、を一種類だけでも知ることができればオタクは十分だったのだ。*165　一回アニメ化されれば、よほど別ジャンルに見えるほどのリメイクでない限り、もはや興味はない。

ファン層のそういった大味な趣味傾向（これは『化物語』でも同じだと思われる）を明らかにした点で、「エンドレスエイト」はマーケティングリサーチの実験として成功だった（唐沢・村崎 2010、二六八–九頁）。「エンドレスエイト」は、『涼宮ハルヒの憂鬱』というプロジェクトアートの中の「ハルヒファンを篩にかけるスクリーニング調査部門」を担ったとも言えるのである。

＊165　第６章第２節で、同一ストーリーを何度でもオタク受けさせる表現的バリエーションを想像したが、あれらはみな、キャラクターやジャンルを変換する提案だったことに注意。

マーケティングリサーチの実験成果を提示すること。これはコンセプチュアルアートの分類でも「ドキュメンテーション」にあたるメジャーな制作手法であり、より包括的で実証的な「アニメ論」「芸術論」で作品を覆うための優れてコンセプチュアルな戦略であると言えるだろう。[*166]

マーケティングリサーチのスクリーニング調査を成立させるためには、オタクたちに実際に「エンドレスエイト」を観てもらい、色と形と動きのアニメ鑑賞を実現することが必須の条件だった。「エンドレスエイト」のコンセプチュアルアート性は、皮肉にも真面目なオタクたちが非コンセプチュアルにせっせと通常鑑賞に励んで物語的期待を裏切られた修羅場を、後の鑑賞者が概念的に参照する二次現場において真に成立するわけである。——物語にばかり気をとられていないで、アニメにはほら、色と音の刺激があったことを思い出しましょうよ、何遍でも表現を楽しみましょうよ、と。

むろん「表現」は疑似餌である。本来、コンセプチュアルアートにとって物理的知覚性は本質的でないので、物理的知覚性の重要さを主張してみせる「エンドレスエイト」のコンセプトは逆説的である。この点で「エンドレスエイト」は「逆コンセプチュアルアート」の名にふさわしい。[*167] 表現に向き合えなかった物語志向者を襲う潜在的自責の念それ自体が、コンセプチュアルな作品メッセージと化すのである。

ファンの空気を普通に読めばまだお呼びでないことが明白の「アニメ論」をことさらに現場で演じようとするあまり、「エンドレスエイト」は過剰に微妙で退屈な繰り返しに固執した。アニメファンへの実験およびアニメ論としての成功は、同時に通常アニメとしての成功にはならなかった。

そのことを(1)〜(4)は冗長な仕方で（芸術らしい非最適化方式で）実証したわけである。

さて、残る諸項目を駆け足で見ていこう。

(5)は「プロジェクトアート」という試みの限界、宿命的な内的不整合を露呈した実験成果と評価できる。

(6)は「しょせん娯楽的商品はポルノでした」という開き直りであり、アニメ相応の自意識を自嘲的にアピールしている。*168

(8)は業界的期待を反予定調和的にちゃぶ台返しする反歴史的アジテーションと見なせるが、もっと単純に、「鑑賞者の自然な期待を前提ごと裏切る」というコンセプチュアルアートの基本を実践している。

(9)「アニメでできる実験の限界がこれなんです」「実験についての実験なんです」「オタク界 or

＊166　注＊137で紹介したコンセプチュアルアートの四形態について言えば、テレビアニメでの場違いな実験という「介入」を「レディメイド」化することにより「ドキュメンテーション」を提示し、アニメ論や芸術哲学の「言葉」を誘発しうる「エンドレスエイト」は、四形態すべてを同等の重みで兼ね備えている、あるいは互いに拮抗する重みにより成立している。つまり範例的なコンセプチュアルアートと見なしうる。

＊167　「逆コンセプチュアルアート」については、注＊141参照。

＊168　作品本来の力を超えるために作品外のリアルな事情に訴えて失敗したことが(5)(6)の輝きとなっている。同系統の例として、注＊29で触れた村上隆のアニメ『６ＨＰ／シックスハートプリンセス』は、未完成アニメを強引にドキュメンタリー番組に変えた異色作と言える（しっかりドキュメンテーション系コンセプチュアルアートにもなっている）。モキュメンタリー映画『ブレア・ウィッチ・プロジェクト』（一九九九年）の、観客にジャンルを誤認させるメディアミックス展開も同類だが、あれは本来のジャンル（劇映画）での成功作なので、コンセプチュアルアート視を要しない。

サブカル界の芸術リテラシーのシミュレーションです」……芸術的啓蒙を図りながら、かといって娯楽の分際も脱却できないという、芸術全般の限界をアニメ界に投影した縮図として秀逸だ。[*169]

さて、残る(7)は？

未回収属性「長門壊れた説」

(7)以外の項目はすべて、「エンドレスエイト」がコンセプチュアルアートとして成功するための「いかにも」と言えそうな共通の条件を満たしている。すなわち、「自らの失敗を、意外性、ジャンル的限界、芸術の逆説的論理などを自覚しているしるしへと転化する」といったことである。ナマの芸術作品としてはただの欠陥となるべき属性が、メタレベルで引用されることにより、「欠陥の自覚的活用」へ超脱した。しかし(7)については、この戦略は応用できそうにない。

(7)以外の項目は、芸術、アニメ、鑑賞者への効果、プロジェクトアート、エンタテイメント、ラブコメ、実験、歴史的意義、コストパフォーマンス、商業原理、などといった一般的概念に関する自己批評を演じたものとして再解釈できた。しかし(7)だけは、「エンドレスエイト」と『消失』の関係という、『ハルヒ』特有の個別的事情に関わっている。『消失』が全体で最も重要なエピソードであり、かつ長門有希という特異な人気キャラの造形に関わる事項であるために、(7)が深刻な要因となっているにすぎない。

(7)のような、個別の当該作品における特殊な解釈がうまく働かなかったというタイプの失敗は、一般概念に関する批評へと普遍化させにくい。[*170] 制作過程で作品解釈が破綻していたことをコンセプチュアルアート視できるとなると、「こういうダメな解釈に沿って作ってみました」「勘違いに基づいたダメな作品作っちゃいました」という形で、どんな駄作も傑作化できてしまうことになる。そういった安易な自作自演の理屈によるレディメイド化は、「芸術の天ぷら仮説」に反しており、傑作を生むことはできない。

つまり(7)は、「エンドレスエイト」をコンセプチュアルアート視することによって逆用できる素材ではない。コンセプチュアルアート特有の「芸術という一般概念やその下位概念に関する考察を促す要因」ではないということだ。「エンドレスエイト」もしくは『ハルヒ』だけに関わる個性的な要因なのである。

(7)という欠陥は、このように、「エンドレスエイト」の価値を高める作用を持ちえない。[*171] とはいえ、コンセプチュアルアート視によって(7)の欠陥性はいちおう消える。したがって、(7)以外の欠陥的属性の価値創出作用を(7)が妨げることもない。

こうして(7)以外の八つの属性は、「本来欠陥である属性ながらレディメイド化・コンセプチュア

*169　中途半端性の解釈可能性は無限である。たとえば「ラブコメ」というジャンルに対する自己批評とも解釈できる。「付き合うでも付き合わないでもない中途半端（な関係）」がラブコメの王道であり、ハルヒとキョンの関係もその例外ではない。「(視聴者にとっての）エンドレスエイトの微温的娯楽度」は、「(キャラクターにとっての）恋愛の娯楽度」の投影と見なしうる。

*170　「アニメ化にさいしては原作を正しく解釈すべし」という教訓を具体化している、と言えなくもないが、これは一般的な形で(2)によって満たされてしまっている。

*171　(7)のこの特殊な論理的地位は、「エンドレスエイト」の芸術的価値に関して積極的役割を創発させうる。興味深いその可能性について、第９章で考察する。

ルアート視によってうまく生かしうる」という、いわば「消極的理由」であることがわかる。「エンドレスエイト」をコンセプチュアルアートとして見るべきならば、という条件のもとで価値創出に働く要因ということだ。それでは、「エンドレスエイト」をそもそもコンセプチュアルアート視して扱うべき積極的理由はあるのだろうか。換言すれば、作品そのものが持つ諸特徴のうちに、コンセプチュアルアート視を誘発または教唆または要求するような属性が見いだされるだろうか。

そうした属性がなければ、本節で見た消極的理由も働きようがなく、「そんなレディメイド化はこじつけだ」ということになりかねない。コンセプチュアルアートとして見直せば面白い芸術作品は世界中にたくさんあるだろうが、そのどれもがコンセプチュアルアートと見なすべき作品だとは限らないからである。[*172]

結論から言うと、「エンドレスエイト」には、コンセプチュアルアート視のためのきわめて有意義な積極的理由がある。あの連作は、本節で見たようにコンセプチュアルアート扱いできるというだけでなく、その属性からしてコンセプチュアルアート扱いすべき作品なのである。

その積極的理由なるものとしては、幾度か言及してきた『Organ^2/ASLSP』との年数的一致を今度こそ堂々と挙げることができるだろう。有名なコンセプチュアル音楽への参照を促すあいった仕掛けは、「あの種の芸術としても見てね！」という合図だったに違いないからである。前節で触れたように、年数的一致は作り手の範疇的意図の証拠にはならないものの、もはや範疇的意図をプロジェクト外郭に追い出した今となっては、『Organ^2/ASLSP』への引喩は、コンセプト定位鑑賞を支持する強力な裏付けと見なしてよい。

しかしそれだけではまだ不十分だろう。人気アニメをコンセプチュアルアート視する、というのは大それた試みだからだ。『Organ²/ASLSP』との年数的一致のような、間テクスト的な形跡というものはたしかに重要ではあるものの、本当にコンセプチュアルアート視に踏み出すには、テクスト内的な明確な証拠が欲しい。他の作品の存在に頼るまでもなく、当の「エンドレスエイト」もしくは『ハルヒ』それ自体の形式または内容の中に、コンセプチュアルアート視へのベクトルが発見できないものだろうか。

実は、発見できる。いみじくも形式的なベクトルと内容的なベクトルの両方が。その二種類の〈コンセプチュアルアート視のための積極的理由〉を、次節・次々節で検証しよう。

第4節　積極的陰謀その1――形式的構造〜メタフィクション

メタ芸術的プロジェクト

アニメからコンセプチュアルアートへ「エンドレスエイト」を転用すべき積極的理屈。その第一

＊172　(3)のジャンル的限界に起因する表現的欠陥、(8)の歴史的地位の担い損ない、といった条件を満たす芸術作品は音楽や絵画や小説に数限りなくあるが、そのどれもがコンセプチュアルアートとして成立するわけではない。コンセプチュアルアート視を必然化する要因を判別するような一般的定式化ができる保証はないが、「エンドレスエイト」という特殊事例について当該要因を明示し、一般化のための手掛かりとするのが本章の目的である。

のものはこういう理屈だ。――コンセプチュアルアートの別称は「メタ芸術」だが、それは芸術概念を対象化して考えさせる芸術だからである。そして、特定の芸術作品そのものをレディメイドとして提示すれば、芸術という概念だけでなく「特定の芸術作品」という概念について考えさせるメタ芸術になる。つまり、「特定の芸術作品であるとはどういうことか」へと考察を広げさせるメタ芸術になる。*173 具体的には、たとえば「レディメイドにされた素材の作品と、レディメイドとして出された作品とは、見分けがつかないし物理的媒体も同一だが、本当に別個の作品なのだろうか？」と問いかけることになるだろう。

こうしたメタ芸術は、視点を内外反転させると「芸術内芸術」あるいは「芸術中芸術」として現われる。対象化された芸術作品に視点を据えれば、対象化した方の芸術作品の内部（引用符内、枠組内、舞台上……）に存在することになるからだ。さて、芸術中芸術と聞いて、何か思い出さないだろうか？

そう。第I期『ハルヒ』の冒頭を飾ったのは、ほかならぬ劇中劇だったではないか。アニメ中映画の「朝比奈ミクルの冒険 Episode:00」である。

あれは、プロジェクトアート『ハルヒ』によって涼宮ハルヒが全体の超監督に就任させられる前に、原作小説の中で正真正銘、涼宮ハルヒが超監督を務めた作品だった。そしてあれはもちろん、自主制作映画以前の駄作だった。映画撮影のイロハも知らないSOS団メンバーによる事実上脚本なしのアドリブ映画であり、演技・ストーリーが破綻している上に、カメラワーク・編集・合成技術どれも素人丸出しの様子が記録されていた。粗い画質、台詞棒読み、レフ板やカンペの写り込み、監督の指示音声混入、等々。誰が見ても稚拙な出来である。そしてそういう代物を強引に一丁前の作品として公開することは、超監督涼宮ハルヒの十八番なのだ。

「エンドレスエイト」は駄作ではなく失敗作と言うべきものだが、「朝比奈ミクルの冒険Episode:00」と同じコンセプトで見ることができる。すなわち、失敗作でありながら放送中止とはせずあえて八回放送に踏み切ったというプロセスに、アニメをメタアニメに仕立てるコンセプチュアルアート志向のエネルギーが感じ取れるのである。世評をものともせずレディメイド作品に仕立て直す、というハルヒらしさの最たるものだ。

「エンドレスエイト」のような非エンタメを作るのはハルヒらしからぬことだ、と第５章第３節で確認したのだったが（前節の⑸）、いったんその非エンタメ作品が（ハルヒとしては不覚にも）作られてしまったならばどうだろう。それならば仕方がない、「自分らしくない失敗」を「これは正しい」と強弁し、なりふりかまわず廃物利用する……そういう態度はハルヒのキャラに合っているではないか。

稚拙な作品やトンデモな作品を、まとめて衣をつけて天ぷらにして美味しくしてしまおうという戦略だ。[*174]

＊173◆芸術哲学の分類で言い直せば、「〈芸術の定義〉の問題圏から、〈芸術の存在論〉の問題圏へと考察を広げさせる作用を持つ」。

＊174　ハルヒは「エンドレスエイトⅠ」でセミを捕まえた後、本気で天ぷらにするつもりかとキョンに聞かれて「あんた食べたいの？冗談よぉ」と答える。超監督ハルヒは、レディメイド化で高尚芸術視できないものはない、といった「強い天ぷら仮説」を信ずるほど過激ではないようである。

さあ、次第に見えてきた。本章のここまでの議論をいったん整理すると、次のような解釈モデルが構成できるだろう。

・芸術作品Aをそのままレディメイド化してメタ芸術作品A´として提示したとき、A´はAの性質の多くを引き継がない。したがって、芸術的価値の低い（高い）作品を芸術的価値の高い（低い）作品として提示することができる。
・メタ芸術A´がAにはない高い美的価値を持ちうるかどうかは、よい理屈の有無に依存する。（前節で見た消極的理由）
・メタ芸術A´がAにはない高い美的価値を実際に持つかどうかは、A´をあえて提示するための理論的根拠がAの属性のうちに見出されるかどうかに依存する。（本節で検討している積極的理由）
・「朝比奈ミクルの冒険 Episode:00」の属性にはその理論的根拠があった。ゆえに、素人の撮った駄作がそのまま大ヒットアニメの傑作第1話になりえた。*175
・シリーズ冒頭にレディメイドが置かれたということは、『ハルヒ』ではいざというときにいつでもレディメイド化戦略が使われるべきであるというシグナルとなっている。
・「エンドレスエイト」こそその「いざというとき」だった。「朝比奈ミクルの冒険 Episode:00」の先導のもとで、元来失敗作であった八回分を、当の失敗作そのものではなく、失敗作をそのまま引用したレディメイド同名作品として放送した。
・素材となった失敗作と、放送されたレディメイドとは、知覚的に弁別できない。しかしコンセプトは異なる。放送作品「エンドレスエイト」を真に堪能するには、前者として見るのではなく、後者として理解しなければならない。

フィクションっぽく！

「朝比奈ミクルの冒険 Episode00」に関連して、さらに次の事情が加わる。「エンドレスエイト」の直後に続く「溜息Ⅰ〜Ⅴ」は「朝比奈ミクルの冒険 Episode00」の制作過程を描いたエピソードだが、そこでは「フィクションであること、ウソであることの明確な表明」が求められていたという事情だ。

映画撮影中にハルヒは興奮のあまり、虚構内出来事を現実化させる潜在意識パワーを発揮してしまう。朝比奈みくるの目から本物のレーザー光線を発射させたり、神社のハトの色を白く変えたり、季節外れの桜を咲かせたり、猫に人語を喋らせたり……。これは危険な兆しなので、キョンと古泉は相談して、エンドロールで「これはフィクションです」というナレーションをハルヒに語ってもらうことにする。現実（シミュレーション）と映画（フィクション）の区別をハルヒが意識し続ける

＊175　正確に言うと、「駄作がそのまま」ではない。第Ⅰ期第一話および第Ⅱ期第二十五話の「朝比奈ミクルの冒険 Episode:00」は、劇中劇である駄作映画そのものの終了後に、試写を終えて気勢を上げるハルヒや肩をすくめるキョンたちの姿も描かれているからである（本編と同じしっかりした作画で）。ゆえに丸ごとの劇中劇とは言えない。対して、「エンドレスエイト」のコンセプチュアルアート視には、丸ごとのレディメイド化が必要とされる。このズレは（前注で触れた相違とともに）論理的相違を示すが、類似性を消し去るものではなく、レディメイド化の合理的動機としての積極的理由を妨げはしないだろう。

ことが世界の安全確保のため必要というわけだ。[*176] ハルヒは「決まりだから」ということでしぶしぶ同意し、映画のエンドロールで「これはフィクションです」云々の決まり文句のナレーションを担当したのである。

その配慮、つまり現実の超常現象にハルヒが気づかないようまわりがフォローすることは、「溜息」だけでなく『ハルヒ』全編を支配するモチーフだ。このことは、涼宮ハルヒ超監督（制作委員会SOS団団長）にもあてはめることができる。したがって「エンドレスエイト」でも、こんな厄介な時間ループなんぞが現実に起きているわけがない、という自明のことを「エンドレスエイト」制作中の涼宮ハルヒ団長自身に自覚してもらわねばならない。そのためには尋常ならざる放送形態をとるべきだ。というわけで、あえて八回も反復放送するという奇策を団長代理（石原立也監督）をはじめとするスタッフはハルヒ団長（監督）に提案し、ハルヒはしぶしぶ同意し、首尾よく「フィクション的不自然さ」をメタフィクショナルに醸し出すことができた――そういう設定がふさわしいのだ。

閉鎖空間の拡大も困るが、古泉の「機関」の努力で対処しようのないループはもっと厄介なのである。全エピソード中、「エンドレスエイト」だけ特別扱いにされたのも当然なのだ。時間ループを現実に起こせる、などとハルヒの意識にも潜在意識にも悟らせてはならない。だからリアルに作ってはならない。「エンドレスエイト」をあえて嘘っぽく、バタフライ効果抜きで、マクロ構造の上をミクロ装飾が上滑りする形で、反シミュレーション的な手作りで愚直に反復した（前節の⑵⑶のは、プロジェクトアートとしての『ハルヒ』にとってまことに理にかなったことだったのだ。

「エンドレスエイト」の表現が不自然なのも演出が場違いなのも、こういったコンセプトのもとに置いてみればすべて納得がゆく。少なくとも「物理学的誤謬」「ジャンル的誤謬」は誤謬ではなかった。「エンドレスエイト」はアニメそのものではなく、アニメのフィクションなのだから。

こうして「エンドレスエイト」は、アニメの観念すなわちコンセプチュアルアートとして理解できるだけでなく、そう理解されるべきだ、ということになる。「朝比奈ミクルの冒険 Episode:00」は、「エンドレスエイト」レディメイド化のために十分な積極的理由を与えるのである。

第5節　積極的陰謀その2——物語的構造～情報統合思念体

脱TPDD

前節で見た「朝比奈ミクルの冒険 Episode:00 モデル」とも呼ぶべき理屈は、劇中劇とレディメイド化とが類似しているというものだが、それは「失策をメタレベルでネタ化する」という共通性にもっぱらもとづいていた。つまりその類似性は、あくまで形式的構造上のことに限られる。「朝

＊176　古泉は「溜息V」で「夢オチ」にすることを提案したが、それでは到底ハルヒが納得しないだろうということでキョンが却下。夢というシミュレーションオチでなくフィクションオチになったことは、「エンドレスエイト」のコンセプチュアルアート視にとって幸いだったと言える。芸術作品のコンセプチュアルアート視は、芸術作品の人為的観念化、つまりフィクション化だからである。

比奈ミクルの冒険 Episode:00」自体は、駄作のレディメイド化とは言えるが、コンセプチュアルアート視を行なってはいないことに注意しよう。そのダメっぷりを頭で知るだけでなく、「じっくり知覚的に味わう」ことが重要だからだ。「ハルヒたちが作った稚拙な映画がある」ということを言葉で伝え聞けば「朝比奈ミクルの冒険 Episode:00」の視聴覚鑑賞の代わりになるかというと、決してならない。現物を観ないことには本当の鑑賞にならないのだ。

この点で、「朝比奈ミクルの冒険 Episode:00」は、お笑い業界における「すべり芸」「すべり笑い」に似ている。たとえば『人志松本のすべらない話』で語り手がすべったとき、最後に「……という話なんですけど」と付け足すだけで笑いをとれる、という戦術だ。シラケて静まり返った瞬間をとっさに引用符内に囲い込み、ヘタをメタでネタ化する手法と言えるだろう。「すべってしまいました」「場違いな真似やらかしてしまいました」という事実そのものを笑いの対象にするわけだが、その事実が伝わりさえすればウケるかというと、そうはいかない。すべった話の内容、自己フォローを入れたタイミング等、知覚的に丸ごと鑑賞してもらわねばすべり笑いは実現できない。ヘタを打った事実を知るだけでなく「いかにヘタだったか」を経験することが鑑賞の本質的部分を構成する。つまり、すべり芸はメタ芸術ではあるが、コンセプチュアルアートではないのである。

「朝比奈ミクルの冒険 Episode:00」も、いったん作られた駄作のレディメイド化でありながらコンセプチュアルアート視はなされていない。レディメイド化は必ずしもコンセプチュアルアートを生むとは限らないのだ（形や光沢を愛でるために既製品の便器を非便器として展示することもできる）。

こうして見ると「朝比奈ミクルの冒険 Episode:00」は、「エンドレスエイト」のコンセプチュアルアート視プログラムの原型ではあるが、構造的なモデルにとどまっており、不完全である。もっと直接的なアナロジー、つまり「知覚的媒体をコンセプト化すること」をはっきり奨励するようなモチーフが『ハルヒ』の中に見出せないものだろうか。

幸いにして、見出せる。「エンドレスエイト」をコンセプチュアルアートとして見た方がよいとする第二のいっそう積極的な理屈は、まさに『ハルヒ』の物語構造に関わる重要キャラクターによって支持されるのだ。そのキャラクターとは——

「情報統合思念体」である！

情報統合思念体とは、「全宇宙にまで広がる情報系の海から発生した肉体を持たない超高度な知性を持つ情報生命体」であり、「実体を持たず、ただ情報としてだけ存在する」（『憂鬱』一二〇頁）。この非物質的な純粋意識は、キョンたちが長門を通じて頼る最後の砦である。「笹の葉ラプソディ」で、ＴＰＤＤ（タイムマシン）をなくして元の時空に戻れなくなった朝比奈みくるとキョンが長門に助けを求めるが、そのとき次のような会話がなされた。

長門　「時間を移動する方法は一種類ではない」
朝比奈「あのう……それはどういう……」
長門　「ＴＰＤＤを用いた有機情報体の転移には許容範囲ではあるがノイズが発生する。我々にとってそれは完全なものではない」

朝比奈「長門さんは完全な形で時間跳躍できるの？」
長門「形は必要ではない。同一の情報が往復できささえすれば充分」

時間移動の専門集団に属する朝比奈みくるに比べてすら、長門有希はより優れた時間移動方法を手にしている。それはタイムマシンのようなハードなかさばる方法ではなく、別の時間の自分と単に「同期すること」である。物質的形態や質量を捨象して「実体なき情報」だけをやりとりするソフトな方法だ。

肉体を持たない情報統合思念体自身が、物質的媒体なき情報操作そのものなのである。つまり、形や色や音を伴うモノとしてでなく、概念として情報を伝達すること。たとえば、形や色や音を伴うアニメとしてではなく、概念だけを伝えるコンセプチュアルアートとして発表すること。

『涼宮ハルヒシリーズ』の真の主人公とも言える情報統合思念体の流儀がそれであるならば、『ハルヒ』そのものがそのやり方で作られていてもおかしくない。『ハルヒ』全体をあえてコンセプチュアライズしないまでも、その中で最も困難を生じた部分については、「情報が往復できささえすれば充分」な方法、つまりコンセプチュアルアート視する方法で切り抜けるのが最善ということだ。最も困難を生じた部分とはもちろん、「エンドレスエイト」だろう。キョンと朝比奈みくるの窮地を救ったのと同じ非物質的方法で、「エンドレスエイト」という「アニメ鑑賞の危機、オタクの窮地」から鑑賞者も『ハルヒ』もともに救われるのである。

物質に頼る朝比奈式伝達では、未来との連絡がとれなくなってしまった。ループの外とのコミュニケーションが途絶した。つまり「エンドレスエイト」がただの失策に終わる危機に見舞われてしまう。知覚的性質に満ちた通常アニメとしてあれを漫然と観ていたのでは、鑑賞者は朝比奈みくるといっしょにただ泣くことしかできない。情報だけを移す長門式伝達に切り替えれば、ループ全体を記憶し解釈し、そして評価することができる。つまり「エンドレスエイト」はコンセプチュアルアートとして成功する。

「エンドレスエイト」の時空系列がただひとり長門によってすべて記憶されたという事実こそ、「エンドレスエイト」の芸術的価値が長門方式で真に救われることを意味しているのだ。あの8回シリーズは物質的媒体としてでなく、コンセプトとしてのみ消費せよ、と。

この情報統合思念体ルート、前節の「朝比奈ミクルの冒険 Episode:00」ルートという二つのテクスト内的理由（そして『Organ²/ASLSP』ルートという間テクスト的理由も）を合わせれば、「エンドレスエイト」をもっぱらコンセプチュアルアートとして鑑賞せよ、という指令は、どうやらほぼ絶対順守を要する域に達した。「エンドレスエイト」を再評価に持ち込もうとした我々の裏ワザ（陰謀）は、まんまと功を奏した。

——ように見える。

ところがここでひとつ、奥深い理論的ねじれに我々は気づかねばならない。我々の陰謀はひっくり返されるのである。皮肉にも『涼宮ハルヒの陰謀』におけるある展開によって。

脱アンドロイド芸術

「エンドレスエイト」の後、情報統合思念体に対する長門の態度がどうなっていったか、思い起こしてみよう。それは、前節で見た消極的理由のうちただ一つ取りこぼした(7)に関わる要因である。すなわち、まずは『消失』で長門が情報統合思念体に反旗を翻した件だ。

長門は、単に情報で世界を経験するだけの人生に飽き足らず、物質的知覚による感情的生活の味わいを欲した。『消失』より後の『陰謀』（まだアニメ化されていない部分）になると、長門はいよいよ自ら「自律進化」の道を探り始めた。そう、『消失』での自分の反逆がキョンによって制圧され、もとの世界が回復された後になっても、長門の進化は止まらなかった。長門自身の自律活動のために「禁止処理コード」を情報統合思念体に申請し、自らの意志で未来との情報交換能力を封印したのである。そして長門はそのことをキョンに告げる。

「同期機能を失うことで自律機動をより自由化する権利を得た。わたしは現時点におけるわたしの意志のみによって行動する」（『陰謀』、一〇二頁）

同期機能を失うということは、自己の異時間同位体とのコンセプチュアルな情報交換に依存しなくなるということだ。それを聞いてキョンは呟く。

「長門が普通の女子高生になり、情報統合思念体とは無縁の存在として文芸部室の一員になる日も遠くないのかもしれない。そしたら、俺も困ったことが起こるたびに長門の力を借りに行かなくてもすむ。余計な負担を与えずにすむ。一緒に困ることのできる普通の仲間になれる」（『陰謀』、一一一頁）……

この推移は長門にとって、「情報が往復できさえすれば充分」なアンドロイド生活から、「感情的知覚的経験」に満ちた人間的人生への成長の証しに他ならない。情報統合思念体がハルヒを監視し続ける理由はもともと、「情報生命体である自分たちに自律進化のきっかけを与える存在として」だった。つまり、長門は（情報統合思念体の思惑どおり）自律進化しおおせたのである。長門と情報統合思念体は、コンセプチュアルアート的緊急避難の道を指し示すと同時に、アートずれしかけた鑑賞者に対してこう警告しているのではないか。

「コンセプチュアルアートなどというアンドロイド的鑑賞はやめておきなさい。アニメですよ？アニメなんですよ？　抽象的思念をもてあそんで満足するつもりですか？」「人間的な、笑ったり泣いたり興奮したりの血の通ったアニメ鑑賞にただちに戻って来なさい！」「色と音と情緒の世界を思い出して！」

長門は人間化した。我々はアンドロイド化すべきなのだろうか？　普通のアニメの情緒豊かな世界より、コンセプチュアルアートとしての抽象的思念に溺れるべきなのだろうか？　いや……、我々は、長門有希とすれ違うようにして思念体の世界へ帰依する必要などなさそうではないか？

こう考えると、「情報統合思念体」によるコンセプチュアルアート視正当化のプロセスは、逆に知覚的アニメ経験への回帰を促すメッセージとなる。長門有希に感情移入するとはそういうことだろう。コンセプチュアルアートの一般芸術的問題提起に還元できない長門有希特有の〈(7)事情〉を軸にして、エンタメとしての情緒豊かな『ハルヒ』鑑賞に「エンドレスエイト」を組み込むことが要請されてきそうなのである。

そう、ただでさえ、コンセプチュアルアートとしてしか「エンドレスエイト」に高評価を与えることができなかった（ようにみえる）これまでの我々の考察に対して、エンタメとしての『ハルヒ』支持者たちはこんな怒りをぶつけていただろうから——！

「コンセプチュアルアートとしてようやく救われるだなどと、そんな邪道な手に乗ってたまるか！」「(7)は「エンドレスエイト」特有の要因……。「芸術」一般や「アニメ」一般とは関係ないと……。もちろんだ。一般論的観念では割り切れない。だからこそその特有要因をよく読み込んでもらおう！　じっくり鑑賞していただこう！　観なくてもわかるなどという戯言はここまでだ！　観なければわからない重大な解釈が見えてくるはずだ……！」

このような憤慨はもっともだ。

レディメイドでコンセプチュアルアートの先駆をなしたあのマルセル・デュシャンの芸術的終点が思い出される。網膜的な芸術に疑問符を投げかけて現物鑑賞という規範を拒み続けたはずのデュシャンが、晩年にどういう作品の制作に専念していたか。そう、遺言によりフィラデルフィア美術館に寄贈され、死後に公開された巨大な遺作『1 水の落下、2 照明用ガス、が与えられたとせよ』はどういう作品だったか。

壁に気づかないほどの小さな穴があり、それを覗くと、同時に一人だけが観られる対象として、詳細な具象的風景が広がっている。まさに、観る積極的意思をもって実際に観なければわからない作品だ。アンドロイド的概念芸術のデュシャンその人が、概念の迷路を巡り巡った末に、「オリジナル神話への回帰」（平芳 2016、二三三頁）によって、現物鑑賞主義へと我々を引き戻していたのだ。[*177]

デュシャンの足跡を神聖視する義務を我々が負っているわけではないが、デュシャンのあの知覚性への回帰は、「エンドレスエイト」で同じことを――現物鑑賞の規範に戻ることを――試みるモチーフの後押しにはなるではないか。そして実際に、第3章の終わりに予告しておいたように、通常アニメとして「エンドレスエイト」をしっかり鑑賞すると、『ハルヒ』の物語世界についてきわめて興味深い物理的事実および心理的事実が判明してくるのである。

次の章でその解釈に取り組もう。

＊177　デュシャンは「遺作」を複製禁止と遺言しており、いくらでも複製できてしまうレディメイド、コンセプチュアルアートの理念をひっくり返して、現場での現物鑑賞という規範を徹底化しているように見える。

第9章
エンドレスエイトの憤慨

「その手にのるか！」

前章の「エンドレスエイトの陰謀論」は、あまりに味気ない、それどころか『ハルヒ』をないがしろにした冷たい解釈だ、と〈憤慨〉した読者は多いだろう。「エンドレスエイト」の最良の解釈がコンセプチュアルアートだなんて、いくらなんでも『ハルヒ』制作委員会の熱意を疑いすぎではないかと。制作委員会はアンドロイドの集まりではないのだから、血の通わぬ頭でっかちのコンセプチュアルアートなんぞよりまっとうな意図が抱かれていたはずだ、と。*[178]

「エンドレスエイト」を全回観ることによってのみ味わえる醍醐味はたくさんある。のみならず、コンセプチュアルアート的ポイントこそが重要な知覚的鑑賞ポイントであったりもする。たとえばコンセプチュアル系属性としておそらく最もネタにされてきた冒頭シーン、キョン妹のたった一つのセリフ「キョンくんでんわ」。

アフレコの収録で、声優のあおきさやかはこの一言のためにだけ毎回スタジオに通ったんだな（笑）……というふうに、ドキュメンテーション系コンセプチュアルアートとして伝え聞いて面白がればそれで十分——なのだろうか。実際に「キョンくんでんわ」を聞く必要がないとでもいうのか。

「キョンくんでんわ」「言われんでもわかってる」

兄妹のあのやりとりを八回*[179]きっちり堪能してみるがいい！——ある種のファンは言うだろう——あの良さは実際に聞き続けねばわかるまい。キョン妹の激可愛さはあれを観て初めて実感できるのだ。妹萌えオタクの気持ちもあれで理解できるのだ。あの萌えセリフが「朝比奈みくる・キョンの妹同一人物説」をめぐるいかに多くの考察を刺激してきたことか。『ハルヒ』の物語展開にとって

「キョンくんでんわ」が瑣末だなどと言わせせんぞ。……

たしかに。

ただ「キョンくんでんわ」について言うなら、キョン妹への萌え感情を誘発する心理的意義を持つシーンだからといって、「朝比奈みくる＝キョンの妹」の確率を高める理由になりはしない。しかも「朝比奈みくる＝キョンの妹」は第Ⅱ期アニメ放送前からネットに流布していたので、「エンドレスエイト」が有意義に関与した解釈だと言えるわけでもない。同一人物説と同等もしくはそれ以上の有意義な解釈を「エンドレスエイト」が発見させてくれる、といった傍証はありうるだろうか。それこそキョン・長門関係について何か新たな事実が判明するとか。

そこでとりあえずファンの憤慨的挑戦を受けて立たねばならない。「エンドレスエイト」をコンセプチュアルアートとしてでなく、物語定位のエンタメ芸術（娯楽アニメ）として、表現定位の純粋芸術（純アニメ）として再び捉えてみなければならない。「エンドレスエイト」とはこういうも

＊178◆前章で見たように、作品について作者の「意図」が直接に決定するのは「正しい解釈」ではなく、「正しいカテゴリ帰属」である。そこから間接的に「正しい解釈（必ずしも作者の意味論的意図と一致しない）」が導き出される。注＊150参照。『ハルヒ』制作委員会が「プロジェクトアート」という最上位の範疇的意図を抱いているかぎり、「エンドレスエイト」のジャンルは意味論的意図の問題に落とし込まれる。しかし「プロジェクトアート」というのは建前であって、本当の範疇的意図は「アニメ」だったのかもしれない。本章では、制作委員会の最上位の範疇的意図が現実に「アニメ」であっても「エンドレスエイト」が失敗作になるとは限らない可能性を論じることになる。
＊179「エンドレスエイトⅠ」では着信時に妹の発声はあるが言葉はなく、「Ⅲ」で二度「キョンくんでんわ」を言う。他は一回ずつ。原作にはキョンと妹のこのやりとりはない。

のだと話に聞くだけでなく、実際に観なければわからないことがどれだけあるか、どれほどの重みを持つか、考えることにしよう。

ただし考察の焦点はキョン妹ではなく、前章第3節(7)の主役・長門有希になる。コンセプチュアルアート視戦略の取りこぼし部分がやはりキーポイントになるのだ。そう、手掛かりは、ループにおける長門有希の立ち位置である。いかなる物語解釈が可能だろうか？

第3章末尾で予告したように、解釈には「人間原理」が活躍する。そこで簡単に言及しておいた「長門介入説」の詳細から研究にとりかかろう。

第1節　長門介入説（モノループ説）

ラブコメ長門ルート

前章で整理した(1)〜(9)（二五八–九頁）を確認しながら、「エンドレスエイト」の物語的側面へ視点を絞っていこう。

アニメはループの反復表現に適さない、という(3)（ジャンル的誤謬）の趣旨は、アニメはシミュレーションの対極のフィクション的手作りの最たるもの、という洞察にもとづいていた。「エンドレスエイト」は京アニのたたき上げスタッフによる丁寧な手作り性を売りにしたがゆえに、なおさらループ表現が違和感に汚染されてしまったのだった。

　また(2)（物理学的誤謬）に依拠して考えれば、不自然さは二方向からの挟み撃ちの産物だった。第一に、ループのリセットが甘めである場合、バタフライ効果によりシークエンスごとに展開がばらけるはず。Eシークエンスのマクロ同型性を保つためには、絶えざる軌道修正を要してしまう。第二に、リセットが厳密である場合、シークエンスは細部に至るまで同一路線から逸れることがないはず。Eシークエンスのミクロ的逸脱のためには、微差の付加が随時なされねばならない。このいずれか——〈バタフライ効果をそのつど一定範囲に収める微調整〉あるいは〈同一展開にしばしばミクロ変異の味付けを施しつつバタフライ効果を防ぐ微調整〉——を実行する主体がいたとしたら……？

　前のシークエンスを記憶する長門有希しかおるまい、というわけだ。

　ループに内在する性質がリセット甘めでもリセット厳密でも、ミクロ変異からのバタフライ効果を抑制する作業が必要とされるだろう。リセット甘めの場合は自然な振幅を長門が抑えるのに対し、リセット厳密の場合はミクロ変異を長門自身が付け加えつつ、それらが拡大しすぎないよう抑制することになる。したがっていずれの場合も長門の行為は「微調整」と形容することができる。たとえば盆踊り会場の屋台で、長門が毎回同じウルトラマンのお面を買うのは、周到な微調整をしている表われではないだろうか[*180]。

　それを考えるためには、大前提として問わねばならないことがある。そもそも長門には、日常的な出来事を微調整するほどの能力があるのだろうか？　これについては、原作もアニメもブレがあって解釈は定められない。「憂鬱Ⅳ」では朝倉涼子が転校した設定を急遽こしらえたり、「退屈」では「雨を降らせることができるか」というキョンの問いに肯定で答えたり、呪文ひとつでホームラン量産バットを作ったりしている長門だが、その反面、「憂鬱II」ではキョンが公園に来ないことを予見できずに待ちぼうけを食ったり、「憂鬱IV」では「眼鏡属性」の意味を知らなかったり、[*181]「消失」ではキョン・みくるペアが二組も隠れているのに気づかず世界改変に取りかかったりした。力を発揮できる条件が一定していないので、純粋な「能力レベル」からの判定はしがたい。長門の能力レベルについては本節の最後に立ち戻るが、その前に大枠を決めうる他の手掛かりを探すべきである。

そこで、長門が歴史微調整能力を持ち、あの夏休みに実際に行使したのだと仮定して、その動機は何か、を考えよう。

なぜ長門はシークエンスごとの多彩な分岐をよしとせずに、あのただ一通りの近似的同一性にこだわったのか？

こだわったとはいっても、長門の好みがEシークエンスそのものにあったとは限らない。最初のシークエンスとマクロ同一に限定できれば、どんなシークエンス反復でもよかったのかもしれない。「とんでもないシークエンス」が出現して世界が破滅するような事態を防ぐには、ループ発動前の初回シークエンスをモデルとして、そのパターンから外れない無難なシークエンスへと統一すればよいだろう。結果として、各シークエンスはどれもEシークエンスに収まったにすぎない——と、そのように考えられる。

Eシークエンスへの固着は結果論であって、特別な意味を持たないというわけだ。ただし、初回シークエンスがもし好ましくない性質を持っていたら、長門はそれをモデルにするわけにはいかない。つまり、Ｅシークエンスは長門的に好ましい性質を持つシークエンス、あるいは少なくとも悪い性質を持たないシークエンスだったことは確かだ。それではＥシークエンスを長門が肯定的に扱った理由は何なのか。

キョンにアタリのセリフを思いつかせやすいシークエンスだった、という理由は成り立たないだろう。いったい何をすればハルヒは満足するんだ、というキョンと古泉の問いに対して、長門は原作で「解らない」と答えているからである（『暴走』、六一頁）。アニメにはこのセリフは出てこないが、長門がキョンを正解に導こうとした形跡はやはり見当たらない。どういったシークエンス展開が正解に至りやすい種類のものなのか、長門には判断できないのだ。

ただし、「解らない」という長門の反応を真実の反映と受け取るわけにはいかない。「長門介入説」の前提そのものが、「わたしの役目は観測だから」という長門証言が嘘かもしれない、長門はループに介入しているかもしれないという可能性だったのだから。しかも「サムデイ イン ザ レ

＊180　ウルトラマンのお面を買い続ける行為については、第5章第2節で、「長門がループを楽しんでいること」の証拠として挙げておいた。対して長門介入説では、その行為は細心の微調整の一端であり、長門のストレスのもとを形成する要因となりえて、「長門壊れた説」を支持するものとなる。本節で最終的に長門介入説を却下するが、その背景には、「長門壊れた説」を誤りとする本書的『消失』理解が伏在している。

＊181　「本当は知っていてしらばくれたのではないか」という人には、質問を一つ。『消失』で世界改変のとき、なぜ長門は自分を眼鏡っ娘に戻したのだろうか。世界改変の時点で「眼鏡属性」を知っていたとすれば、うっかりしたという意味でやはり長門は万能ではないことになる。（いずれにしても『退屈Ⅳ』でキョンは長門に、眼鏡をしてない方が可愛いと二度もはっきり告げている。）

イン」の部室シーンに関してよく論じられるように、長門はしばしば些細な嘘をつくことが知られている。[*182] いっそう大きな事柄、たとえば『消失』での世界改変を自分が実行する宿命にあることも、知っていながらキョンに告げずにいた。『ハルヒ』を通じて長門がどのくらい正直なのかは難しい問題だが、「サムデイ イン ザ レイン」『消失』でのような、自分とキョンとの個人的関係にかかわる事柄についてのみ長門は嘘をつく（または真実を隠す）と想定するのが自然だろう。

「わたしの役目は観測だから」という長門の答えについて言えば、長門は「自分はループに介入していない」と明言したわけではない。とはいえ、キョンたちが長門は無介入だと信じるままにさせた点で、長門は実質的に嘘をついていた可能性がある。[*183] そう、長門がループを微調整していたとすれば、もっぱら自分とキョンの個人的関係に関わる動機ゆえではなかろうか。これは「長門介入説・ラブコメバージョン」である。

『ハルヒ』全般におけるキョンの長門に対する態度は、概して、緊急時には「依存」、平常時には「無視」だった。「エンドレスエイト」はずっと平常時モードが続くので、キョンは基本的に長門を無視し続けている。十七日に駅前に着いた時もキョンは朝比奈みくるに対しては「あなたのために来ました」とデレデレし、ハルヒとは掛け合い漫才まがいの言い合いを演じながら、長門に言葉をかけることはない。

長門は実用的な事件解決要員にすぎず、真の仲間ではなかった。しかし「エンドレスエイト」の平穏な時空間では、長門はキョンたちの救助のために実用的パワーを発揮する必要がない。ループを察知したからといって、あえて騒いでキョンたちに心配をかける義務もない。長門の「わたしの役目は観測だから」という返答は、「わたしは救助要員ではないから」とやんわり抗議した言葉とも受け取れる。「わたしだってあなたたちと一緒に困ることのできる普通の仲間なのだから」と。*184

そんな中でキョンと長門の最も「親密な」接触は、十七日、喫茶店からの帰りにキョンが長門を呼び止めるシーンである。その呼び止めが「普通の仲間」としての呼び止めかどうかはともかく、その可能性に長門がこだわったということはありうるだろう。

「エンドレスエイトⅠ」では、呼び止めはなされない。十五日間を通じて、キョンのモノローグで既視感が語られることもまったくない。「Ⅰ」がシークエンス第一回目であるならば（八回も描いておいて初回を省略するのは不自然なのでおそらく第一回目なのだろうが）既視感が語られないのは当然である。そしてキョンによる長門呼び止めシーンも「Ⅰ」にはない。つまり最初の長門呼び止めは「Ⅱ」（一万五千四百九十八回目）だが、それ以前から呼び止めはなされていたものと思われる。

＊182　「サムデイ」での長門の嘘とは、部室に一人でいるとき、ハルヒたちの居場所を尋ねたキョンの質問に答えなかったことである。直前に部屋を訪ねてきた鶴屋さんには教えているので、「キョンにここに居てほしい」という長門の心情の表われとみられる。この解釈は、長門が読もうと手に取った本のタイトル『蹴りたい背中』（綿矢りさ著）が一瞬だけ見えるなど、諸々のディテールによって確証されている。

＊183　「エンドレスエイト」に続く「溜息Ⅴ」で、長門はキョンに「私の言葉が真実であるという保証もどこにもないから」と言う。ただし一呼吸置いて「あなたにとっては」と付け加えているので、長門自身は嘘を明言するつもりはない、と伝えていることになる。なお、意図的な嘘かどうかはともかく、長門の発言には偽なる文例がある。「エンドレスエイト」の長門の特定のセリフどうしが矛盾しているからだ。次節でそれを検討する。

＊184　「一緒に困ることのできる普通の仲間」というのは、前章第５節で引用したキョンのモノローグ（『陰謀』、一一一頁）中の言葉である。

いずれにしても、呼び止めは第二回目以降から始まったということだろう。「I」（初回シークエンス）にキョンによる長門呼び止めがなかったのだから、長門がEシークエンスを固定した理由は呼び止めへのこだわりだ、という説明は成り立たない。では、それ以外に何があっただろうか。実は、この初回シークエンスから、キョンと長門の間には微妙なシグナルが交わされていた。それらの事実や雰囲気は実際にアニメを観なければわからないことであり、コンセプチュアルアートとして「エンドレスエイト」を扱ったのでは気づくことのできない物語的属性である。たとえば、プールでもカラオケでもキョンがぼんやり長門を見ているシーンがある。盆踊り会場では長門がウルトラマンのお面を買うのに付き合って二言三言話しかけている。セミ採り現場ではヘラクレスオオカブトを捕まえた長門にキョンがのけぞる。「I」にすでに現われているこれらの瞬間は、長門に「このシークエンスを繰り返したい」という動機を与えるに十分だったのではないか。

いや、まさかあんな些細なシーンが、と思うだろうか。それならば、「サムデイ イン ザ レイン」を思い出してほしい。少しの間キョンとふたりきりで部室に居られるというだけのために、長門は質問に答えず事実上の嘘をついたではないか（注＊182）。

「いや、部屋で一緒や呼び止めならわかるが、プールとかお面のシーンは些細どころか漠然としすぎでしょう」という人には、「だからこそなのですよ」と答えよう。危機脱出や事件解決に関係ない、非実用的な文脈でのキョンとの触れ合いは、長門にとって希少で貴重な機会だったのだろう。長門はずっと、実用のためにだけキョンに必要とされ続けてきた。だからつまらないことであればあるほど、その接触は長門にとって意義を持つ。[185] 長門の人間化へ向けた実地練習として、情緒的やりとりの反復シミュレーションの素材として有効なのは、大味な事件などではなく、微妙で微細な雰囲気的機微の方なのだ。

それでも納得できない人には、「I」が初回シークエンスではないと仮定するようお勧めする。[186] 「I」が何回目のシークエンスであるにせよ、初回シークエンスには「長門呼び止め」がなされていた、と考えるのだ。初回ゆえその呼び止めはデジャブの違和感ゆえではありえない。ということは、このときの長門呼び止めには、別の意味があったということだ。それが何だったのか、キョン自身にも意識されていないし、長門にも確信はない。しかし「普通の仲間」としての呼び止めである可能性は小さくない。呼び止めの真意を知るにはEシークエンスを再現することが必要だ。もともとループはハルヒの仕業で、長門が止められる現象ではないのだから、べつだん気のとがめも感じずに長門はシークエンスを調整することができる。呼び止めが生ずるシークエンスと生じないシークエンスが混在しつつ、この「呼び止めの一瞬」のために、長門はバタフライ効果を調整し続けた。

＊185　お面の屋台に行く長門にキョンが付き合うシーンは、原作では「少しばかり古泉が邪魔だと感じつつ」（『暴走』、三五頁）というモノローグが語られる。キョンのこの些細な感情を、長門のセンサーが見過ごしたはずはない。

＊186　冒頭で携帯が鳴ったとき「I」においてだけ妹が「キョンくんでんわ」と言わないが、キョンが部屋を出ていくまで妹はときおり「んー?」「ふー?」と唸っていて、違和感（既視感）の表明らしい動きを見せている。つまり「I」が初回でない可能性は無視できない。

その解釈によると、「アタリのセリフ」は、ハルヒに対して発せられるべきものと、長門に対して発せられるべきものと、二通りが並行していたのである。

しかし、ループを繰り返すうちに、この呼び止めは「プールでさっき感じた既視感について長門に確かめたい」という意味をどんどん帯びていく。当初あったかもしれない個人関係的意味は失われ、変質していく。キョンの長門への関心は、「普通の仲間」としての関心から「救助要員」としての関心へと、非実用的な心理からいつもの実用的な心理へと戻っていってしまう。

これは皮肉なことであり、長門にとって誤算だった。キョンが「何か」を自分に言ってくれるまで微調整反復したことが仇となって「既視感」という一般的動機へ平準化されてしまったのだから。とはいえキョンは、終盤に至っても「既視感ゆえに」長門を呼び止めていたのではない可能性が高い。キョンは最終シークエンスでも「なんで俺は声なんてかけたんだ」と戸惑うだけで、既視感は理由として挙げられていないからである。つまり最終シークエンスに至っても、長門の目的が達せられる可能性はあったのかもしれない。しかし潜在的に（実際に視聴者の目には）キョンの呼び止めは既視感ゆえだというキョン内解釈へ収束していき、ラブコメ長門ルートは消滅してゆく。

微調整の無人称化

いずれにしても、Eシークエンスの繰り返しは決定的な打開策とならないことが長門にもわかってくる。「定常状態」では限界がある――そんな認識から、ラディカルな世界全面改変に長門が走ったのが『消失』だった、と考えられるだろう。ハルヒに対する通俗なセリフはキョンの口からめでたく発せられたが、長門に対して発せられるべきセリフの方は発せられることなく消えてしまった。徹底した世界改変が必要だということを、長門は暗に悟ったというわけだ。

すると「エンドレスエイト」は、「介入するなら徹底した介入を」という教訓が、長門なりに説得的にひたひた熟成してゆく過程を八段階で描いていると読める。（丁寧な手描きで）フィクションに徹するのか、（使いまわしの）シミュレーションで放置するのか、どっちかにしなさい！――「エンドレスエイト」八回放送に関する制作委員会の姿勢そのものへの自己批判にも感じられるではないか。最終解決は『消失』という徹底介入的フィクションを待たねばならなかった、という顛末まででも、長門的ジレンマは制作委員会のジレンマを忠実に反映していたのである！

長門介入説は、ループに乗じてEシークエンスを操り、ヒロイン（キョンの恋人）の座をハルヒから奪い取ろうと長門が画策した、という仮説である。『消失』での本格的活動に向けて、ヒロインの地位簒奪の練習と感情的人間化のリハーサルを兼ねた微調整的準備に勤しんでいたのが「エンドレスエイト」における長門有希だったというわけだ。

長門のループ微調整は「キョンと同期したい」という彼女の望みゆえ。それが長門介入説の要点なので、これからは「モノループ説」と呼ぶことにしたい。キョンのモノローグと並行する長門的自意識の目覚め、内面的独白の胚胎という意味で「モノループ」というわけだ。

さて、モノループ説はそれなりに「エンドレスエイト」の非カオス的描写のリアリティを救う解釈として成り立ちそうだ。しかし、長門の介入の度合について少なからぬ疑問が残っている。たとえば「Ⅵ」を除いて毎回、セミ採りで長門が捕まえた虫をキョンに見せる場面がある。それが初回のヘラクレスオオカブトに始まり、タガメもしくはヒメタイイコウチ、雌雄同体（あしゅら男爵タイプ）のミヤマクワガタ、ヤンバルテナガコガネ、ニジイロクワガタもしくはパプアキンイロクワガタなど珍しい昆虫ばかりで、しかも各回異なる。盆踊りの屋台では毎回ウルトラマンのお面を買って自発的に「シークエンスの調整」をしているように見えるのとは異なり、どんな虫を捕まえるかはコントロールできないらしい。

逆に、調整するためにわざと毎回異なる珍虫を捕まえていると解釈することもできるが、そうすると、〈生態系の細部をも支配する長門〉という万能度の過大評価を呼び寄せて、『ハルヒ』全体の緊張感を弱めてしまう。「Ⅲ」では長門は大型の蝶・オオゴマダラを捕まえてキョンを見上げており、まさにバタフライ効果を抑え込んだ暗示的シーンであるかのようだが、よく見るとオオゴマダラはただ長門の指に止まっているだけだ。結局長門は「蝶の羽ばたきだけは私も抑え込めません」と身振りで示しているかのようである。

つまり、長門のバタフライ効果制御能力は、かりにあるとしてもアバウトなもののようだ。一万五千五百三十二回すべてをEシークエンスの幅に収めるという芸当は期待できそうにない。逆に言うと、能力がなまじアバウトだからこそ、微調整時には全力で抑えにかからねばならず、シークエンスごとのミクロな多くの変異を戯れ的に許容する余裕などないはずである。さらに言い換えると、これほどカオスにミクロなばらけ方を許容せざるをえないということは、Eシークエンスちょうどに揃える程度の調整能力を長門が持っている確率は低いし、行使している確率はもっと低い、ということである。むしろ長門は、自分の力の及ばない微妙な変異の繰り返しを無心に楽しんでいるらしいのだ。

蝶が網の中にいるか指に乗っているかの描き分け。そんな細かいところから、長門の心理や能力全般まで断定してしまってよいのか、という疑問には、「それがバタフライ効果だ」と答えよう。微妙な違いから作品全体の大きな意味付けが導かれる有様は、それこそ「エンドレスエイト」の動画をずっと観続けないとわからない。[*187]「エンドレスエイト」は確かに、コンセプチュアルアートとしては割り切れない重要な解釈的側面を細部に灯しているらしいのである。

いずれにしても、「エンドレスエイト」の現場で長門が微調整に精を出していたというモノループ説は、いささか不安定に感じられてくる。モノループ説は、長門の動機や能力について多くの深読み的素材を提供するかもしれないが、解釈としてそれ自体が微調整を要すると言わざるをえない。

＊187◆ したがって、次のような三段論法は成り立たない。「「エンドレスエイト」ではバタフライ効果が調整されていない（判断V）。なぜなら、「エンドレスエイト」には蝶のこれこれの描写があり（理由R）、蝶のこれこれの描写がある作品は、バタフライ効果の調整されていない世界を描いているものだからである（原理N）」。最後の「原理N」が真ではないのである。理由Rが判断Vの理由になっていることは間違いないが、それは一般的な原理に支えられているからではなく、「エンドレスエイト」という個別の作品が持つ諸性質の絡み合いの中でRが作用する特殊な在り方によってである。Rは、作品の個性に根差す言語化しがたい複雑な性質に読者を気づかせるため、因果的引き金として発せられるだけだ。したがって一般に、批評的論証「V、なぜならR」が正しいかどうかは、読者自身が対象作品を鑑賞しないとわからない。そこから「論じられている作品に実際接することも想起することもできない人が批評を（批評として）読むのは無意味である」と言う哲学者もいる（Isengerg 1949, p.139）。コンセプチュアルアートは例外のように思われるが、それは物理的媒体についてであって、コンセプチュアルアートの本質については、批評家に記述された時点で作品の現物と言ってよいものを読者も共有できてしまうため（ただし注＊147参照）、アイゼンバーグのこの判定は空虚な意味で正しいと言えるかもしれない。

ちょうど、人間原理的ファインチューニングの解釈のために「神」を呼び出す古泉説が御都合主義的不安定さを帯びていたように。そう、Eシークエンス的ファインチューニングの解釈のカギが長門にあるとしても、長門を神になぞらえない方がよい。微調整の原因は、長門製モノループ——長門の意識——とは無関係な要因にあると見た方がよさそうだ。

長門の意識とは無関係な要因とは、具体的には何だろうか。意識に無関係というと——長門の潜在意識？

いや、潜在意識パワーはハルヒひとりで十分すぎるだろう。長門が意識していない事情で「エンドレスエイト」を説明するのであれば、長門の潜在意識すら作用できない領域を探らねばならない。長門のポテンシャルを超えたところに、根本的に筋の通った解釈がありそうなのである。それは、〈人格神に訴える有神論〉はもちろん〈無人格神あるいは究極理論〉に比べてすら〈無人称のマルチバース〉の方がはるかに信憑性が高い、というあの人間原理の論理と同じだ。

マルチバース説に相当するエンドレスエイト解釈。それをさしあたり……

「長門限界説」と呼ぼう。

唐突に提示したこの名称で、内容の察しがついただろうか？　そう。それが長門限界説だ。

というわけで、こういう図式が成り立つ。

有神論：マルチバース説　＝　モノループ説（長門介入説）：長門限界説

以下、この「長門限界説」の内容と真偽を検証していこう。

第2節　長門限界説（テラループ説〜オムニループ説）

ループの全貌

長門限界説は、長門の言葉に嘘があるのではなく、長門の記憶に限界がある、という考えである。嘘を言ったつもりはなくても、その記憶が事実を反映していないので、結果的に長門の証言は信用できない、ということだ。

朝倉涼子の襲撃やミクルビームなどから間一髪キョンを守ったり、時間を凍結してキョンとみくるを無事現在に合流させたりと、物理的機能面においては何でも任せられる万能ぶりを発揮してきた長門有希なので、「記憶」という機能についても長門は全面的に信頼できる――そんなふうについ思われがちである。しかし考えてみよう。「長門が意図して真実を隠している」という想定と、「長門には真実が見えていない」という想定と、どちらの方が腑に落ちるか、と。

「エンドレスエイト」をラブコメ的側面から観たいなら、長門が故意に真実を隠しているという「モノループ説」の方が適している。他方、ＳＦ的側面を軸にして観るなら、長門の意識を超えた真実が背後に控えている、という「長門限界説」の方がはるかに奥深い。ラブコメ路線はすでにキョンとハルヒとの間に展開され、「エンドレスエイト」にも引き継がれているため（ハルヒに告白してみろという古泉の解決案を思い出そう）、もう一つの層では徹底してSF的設定が蠢動していると見た方が、「エンドレスエイト」の世界に厚みが出る。

では、長門の記憶が及ばない事柄とは何か？　それを解明することが、同時に「エンドレスエイトのループが不自然である理由」を明らかにすることにもなる。そこで、ループについての長門の記憶がどんな基本属性を示しているか、確認してみよう。

長門のセリフから自然に解釈できることとして、次の二つがある。

1　Eシークエンスだけを、長門は記憶している（原作はともかくアニメでは）。

2　Eシークエンスのうち、ミクロにも厳密に同一のシークエンスは、各々一回だけ起きたものとして長門は記憶している[*188]。

他方、第3章の「物理的誤謬」の考察で見たように、シークエンスごとに「甘めのリセット」と「厳密なリセット」のいずれもが発生しうるのだった。つまり、任意のシークエンスは高い確率で次のいずれか（または両方）に該当するはずだった。

1´　Eシークエンスから外れた歴史をたどる。

2´　他のシークエンスと厳密にミクロ同一の歴史をたどる。

1′、2′は1、2と両立する。それならば、確率に従って1′、2′をそのまま認めてしまえばよい。すなわち、大多数のシークエンスはEシークエンス以外のシークエンスであり、互いにミクロ同一のシークエンスのセットも多数生じていた、と。

これは長門の記憶内容とは異なる。つまり、現実に起きたループ全体のうち、長門はごく一部のシークエンスしか記憶していない、ということになる。これが「長門限界説」だ。

長門限界説によれば、Eシークエンスは、ループの中の典型的なシークエンスではない。長門の微調整能力の産物（モノループ説）でもない。長門の記憶限界による見かけの産物だったのである！

モノループ説は長門に途方もない高性能を要求したが、長門限界説は単に記憶の不完全さを認めるだけだから、長門への負荷も少なく、自然な仮説である。モノループ説よりも長門限界説の方が「オッカムの剃刀」に反しない合理的な立場だと言えるだろう。*189

ハルヒの潜在意識によりシミュレーション的ランダムに生成された多彩なシークエンス群から、長門の記憶バイアスによって選ばれたシークエンス。それだけを「エンドレスエイト」は描いていたわけである。つまり、バタフライ効果は実際には生じていた――正常に起こりまくっていたのである。

*188　理由は二つ。第一に、もし完全同一のシークエンスが記憶されていれば、「同一のシークエンスが×回あった」というふうに、長門の説明の中で語られたはずだから。第二に、（これは論点先取気味の唯物論的発想になるが）完全にミクロ同一のシークエンスが複数あれば、長門の記憶を司るミクロ回路も同一になるはずで、同一の記憶は主観的に区別できないため「複数」と認識されないはずだから。

	シークエンス（回目）	アルバイトを行なった（回）
原作	15498	9025
Ⅰ	発言ナシ	発言ナシ
Ⅱ	15498	9025
Ⅲ	15499	9026
Ⅳ	15513	9031
Ⅴ	15521	9048
Ⅵ	15524	発言ナシ
Ⅶ	15527	9052
Ⅷ	15532	9056

あり、「ミクロに多彩・マクロに同一という、自然ループにあるまじき不自然なEシークエンス」だけが起こっているように見えたのは選択効果の産物だった。長門がそういうシークエンスしか記憶していなかっただけなのだ。この長門限界説は、長門の記憶する一万五千五百三十二回よりはるかに多くのシークエンスを含む超巨大なループを実在と認める仮説なので、「テラループ説」と呼ぶことにしよう。[*190]

長門の記憶が不完全であるというこのテラループ説は、にわかには受け入れがたいかもしれない。しかし長門の認識がループ全体をとらえきれていないことについては、強力な証拠がある。ループ発覚のときの深夜相談シーン、「Ⅳ」と「Ⅴ」を注意深く聞き比べていただきたい。今は何回目だというキョンの問いに、長門は「Ⅳ」で一万五千五百十三回目、「Ⅴ」で一万五千五百二十一回目と答えている。ところがアルバイトを行なったのは何回かというと、「Ⅳ」で「九千三十一回」、「Ⅴ」で「九千四十八回」である。シークエンスが八回しか増えていないのに、その間、アルバイトをやった回が十七回もあるというのだ。[*191] これは、長門がシークエンスをすべて記憶しているとすれば不可能である（表）。

この矛盾を解決するには、長門の記憶が不完全だと想定するしかない。[*192]「Ⅳ」から「Ⅴ」までの間に、長門の記憶にないシークエンスが少なくとも九回以上存在し、そこからアルバイトの記憶だけが漏れ出ている、と考えられるのだ。ちょうどキョンや古泉が感じている既視感に相当するものが、長門にも感じられている——すなわちループの一部分のシークエンス群だけが記憶され、その他のシークエンスについては、断片的な印象だけが記憶の中に紛れ込んできているらしい。

第8章第1節で参照した暮沢2010は、「キョンたちが「クロノス」の時間を生きているのに対し、一万回以上の夏休みの記憶が堆積した長門だけが「アイオーン」の時間を生きている」のではないかと言うが（一〇一頁）、実は超巨大ループ（テラループ）の一部しか認識できていない点では、

＊189◆「オッカムの剃刀」は「存在者の数を不必要に増やすな」という格率として流布しているが、正確には「仮説の数を不必要に増やすな」である。長門について確証のない高性能を想定する点で、長門介入説はオッカムの剃刀に反する。長門限界説は、長門の記憶にない膨大なシークエンスを要請するが、たとえ存在の数を増やしても、シンプルな仮説で予測や説明が統一的にできるなら、優遇されるべきである。「マルチバース」の仮説は予測能力・説明能力が豊富だが、「設計者としての神」という仮説は予測能力・説明能力ともにゼロに等しいので、科学理論としては失格である。

＊190　学術用語「マルチバース」の別名「メガバース」に対応させて「メガループ説」でもよいのだが、ＩＴ現段階の単位表示頻度に合わせて二単位上の「テラ」としておく。また、この説は人間原理的観点から最も重要なハルヒ解釈なので、ネット上で強意の接頭辞として一部流通している「テラ」を付与するにふさわしい。

＊191　この発見が最初に指摘されたのは、「V」の放送から三十一時間後のウェブ投稿である。「涼宮ハルヒの憂鬱 ＳＯＳ団の活動１３４７日目」855 名前：風の谷の名無しさん@実況は実況板で［sage］投稿日：2009/07/18 08:02:39 http://hideyoshi.2ch.net/test/read.cgi/anime/1247849829/「アルバイトを複数回やった回があればつじつまが合う」といった趣旨の「指摘」が目立つが、アルバイトの「二種類以上が重複したパターン」の回数がわざわざ原作で言及されており、それに該当するシークエンス回数がアニメでも同じであるため、長門の言う「アルバイトの回数」は「アルバイトをしたシークエンスの回数」と解釈しなければならない。

長門の生きる時間はキョンたちの時間とほとんど変わりがない、と見るべきなのだ。原作はキョンの記憶に定位して一回だけを描き、アニメは長門の記憶に定位してEシークエンスだけを描いた。全実在の中から、長門の観測能力によって絞り込まれたEシークエンス群が、「エンドレスエイト」の世界なのである。シークエンスの数があまりにも多いので、ランダムに発生する中にたまたまEシークエンスとなったものが一万五千五百三十二個程度は簡単に見つかるというわけだ。

これで、Eシークエンスばかりでループが構成されていた不自然さの謎が解ける。まさにあの「人間原理」のメカニズムであることが見てとれるだろう。そう、マルチバースから観測によって微調整宇宙が選ばれたあのメカニズムと、論理的に同じなのである。[*193]

選ばれた宇宙の内部から見ると（長門の記憶に残ったシークエンスの系列だけ知ると）目的論的に神がデザインしたかのように見える（不自然にフィクション的にこしらえたかのように見える）。いかにもこしらえモノに見える。だがそれは見かけ上のことで、シークエンスの種類の生成そのものが不自然に絞られていたわけではない。生成自体はランダムに決まる中で、記憶によりEシークエンスのみが残ったというわけだ。

さてこう考えると、なんと「エンドレスエイト」の表現法はあっさり正当化されるではないか！我々が第4章であれほどこき下ろした「バタフライ効果の無視」も、ただの選択効果として認められるではないか。

そしてアニメという手作りフィクション表現は、シミュレーション的に生成されたシークエンスの描写として、不適切ではなかったのである。シミュレーション生成された無数のシークエンスから、見かけ上微調整された特殊例が選ばれて表象されていただけなのだ。これは原作とも整合している。つまり「モノループ説（長門介入説）」に劣らずこの「テラループ説（長門限界説）」でも、アニメは原作どおりの世界を描いていると言える。

物語芸術の復活

モノループ説が、キョンたちと長門とのレベル差を広げて『消失』の大変革を長門に予行演習させる解釈だとすれば、テラループ説は、キョンたちと長門とのレベル差を縮めて、『消失』での大

＊192　前注のスレッドでは「ループしている時空にも並行世界があるということだな」(918)「長門の渾身のギャグ」(925)「既に長門は狂いはじめてるんだよ」(962) といった解釈が示されている（「長門のギャグ」は「孤島症候群」に一度出現したが、キョンの命令で解除されているので、キョンの真面目な質問に答えた「エンドレスエイト」のセリフにはギャグはないと考えられる）。単なる制作側のミス、という解釈は（現実内では正しいかもしれないが）端的に面白くない。放送時のミスはDVD化のときにほとんど修正されている（「エンドレスエイト」では、テレビに映る高校野球のスコア表示の間違いなど）のに、長門のこのセリフはDVDにも放送時のままで収録されているので、ミスでないと理解したうえで解釈を探るべきである。長門限界説のほかに有意義な解釈としては、ナンパシーンに着目するのがよいかもしれない。「Ⅴ」では長門の発言の直前に二人の男が朝比奈と長門をナンパしてキョンと古泉に追い払われており（ナンパシーンは他の回にはない）、これで動揺したことにより長門の言い間違いが誘発された、とも考えられるのである。しかし、結局「Ⅳ」と「Ⅷ」との間にシークエンス十九回増、アルバイト二十五回増という矛盾が残ったままであり、言い間違い説は解決になりそうにない。

＊193◆　マルチバースからの微調整宇宙の選択は「観測選択効果」と呼ばれた（第4章第3節、ロジック1、e）。ここでの長門の記憶によるEシークエンスの選択は、Eシークエンス以外のパターンが選択される可能性もあったため、「観測選択効果」ではなく単なる「選択効果」と呼ぶべきものである。観測が生じること自体により観測対象が被るバイアスが「観測選択効果」、観測装置の性質によって観測対象が被るバイアスが「選択効果」であり、前者は後者の最も一般的な極限である。Bostrom 2002, p. 5 参照。

変革の後の人間化した長門を予見する解釈だと言えるだろう。

実は、「エンドレスエイトⅤ」と「Ⅵ」に、テラループの超巨大ぶりの片鱗が描かれていた。その二回ではそれぞれ、ラストで同じシーンがループするのだ。「じゃあ今日はこれで終了！」とハルヒが宣言して席を立つところで、「Ⅴ」では四回、「Ⅵ」では二回、同じカットが繰り返されるのである。これは、キョンのデジャブの表現と見るのが自然のようにも見えるが、正確に同じシーンが繰り返されていることから、デジャブではなく客観的に同一のシークエンス断片の表現と見るのがおそらく正しい。テラループ説ではミクロにも同一の正確なコピーが何度も生じているはずだった。「Ⅴ」の表現から推測するに、各回に対応して少なくとも四つの厳密コピーが確率的に生じるほどの超巨大ループだったのだ。このことはアニメできちんと仄めかされていたのである。

長門は「一万五千五百三十二回目」と言ったが、少なくともそれより十桁くらい大きい数、すなわち何千兆種類以上というシークエンスをＳＯＳ団は（そして世界全体は）経験したのだろう。長門の記憶に残っているのが一万五千五百三十二種類だけというにすぎない（正確なコピーが含まれるため回数そのものはもっと多く、識別できるシークエンスだけで一万五千五百三十二種類ということである）*[194]。もともと「何万回（換算して何百年）」という単位は、キョンにとっては「思わずクラリときたね」という数かもしれないが、宇宙的なスケールでいえばほんの一瞬もいいところだ。正統セカイ系のトリとして、卑近なラブコメと壮大な実在とをつなぐにはスケールが小さすぎる。せめて「何百億回（換算して何億年）」はないと格好がつかないだろう。いや、マルチバースのスケールで見ればこれでもまだ数百桁足りない*[195]。たとえば超ひも理論によれば、宇宙の「種類」は少なくとも十の五百乗種類あるので、「個数」で言えば途方もない数になる。「エンドレスエイト」はそういった実在そのものの一端にキョンたちが一刹那触れ合った記録に他ならない。

しかし長門の記憶に限界があるとしても、他ならぬＥシークエンスに限定されたのはなぜだろうか。ここで「限定」を絶対的意味ではなく相対的意味でとらえるのがわかりやすいかもしれない。長門は、全体的にはＥシークエンスに限らず全種類のシークエンスを種類ごとにまとめて記憶しており、たまたま脱出回となったＥシークエンスだけが脱出後の長門の記憶として残り、「エンドレスエイト」に記録された、ということではなかろうか。物理的展開が似たシークエンスごとにまとまって記憶される理由は、記憶そのものも物理的展開の一例だからである。物理的に互いに似たシークエンス群でこそ、長門の記憶も互いに似た展開を示し、痕跡が接続しうるというわけである。

しかも、酷似したシークエンス群をまとめて別個に記憶することにより、輪郭の微差が比較でき、自己像を次第に確かなものにしてゆくことができる。「輪郭の照合作業」の反復は、さぞ長門の自己認識・人間的目覚めを促したことだろう。[*196] こうしてテラループ説は、「長門壊れた説」ではなく「長門目覚めた説」を支持すべき根拠を改めて確認させてくれる点で、望ましいと言えるのだ。

＊194◆　注＊188参照。正確に物理的同一のシークエンスは、回数として区別されるような痕跡を残せないので、長門にもただ一回のシークエンスとして記憶される。認識の同一性と世界の数的同一性とのこのズレは、量子論の多世界解釈の基礎になっている。

＊195◆　Ｅシークエンスを少なくとも一万五千五百三十二種類、高い確率で産出するためにはいくつのシークエンスが必要か、という推測をすると、シークエンス数が過大に見積もられてしまう。なぜなら、長門に記憶されるようなシークエンスならばＥシークエンス以外でも適格だからだ。「長門が記憶できるシークエンス」を少なくとも一万五千五百三十二種類、高確率で産出する母集団は、それでも膨大なシークエンスを含まなければならないだろう。

このようなテラループ説にもとづくと、『ハルヒ』の興味深い自己正当化構造が見えてくる。キョンたちの高校生活が何千兆年ものあいだ続いたとすれば、その中の、ループになっていないほんの短期間だけから物語を構成するのはかえって不自然である。つまり、圧倒的大部分を占める高校一年の夏休み後半を描くのに八回を費やしたのは、むしろ慎ましすぎるほどだったと言える。「エンドレスエイト」は厚かましい暴挙どころか、ごくごく控えめな作品だったことになるだろう。

この正当化の理屈はもちろん、SOS団の高一夏休みが一万五千五百三十二回ループすなわち六百三十八年（キョンのモノローグでは五百九十五年）を含んでいるとわかった時点ですでに成り立ってはいた。しかしEシークエンスの物理的不自然さから「テラループ説」へ、そこから六百三十八年どころか宇宙年齢を超えた何千兆、何千京年という桁外れの時間を突き付けられることにより、否応なく「ああそれなら八回反復も納得だ……」と思い知るべきパワーが実感される。もちろんシークエンス何千兆種類のうち描写対象を選び出す母集団はEシークエンス内の一万五千五百三十二種類に絞られているのだが、いったん千兆や千京という桁を意識すればこそ、「エンドレスエイト」の描写法が実感として正当化されうるのである。

つまり、テラループ説によれば「エンドレスエイト」アニメ版は原作に忠実だ、と先ほど述べたのは、実はむしろ方向が逆である。アニメの暴挙によってテラループ説が掘り起こされたことで、原作の新たな読みが編み出されたのである。アニメが原作に忠実に合わせたのではなく、アニメに合った読みが原作の中に見出されたのだ。

アニメ版を実際に観ることが、アニメ表現の「不自然さ」を自然化する衝動を生み、それが人間原理的な「多様からの選択」の発想を呼び出し、「テラループ説」を生み、原作の中への超巨大ループ読み込みを余儀なくさせる。一見奇形的にも見えたアニメ版「エンドレスエイト」は、原作だけを読んでいたのでは気づけなかった原作世界のポテンシャルに気づく契機をもたらす、奥行きある演出作品だったのである。

前章「陰謀」から本章「憤慨」への流れはこうなる。「エンドレスエイト」はコンセプチュアルアートと見なすこともできた。しかも通常アニメとしての諸欠陥をプラス価値に転ずることのできる有意義なコンセプチュアルアートだった。それでも、コンセプチュアルアート視でプラス価値に転ずることのできない「特殊解釈の破綻」が残った。すなわち長門要因（前章の(7)）の再考が迫られた。無理に再考してみると、非コンセプチュアルな通常の物語アニメとして、かなり奥深い「テラループ説」に帰着した。すなわち、「エンドレスエイト」を非コンセプチュアルなアニメとして、知覚芸術として、つまり伝統的物語芸術として十分に有意義な作品だと結論することができたのは、いったんコンセプチュアルアートとして見たうえで、その見方の限界について再考することによっててだったのである。

長門が記憶できた一万五千五百三十二回の実は何千兆倍ものシークエンス（種類だけで）を含む超膨大な時間ループが、あの夏休みにＳＯＳ団そして宇宙全体を絡めとっていた、というテラループの描像がこうして得られた。

＊196　長門がＥシークエンスしか記憶していない理由については、第11章第１節で補強する。

どこでもループ

いや、それで終わりだろうか。ここで一息つけるほど「エンドレスエイト」の論理は甘くないのでは。ループはあの時にだけ生じたのだろうか？　あの十五日間だけに？

いや、あの期間だけに限定するのは楽観的すぎるだろう。「エンドレスエイト」が描いた十五日間以外の期間においても、世界はたえずハルヒの潜在意識からダメ出しをくらっている、と考えるのが自然である。なぜなら、年間を通して、あの夏のハルヒの「思い残し」よりも強い気がかりや後悔は、可能性としていくらでも考えられるからである。あの夏休みは、ハルヒにとって最もストレスの小さかった時期に相当するくらいだ。

「エンドレスエイト」の夏休みループは、たまたまいつもよりシークエンスが長かったため、未来からの断絶に朝比奈みくるが気づき、ループ発覚となったのだろう。実際はもっと短い期間、一日とか二日、もしかしたら数分とか数秒といったシークエンスで、たえずハルヒによるミニループが発生させられているのだろう。ハルヒが後悔したとき、失望したとき、動揺したとき、退屈を紛らわせそこねたとき、憤慨したとき、たえず小ループが発生してやり直しになっている……。

たまたま長門の記憶に残ってしまったループの記録が「エンドレスエイト」だったということにすぎず、長門も含め誰の記憶にも残らないループが常時泡立ち続けて、可能な歴史を片っ端から試しているのだろう……。

つまり『ハルヒ』の世界というのは、日常の中にときどき閉鎖空間や時間ループや世界改変や世界分裂が起きているのではなく、時間ループが常に起きている表面で日常が進行しているかのように見えるだけ——そういう世界らしいのだ。『ハルヒ』の世界のいたるところがループで満ちており、長門の記憶の届かないところだらけ。まさにマルチループ説とも言うべき世界観が開けてくる。いや、ふだんたえず小ループが泡立っているという描像だから、いつでもどこでもループ、すなわち「オムニループ説」か。テラループ説と対立する解釈ではなく、テラループ説を詳細化かつ一般化した解釈がこのオムニループ説である。

オムニループ説によれば、大中小さまざまな、気づきようもないループにＳＯＳ団は行きつ戻りつさせられながら、表面上、リニアな時間をスムーズに経験しているように感じているだけだ。[*197]「じゃあ今日はこれで終了！」のあのシーン——「Ⅴ」では四回、「Ⅵ」では二回、同じカットが繰り返されたあの描写も、十五日のループの中に生じた五秒ほどのループを長門が（あるいはキョンが）たまたま感知したことの描写だったのかもしれない。長門の記憶外のシークエンスから一部浸透してきた表現だという先ほどのテラループ的解釈も、ループ内ループの表現だという今度のオムニループ的解釈も、どちらも同じくらいもっともらしい説明になっていると言えよう。

そう、ループ内ループ。オムニループ説によれば、ループの中にまたループ、ということが頻繁に起こりうるわけである。正確には、あるループに属するシークエンスの中の特定の期間がループ

＊197　オムニループ説に従えば、情報統合思念体の「想定をはるかに超える５００年以上の運用」は、「エンドレスエイト」に特有の問題ではなかったことになる。注＊108参照。五百年程度は、たえずループしているＳＯＳ団（そして全宇宙）の全期間から見ればごく短い期間なのだから。

する、という事態である。そういったループ内ループ、いわばループの周転円が、二層にも三層にも百層にも重なり合う――そういった無限の入れ子状態の可能性に『ハルヒ』の世界はたえずさらされているのである！

このように「エンドレスエイト」は、いったん物語的アニメとしてまともに解釈され始めるやいなやや、途方もない宇宙像に私たちを連れ去ってゆく。もし長門がそうしたオムニループのいくつかを選択的に、ただし常に記憶しているとしたら、「エンドレスエイト」のあの夏休みループだけでなく、もっとずっと多くのループが、シークエンス間の比較照合へと長門を誘い込み、長門の人間化に影響していたことになるだろう。

あるいは、テラループと同じくオムニループのほとんどを長門が記憶できていないとすれば（その方が確からしいが）、ハルヒの潜在意識の力に比べれば長門もキョンたちとますます同レベルであり、凡人にすぎない（はじめから同水準の仲間である）。その意味で、オムニループ説は「一般化された長門限界説」であるとともに「長門凡人説」とも言えるわけである。

「エンドレスエイト」の物語と表現に付き合うとはどういうことかを一通り理解したところで、ひとつの課題に決着をつけよう。第4章末尾で提出しておいた「宿題」の答え合わせである。

「長門介入説（モノループ説）」と並ぶいっそう興味深い仮説とは、「長門限界説（テラループ説）」だった。モノループ説が『消失』での犯行のウォーミングアップとしての創造神仮説だとしたら、テラループ説は、ループ中のシークエンス数を増やしただけの、ある意味単純明快なマルチバース系仮説と言えるだろう（テラループ説の洗練バージョンであるオムニループ説は、ここでは表面化させないことにする。モノループ説との対比において重要なのは同一ループ内のシークエンスの数であり、ループそのものの数ではないので)。

第4章末尾で描いた論証型にテラループ説の証明を当てはめると、以下のようになるだろう。〈モノループ説：テラループ説〉が〈神のデザイン仮説：マルチバース説〉に相当することを念頭に、論証を追ってみていただきたい。(本節ですでに見た人間原理的説明で納得できたから厳密な論証は必要ない、という人は、◆から◆まで飛ばして差し支えありません。)

◆

ロジック1
〈Eシークエンスのマクロ同型性からモノループ説またはテラループ説に絞る論証〉

a　長門が記憶するシークエンスはEシークエンスだけである。(長門事情)

b　ランダムにシークエンスの性質が決まった場合、バタフライ効果によりマクロ構造が大幅にばらける確率が高い。(きついリセット、微調整)

c　【a、bより】長門がすべてのシークエンスを記憶しているとすれば(実在するシークエンスが長門の記憶にあるものだけならば)それがEシークエンスだけであるのはバタフライ効果を抑制する微調整行為が作用したということである。(モノループ説)

d　シークエンスが長門の記憶するものだけではなく、いろいろな性質を持つ様々なシークエンスが生じたならば、その中には偶然に同じマクロ構造を持つ一万五千五百三十二回程度

のＥシークエンス宇宙も含まれるだろう。（テラループ説）

e　長門事情ゆえ、長門はＥシークエンスしか観測・記憶できない。つまりシークエンスのマクロ構造が一つだけだろうが多数だろうが、長門がシークエンスを記憶しているならばそれがＥシークエンスである確率は1である。（選択効果）

f　【c、d、eより】したがって長門が記憶するＥシークエンスは微調整行為が作用した結果なのか、テラループの中の一部なのか、いずれかである。

ロジック2

〈Ｅシークエンスのミクロ非同一性からテラループ説のみに絞る論証〉

a　長門が記憶するシークエンスは（少なくともその大多数は）ミクロレベルまで互いに一致してはいない。（観測事実）（超微調整＝ウルトラファインチューニングの欠如）

b　長門が微調整能力を発揮したとすれば、ミクロレベルのいかにもカオスな相違（服装、とりわけ昆虫など）を容認する余裕はなかったはずである。つまりミクロレベルまでの周到な一致になってしまうはずである（厳密なリセット、超微調整）

c　テラループからランダムに選んだ場合、一万五千五百三十二個がミクロレベルまで一致する確率は極度に低い。（シークエンスのカオス性）

d　【a、bより】長門が微調整したならば（モノループ説が真ならば）、観測事実に反する。

e　【a、cより】長門が記憶するシークエンスがテラループの中の一部ならば、観測事実に反しない。

f【d、e、ロジック1のfより】長門が記憶するシークエンスはテラループの中の一部である。

第4章末尾では、「ロジック2」として神のデザイン仮説を否定できた。それと同様、ここでもモノループ説を否定できている。とはいえ、長門は神のように全知全能全善ではないので、ロジック2のbに相違がある。オリジナルでは、「神はもっと完璧な仕事をしたはず」だったのが、ここでは「これほどミクロにばらけさせたからには、Eシークエンスに揃える程度の調整能力すらなさそうだ（Eシークエンスに揃える程度の調整能力では、ミクロにばらけさせる余裕はないはずだ）」という命題に置き換わっている。

「私たちの宇宙」は「長門が記憶するシークエンス（一万五千五百三十二種類分）」に対応し、「マルチバース」は「テラループ」に対応するのだった。◆

第10章

エンドレスエイトの分裂

「それだけじゃないだろ？」

第1節　やりすぎループとゆるすぎループ

ここまでで、「エンドレスエイト」を通常のアニメと捉える見方、コンセプチュアルアートと捉える見方の主なバージョンが出そろった。本章では、さまざまな角度から見た場合それぞれにおける「エンドレスエイト」のポテンシャルを、図式的に整理しておきたい。できれば、『ハルヒ』のオープニングアニメの数式群に混ぜて遜色ないほどの鮮明な定式化を目指して。

第3章第2節末尾で、「エンドレスエイト」を論ずるさい四つの契機（側面）を念頭に置くことを我々は宣言しておいた。基礎部門としてエンタテイメントの契機である〈物語〉的側面、アートの契機である〈表現〉的側面、そして応用編である〈プロジェクトアート〉の側面、〈コンセプチュアルアート〉の側面である。

すなわち、まず作品を通常のアニメとして捉える場合には、二つの視角が大別された。エンタテイメントとして標準的な、「物語」「ストーリー」を重視する見方と、アートとして標準的な、「表現」を重視する見方。その二つは並行しており、どちらが優勢となるのかによって「エンドレスエイト」の評価も変わってくることが観察できた。概してアニメファンは「物語」に注目しており、物語の変化を伴わない表現的微差の変異という「エンドレスエイト」の実験は、アート志向のファン以外には不評だった。「エンドレスエイト」に物語的意義があるとしたら『消失』への布石としての意義だったが、その布石が働く条件は、『ハルヒ』の不適切な解釈「長門壊れた説」に依存しており、物語的興味を満たすものではなかった。

ではアート志向のファンにとってどうかといえば、ここにも難点があった。表現技巧を微差で提示する一見玄人好みな繰り返し提示は、シミュレーション的事態をフィクション的手法で無理に表現することの弱点をかえって露呈した。表現オタクに感銘を与えるどころか退屈をもたらすという逆効果を生んでしまった。

このように、通常アニメとしての「エンドレスエイト」は、物語面からも表現面からも疑問符にまみれていた。決して駄作ではないにせよ、失敗作である見込みが濃厚だった。ミニマルアートとして観たとしても、ミニマルにあるまじき自律的凝り過ぎが祟って低評価は拭い去れない。

そこでミニマルアート特有の「空間性」「参加型劇場性」を推し進めて、アニメ単独としてではなく、超監督ハルヒ様の采配やら、ウェブでの実況の炎上をも取り込んだ「祭り」やらの視点を導入することも同時に試みられた。「エンドレスエイト」をプロジェクトのパーツ扱いし、全体的貢献による評価を求める道である。しかしプロジェクトアートは、各部分の性質をそのまま引き継ぐため、アニメとしての「エンドレスエイト」に芸術的欠陥がある限り、そのぶんプロジェクトアートとしても価値の低いものになる定めだった。そして「エンドレスエイト」はプロジェクトの相当な分量を占めているため、商業的・話題的に『ハルヒ』の株を大いに下げたことは間違いない。

そこで、「エンドレスエイト」のアニメとしての欠点を引き継ぐことのない観方として、コンセプチュアルアート視という方法が残される。失敗そのものがコンセプチュアルアートとしては長所となる可能性があるのだ。コンセプトとして「アニメとは何か」「娯楽とは何か」「プロジェクトとは何か」……「エンドレスエイト」のスキャンダラス性そのものが新しいコンセプトの宝庫として「エンドレスエイト」および『ハルヒ』の価値高揚に貢献するありさまを認めることができた。

ただし、「エンドレスエイト」の九つの主要欠点の中で、一つだけ、コンセプチュアルアート視による有意義な長所への転化を受け付けないものがあった。それは、この作品特有の解釈における欠点（制作側がおそらく目論んでいた解釈的狙いが的外れだったこと）であり、とりわけ物語的な、あの『消失』の布石としての性質だった。そこでこの知覚的・非コンセプチュアルな個性に改めて光を当てる動機が生まれ、情報統合思念体《コンセプチュアルアート》への長門の反旗にヒントを得るなどして、改めて通常アニメとしての有意義な解釈を発掘することができた。欠点の相乗作用で発見が生まれる、という構図だったが、このことが教えてくれる教訓は重要である。すなわち――

作り込まれた優れた作品は、たとえ「ベクトルが間違っていた」としても「間違ったベクトルでの新しい価値を持つ」ということである。

四段階ループ

以上のことを順序系列として再整理するとこうなる。

第3章第2節の遷移図で予想したとおり、〈物語〉〈表現〉〈プロジェクト〉〈コンセプト〉という四つの契機には、次のような関係があった。〈物語〉で価値が実現できていなくても、〈表現〉で価値が主張できる。〈表現〉で価値が乏しくても、〈プロジェクト〉の中で有意義な機能を果たせる。

そこでなお有意義でなかったとしても、〈コンセプト〉ですべての無価値性や失敗を対象化して価値あらしめることができる。「エンドレスエイト」はこの最後の〈コンセプト〉にたどり着くことによってようやく独特の傑作たりうることを自ら証明した。さらには、〈コンセプト〉で呼び起こされた思念は、〈物語〉の再考を促し、長門限界説＝テラループ説＆オムニループ説の起動によって全く新しい物語的展望と価値を自ら発掘することに成功した。

〈物語〉の吟味から出発して、〈表現〉〈プロジェクト〉の価値創出可能性を経て、〈コンセプト〉での価値創出に至り、そこから新しい〈物語〉的価値に目覚めるという、めでたいループを「エンドレスエイト」は描きおおせたのである。物語内的ループのみならず、外在的ループをも。

これで、「エンドレスエイト」に重なり合っている潜在的芸術作品のさまざまな姿を切り分ける準備が整った。四つの契機を次々に試してゆくエンドレスエイト理解の構造を再び視覚化すると、図1のようになるだろう。

一般に娯楽芸術に対して我々は、物語芸術としてアクセスするが、それでうまく楽しめなければ、表現に工夫を凝らしたアートとして鑑賞し直す。それでも有効な鑑賞法が見出せなければ、プロジェクト全体に寄与する意義を見出そうと努める。それも大した成果が見込めなければ、最後の万能の手段として、コンセプチュアルアート視を試みる。その最も簡便な方法は、自らをそのまま引用あるいは提示する「レディメイド化」だ。これによってすべての欠陥は「欠陥であること」という非欠陥へと転換され、欠陥なき概念芸術へと昇格することができる。非欠陥化できなかった欠陥が自ずと注目を集めることで、潜在的な物語的価値が再認識されるという副産物が得られることすら

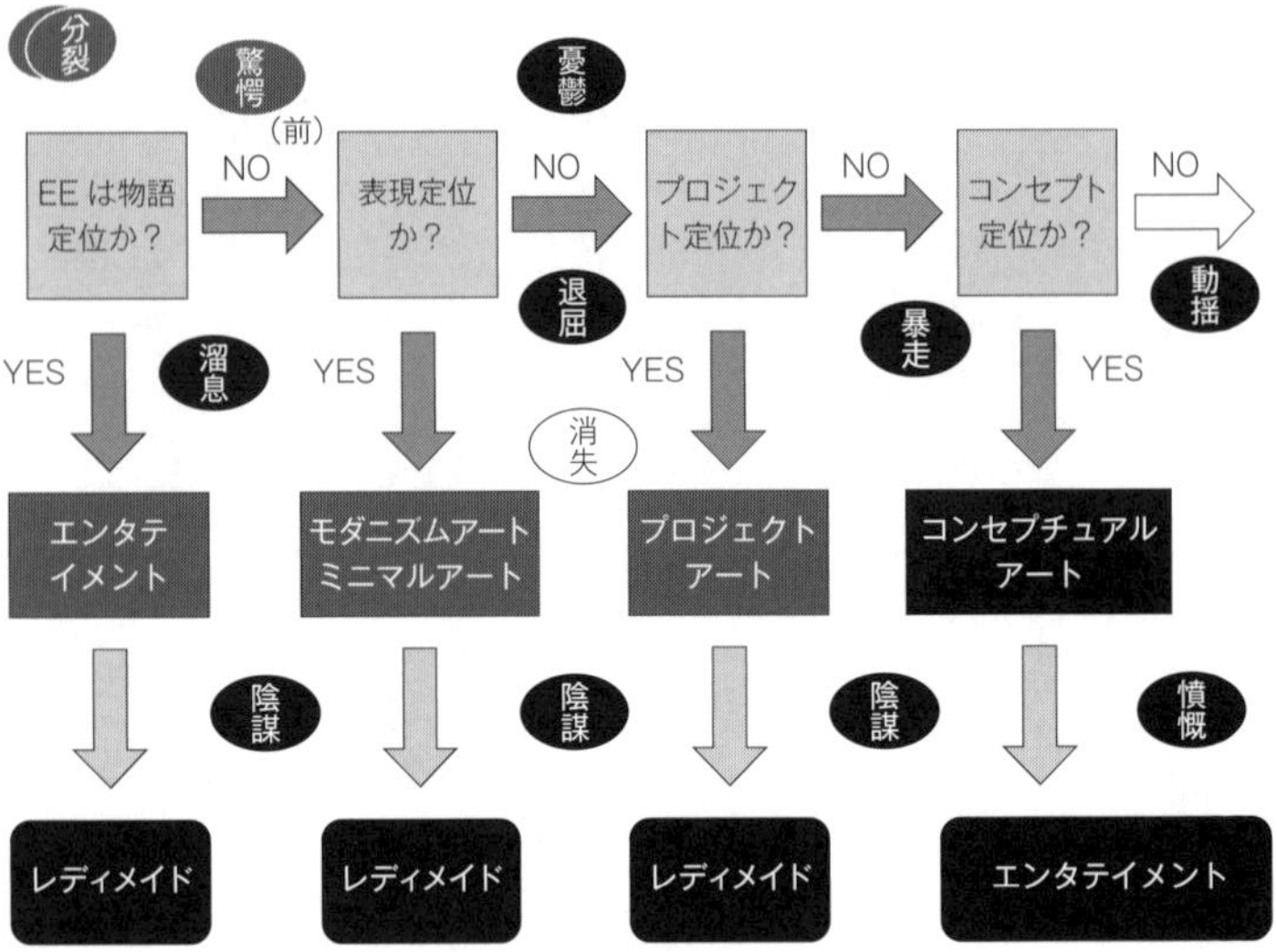

………(レディメイド化　←〜〜　芸術の天ぷら仮説)………

図 1

ある。[*198]……

この図式は、通常のコンセプチュアルアート観よりも優れている。第8章第2節で触れたように、通常の現代アート史理解では、ミニマルアートの極限形態としてコンセプチュアルアートを捉えることが多い。作品の物質的単純さが増していった結果、物質性そのものが縮小し、消え去り、概念芸術と化す、というわけだ。実際、芸術家の労働量はミニマルアートからコンセプチュアルアートへ向けて極小化してゆく傾向が強い。

しかし「エンドレスエイト」の場合、労働量の極小化というミニマリスト・コンセプチュアリズム属性は当てはまらない。しかも一般に、作品の単純化が、それにふさわしい鑑賞の単純化を伴うとも限らない。作品の物質的単純さと鑑賞における知覚的単純さは必ずしも比例しないからだ。第8章第2節に見たように、ミニマルアートは、劇場的インスタレーションや環境芸術へとしばしば変容し、知覚的鑑賞の詳細度や没入度を高める方向に働きがちなのである。

コンセプチュアルアート視はミニマルアートを極端にした劇場化の果てに生ずるのではなく、まったく逆の論理、すなわち「知覚的経験の比重低下」によって自然に起こってくる。我々の図式では、プロジェクトアートを経ることによってである。*199

ミニマルアートに特有の劇場性・時空間性は、鑑賞者による参与、補完を要請する。つまりミニマルアートの〈単純さ〉よりも〈非自律性〉という側面を重視すると、「プロジェクト空間・共同体空間」の強調へ導かれる。プロジェクトアート的メディアミックスの中では、個々のメディア、個々のパーツは、それ自体の知覚的性質を保持しながらも、必ずしも丹念な鑑賞体験を求めなくなる。プロジェクトアートの目的としては、鑑賞者の体感をメディアミックス全体に向けさせればよく、個々のパーツの知覚は共同体空間に従属する形で無理なく言語的概念的体験へ置き換えられてゆくのだ。

*198　鑑賞段階でのジャンル更新衝動を追認してゆくこのモデルは、物語内容そのものにジャンル上書き展開が組み込まれた事例の存在によっても動機付けされうる。好例として鈴木光司『リング』『らせん』『ループ』三部作が挙げられる（前原 2017）。また、創作と理論とが相互作用しあって進化してゆく「フィードバック・ループ」（Lopes 2014, p. 34）の反転図とも見なせる。

*199　ミニマルアートからコンセプチュアルアートへの顕著な過渡性を示す作品としてしばしば挙げられるソル・ルウィットの『シリアル・プロジェクト№1（ABCD）』（一九六七年）は、制作法の提示や招待状のデザインの方に本質があり、プロジェクトアートとしての性格が濃厚だった。織田 1985、マイヤー 2004 参照。

プロジェクトという一種共同体定位の概念空間を媒介としたこの図式の方が、ミニマルアートとコンセプチュアルアートとを「媒体の消滅」という形でじかに結び付ける通常の見方よりも、概してうまくゆく。ドキュメンテーションやレディメイドによるコンセプチュアルアートをうまく説明できるし、少なくとも「エンドレスエイト」のようなあからさまなメディアミックス型アートにはぴったり当てはまることがわかるだろう。

さて、以上のフローチャートは、どの物語的失敗作にも通用するわけではない。それだけのポテンシャルを持つ作品でなければ適用不可能である。物語的に破綻していたり面白みがなかったりする作品の中でも、表現的に「アートっぽい格調」をしっかり備えているものでなければ、第二段階〈表現的鑑賞のレベル〉に至ることはできない。また、プロジェクトとしての自覚に支えられた一定規模の文脈がなければ第三段階〈プロジェクト的意義づけのレベル〉に達することができない。そして第8章で綿密に確認したように、有意義な理屈を紡ぎ出せなければ、無理にコンセプチュアルアート視しても虚しいだけだ。世に数ある〈異形の作品〉の中でも、このすべてを満たしているのはほんの一握りだろう。

異形度では超弩級の「エンドレスエイト」は、見事にこれらの条件を満たしていた。物語的パターンは少し深読みすると空疎さが露呈し、その巨視的な単純さとは裏腹に表現的には鬱陶しいほど無駄に凝っていた。プロジェクトアートとしてのメディアミックス展開は画期的と言える徹底ぶりで後続サブカルコンテンツの模範をなし、諸欠陥をメタ解釈しメタ評価するネタには事欠かなかった。その概念化作業の中で、当初否定された物語的含蓄が自ずと再浮上した。テラループ説と呼ぶべきその物語的含蓄の内実は、『ハルヒ』自身が大々的に言及した人間原理の理論的適用にぴったりと収まり、ハードSFとしても高レベルの形而上学的センスオブワンダーに満ちたビジョンを提供した。「エンドレスエイト」は、やはりエンタメとしても単なる失敗作ではなかったのである！

最終的に物語として復活できたことにより、「エンタテイメント的物語↓アート的表現↓プロジェクトアート↓コンセプチュアルアート↓SF的解釈によるエンタテイメント」という芸術的ループが完成して、「エンドレスエイト」は、四つすべての位相において固有の意義を主張できる作品であることを立証できたと言ってよい。

物語定位のエンタテイメントとして期待された作品が、表現定位のアートという妥協的な、しかしいっそう高尚な鑑賞法に活路を見出し、さらにはレディメイド化・プロジェクトアート視という通俗的・実生活的な見方へと戻り、次にコンセプチュアルアートという最もアカデミックかつ高踏的な見方へと一気に駆け上り――という具合に、〈通俗↓高尚↓通俗↓高尚↓……〉の高低の往還を繰り返す。この精神運動が既にサインカーブ的螺旋形を描きかけているのだが（小ループ）、コンセプチュアルアート視から漏れた部分が物語的解釈の対象として復活し、〈物語的通俗↓表現的高尚↓プロジェクト的通俗↓コンセプチュアル高尚↓物語的通俗↓表現的高尚↓……〉という本格的な大ループを延々と描くことになるのだ。[*200]

複合型∞ループ

さらに言えば、この大ループは二重である。〈物語的通俗↓表現的高尚↓プロジェクト的通俗↓

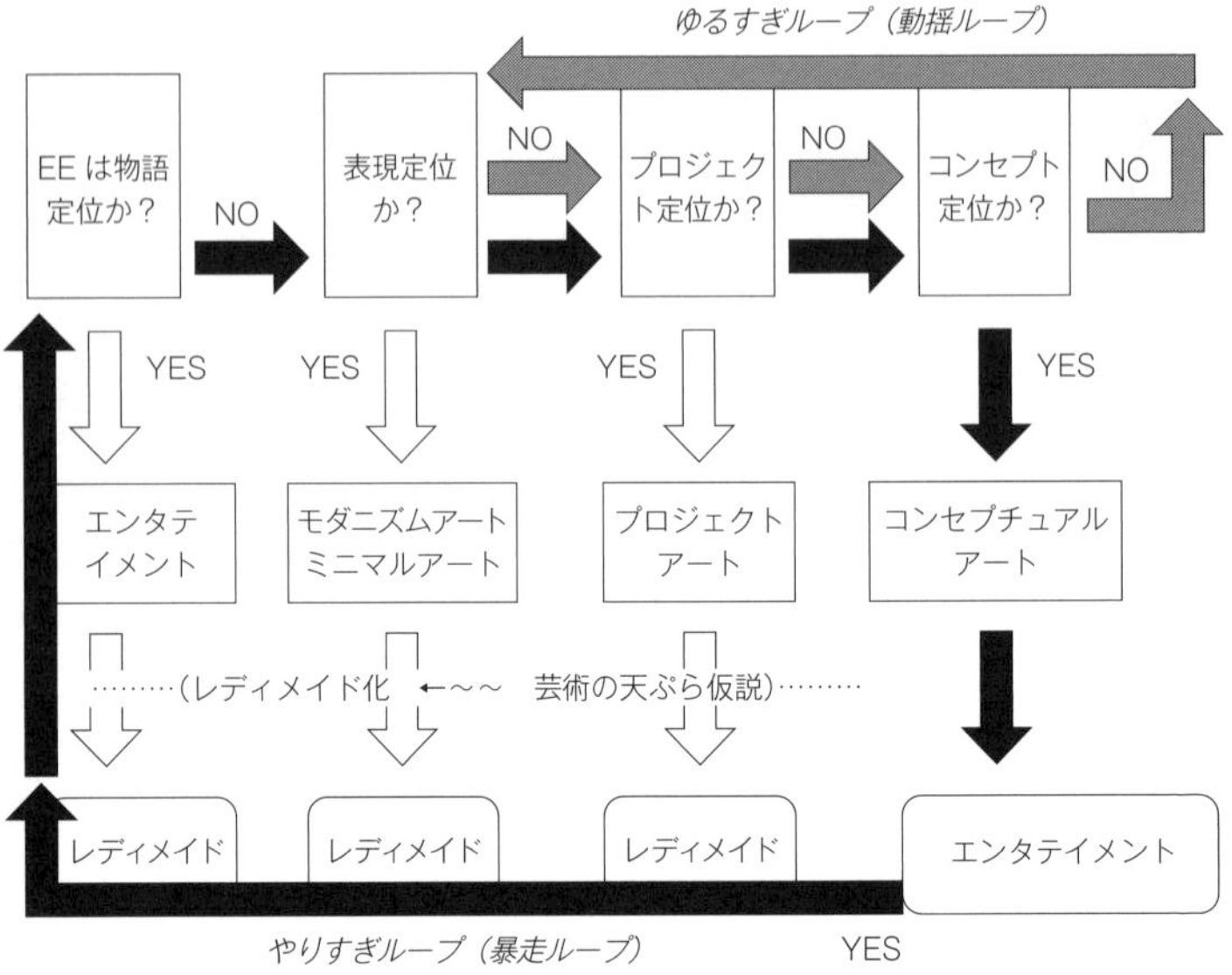

図2

コンセプチュアル高尚↓物語的通俗↓……〉というルートだけでなく、もう一つのループが図から読み取れるはずなのだ。そう、〈物語的通俗↓表現的高尚↓プロジェクト的通俗↓コンセプチュアル高尚↓動揺による表現的妥協↓表現的高尚↓プロジェクト的通俗↓コンセプチュアル高尚↓……〉という具合に、物語の契機をバイパスする形で、二次的なループも観察されるではないか。

ループを抽出する形で改めて図2を描いておこう。2つのループが確認できるだろう。下の大きなループ〈物語↓表現↓プロジェクト↓コンセプト↓物語↓……〉は、「暴走」による実験過剰の産物、いわば「やりすぎループ」であり、上の小さいループ〈(物語↓)表現↓プロジェクト↓コンセプト↓表現↓……〉

は、「動揺」による実験不徹底の産物、いわば「ゆるすぎループ」である。

「やりすぎループ（暴走ループ）」と「ゆるすぎループ（動揺ループ）」を目で追っていただきたい。まえがきで述べたとおり、「∞ループ形」になっていることがしっかり確認できるだろう。

「やりすぎループ」と「ゆるすぎループ」は周期が異なるため、「エンドレスエイト」の解釈を繰り返してゆくうちに、位相のズレによるモアレ模様が生じてくるかもしれない（スティーブ・ライヒの初期テープ音楽や「ピアノ・フェイズ」の仮想メロディのように）。そのズレの主因としてアクセントをもって浮かび出てくるのは、「やりすぎループ マイナス ゆるすぎループ」の部分、すなわち「やりすぎループ」にのみ付着している物語的位相である。「やりすぎ・ゆるすぎ」という二重のループが醸し出すのは、位相のズレとしての「物語」なのであり、物語の平板化がループを経由して物語の強調を繰り返しもたらす。そういった絶妙の再帰的効果を「エンドレスエイト」は『ハル

＊200　次のような疑問が提起された。「エンドレスエイト」の物語定位の位相は、人間原理の適用により「長門限界説（テラループ説・オムニループ説）」が発見されたことで安定してしまい、表現定位へのループ移行が生じないのではないか、と。この疑問は提起者自身によって次のように解決されている。長門限界説によれば「世界のすべてを俯瞰する視点を与えられていると思われていた長門は、決して神ではなかった。このことは同様に俯瞰の立場から鑑賞していた視聴者に対しても自己反省を促すのである。つまり、視聴者は「神の視点」から引きずり降ろされ、観測者としての人間に引き戻される。長門限界説に至ることによって、我々はエンドレスエイトの決定的な物語定位の解釈を得たように思われたが、実は長門限界説に至ると同時にその解釈は「偶然この世界であり得た」解釈となってしまう。（中略）そうではない世界、例えばエンドレスエイトが概念芸術として非常に高い評価を受けている世界であった可能性も存在する、ということを認めなくてはならない。（中略）我々は長門限界説という一つの解に至ると同時に、その人間原理的内容によってすぐさまそれ以外の解釈の可能性を強制されるのである。長門限界説がループを引き起こすのは、まさにその「長門限界説」が観測されることによるのである」（遠藤 2017）。

ヒ』局部に埋め込み、かつ全体に浸透させているのである。

『涼宮ハルヒシリーズ』の物語構造全体にあえて重ねて∞ループ図を見直せば、キョンが「物語定位」の余剰部分に相当し、そのキョンを視点＝支点として、ＳＯＳ団（ハルヒ定位のやりすぎループ）と偽ＳＯＳ団（佐々木定位のゆるすぎループ）とが並走し、抜きつ抜かれつ仮想メロディを奏でつつある有様の予兆……と言えようか。

∞ループ図のこの反映効果は、たまたま現われただけなのか、必然の発現だったのか。「エンドレスエイト」のループ構造そのものと深い論理でつながったループだ、と言えるだろうか？『分裂』『驚愕（前）（後）』まで読んだ限り、偽ＳＯＳ団ループがＳＯＳ団ループに拮抗する圧力をキョンに対し持ち始めそうにないのが（原作の持続可能性上）不安に感じられるが、その不安どおり、「エンドレスエイト」のループ時点でも、偶然このような対応的図式が描けただけなのだろうか？

「偶然」という説明は、人間原理的に見ると、「観測選択効果」で裏付けられねばならない。つまり、主観的位相での必然化が求められることになる。結論から言えばこの芸術学的ループは、「エンドレスエイト」のループそのものの反映であり、根拠でもある。ハルヒの徹底して無意識的盲目的なループが、高度に意識的覚醒的なメタ芸術学的ループを駆動させているのだ。このことについては第11章の最後で確認することにしたい。その確認の前に、ここでは「エンドレスエイト」がいかに分裂的に華麗な諸相を展開しえていたかを、別のアングルから整理しておこう。

……………………

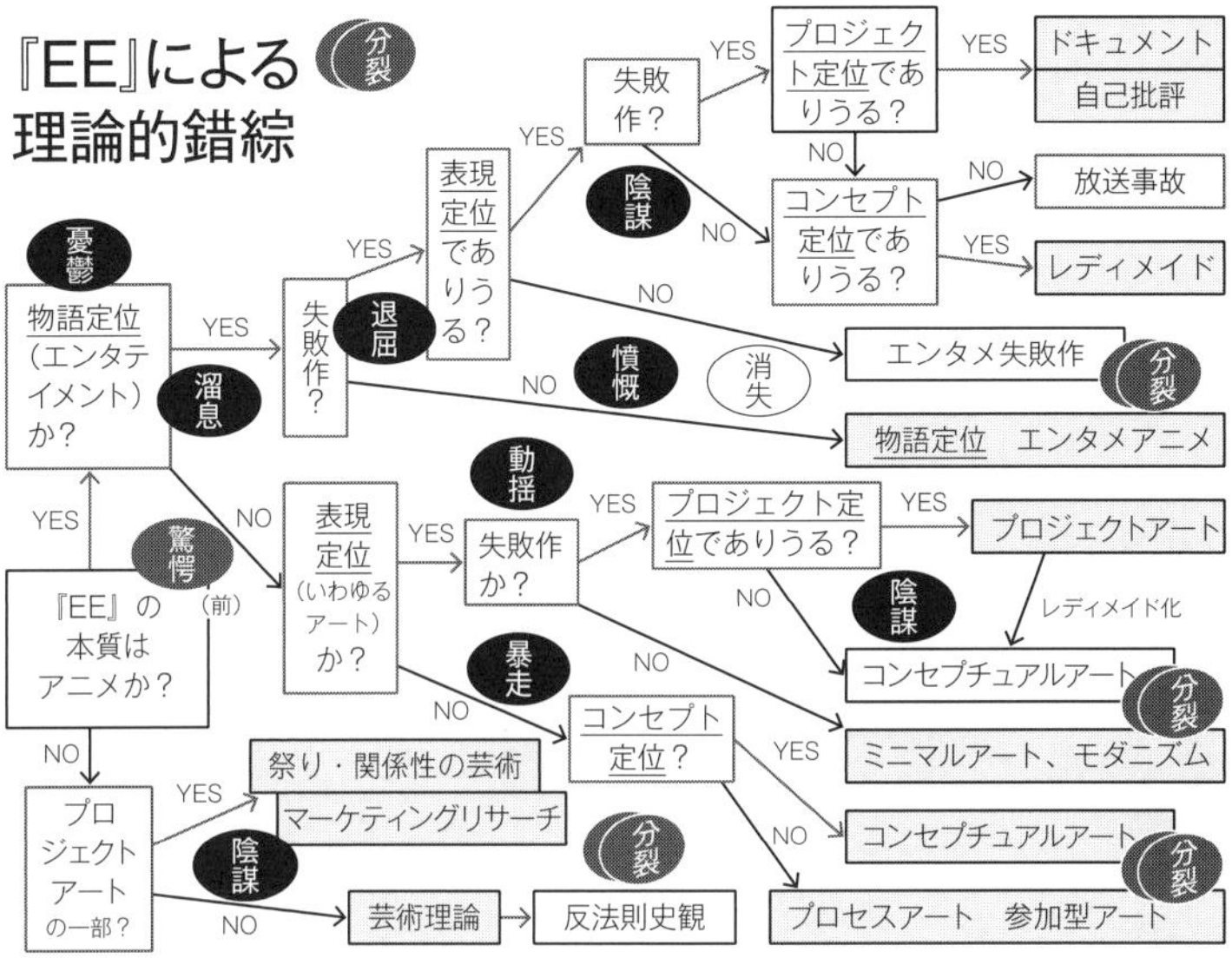

図3

「やりすぎ」と「ゆるすぎ」の位相差が、さまざまな芸術カテゴリおよびイベント属性へと乱反射している有様――、本書でこれまで辿ってきた流れを多視点からまとめ直した一例が図3である。

「驚愕（前）」「憂鬱」「溜息」「退屈」「消失」「暴走」「動揺」「陰謀」「憤慨」の各章とここ「分裂」のここまでで得られた知見をその順番どおりに整理すると、だいたいこのようになるというチャートである。本文での随伴的付論や、注での派生的言及でのみ触れてきた芸術ジャンルや現象も含めて、図の右端を占める諸カテゴリを再構成的に位置付けてある。これらすべてに対応する多数の側面から成る作品（あるいは作品の重ね合わせ）として「エンドレスエイト」を扱える、というのが当面の結論となるわけだ。

これだけ分裂した多面性を「エンドレスエイト」が有しているとなると、余計な思索を掻き立てられざるをえない。そう、コンセプチュアルアートが目論む種類の、「芸術とは何か」という問いに我々はもろに絡め取られるのだ。

この図の末端を、さまざまな芸術ジャンルが占めることになったが、この多層性は、まるで、「エンドレスエイト」の多重性と呼応しているかのようではないか。たとえば次のようなメッセージとして。――「エンドレスエイトⅠ」は物語定位の娯楽アニメとして見てください、「Ⅱ」はモダニズムアートとして、「Ⅲ」あたりでプロセスアートかプロジェクトアートの一部として。「Ⅳ」にもなるとミニマルアートか参加型アートとして、「Ⅴ」にもなればはっきり共同体定位の「祭り」的リレーショナルアートとしてご覧いただければ。さすがに「Ⅵ」までくればコンセプチュアルアートだと気づいてくださいませ。「Ⅶ」と「Ⅷ」で元来のエンタテイメント的ポテンシャルに改めて気づいていただけたところで、ループ一巡とさせていただきます。……

あいにく、そのような多様な視聴モードを許すほど多彩な様式で作られているとは到底言えない「エンドレスエイト」であることは第6章その他でさんざん確認したのだったが、「エンドレスエイト」の反復形式が、この図のような多層バージョン図式に則った洞察を促すことは間違いない。ただの実験芸術くずれともとられかねない「エンドレスエイト」は実に、ジャンルを超越した変幻自在のメタ芸術だったのである。「芸術について考える」というコンセプチュアルアート的な意味での狭義のメタ芸術ではなく、メタ芸術・ベタ芸術すべての諸ジャンルにまたがるあらゆる芸術作品を適宜演じる変幻自在の「メタ・メタ芸術」と言うべきだろう。

さてしかし、図3の末端の枠には、いくつか先走って書き込んでおいたものがある。たとえば、「反法則史観」とは何だろうか。「エンドレスエイト」は芸術理論を誘発して自ら各ジャンルの芸術作品に成り代わるだけでなく、芸術史的認識の一学派をも成しうるというのだろうか。

いかにも。芸術史的な思索を促す「エンドレスエイト」の分岐生成機能について、次節以降で見ることにしよう。その芸術史的思索は、ループ図式の本質、そして「エンドレスエイト」の特質と深く共鳴しているのである。

第2節　パラループ説

マルチバース説のベタ適用

「エンドレスエイト」は自らに対するさまざまな観方を提案あるいは挑発するメタ芸術、いわば各ジャンルの芸術作品の集合体であることを我々は検証してきた。その中で、コンセプチュアルアートとしての観方と、通常アニメとしての観方との両方において重要な基盤となったのが「人間原理」だった。皮肉なことに「憂鬱V」で古泉が得々と述べる人間原理の解説は学問的には間違っていたが、今となってはその「間違い」は、彼らの——古泉一派、朝比奈一派、情報統合思念体それぞれの——ハルヒに関する説明・世界観全体の「間違い」を象徴しているように思われる。

その「間違い」は、あの虚構世界内の現実としては間違いではなく、『ハルヒ』の世界を正しく記述しているのかもしれない。つまり『ハルヒ』の世界では、科学界に流通する「人間原理」という語は、マルチバースからの観測選択原理のことを意味するのではなく、古泉の語るような観念論的形而上学のことを意味するのかもしれない。『ハルヒ』の世界におけるファインチューニングの説明は、現実のこの世界での説明とは根本的に違っているのかもしれない。いや、しかし、オープニングアニメの図式や数式が示すように、『ハルヒ』の世界の物理学が鑑賞者のいる現実世界の物理学と同じであるらしいところからすると、宇宙の物理的構造に関する限り、やはり古泉・朝比奈・長門らの世界認識は間違っているように思われる。*201

古泉がなぜ人間原理の内容を間違えたかというと、「宇宙は一つしかない」という「この宇宙中心主義」にこだわっているからである。マルチバースを認めないならば、この唯一の宇宙の物理定数がファインチューニングされていることについて「設計者としての神」を持ち出すくらいしか説明のしようがなくなる。しかし「神」による説明は、「神はどうやって出来たのか」「神が作ったにしてはお粗末すぎる宇宙ではないか、どうしてウルトラファインチューニングしてくれなかったのか」「邪神しかいないのか」というグノーシス的謎を残すことになり、満足のゆくものではない。少なくとも超監督涼宮ハルヒに説き聞かせて納得してもらえるような説明にはなりえない。

『ハルヒ』の背景には、複数の時間線が並行しているかのようなエピソードが多数控えている。「エンドレスエイト」のループ世界をはじめ、「笹の葉ラプソディ」や『陰謀』でのいろいろな時間遡行、『分裂』『驚愕』を貫く歴史の分岐と融合、そしてなんといっても『消失』での異なる歴史など。それらを一括して理解可能にするには、マルチバース（パラレルワールド）を参照するのが最も自然な解釈だと感じられる。*202 にもかかわらず、出来事はことごとく「既定事項」「重ね撮り」「上書き」「リセット」などという言葉によって、唯一宇宙での出来事として説明されてゆく。「さまざまな可能性の中から特権的に選ばれるのがこの唯一の現実」「歴史はかけがえのないただ一つのこの歴史だけ」という前提に従ってすべてが理解されてゆくのが『ハルヒ』の世界なのだ。

『消失』で古泉は、世界改変の話をキョンから聞かされたとき、「パラレルワールド」と「世界改変」という二つの仮説を図示した。そのあとでキョンは朝比奈みくる（大）から「時空震」の説明を受け、「やっぱり俺は、パラレルワールドに来たんじゃないんですね。世界が作り変えられたわけだ」と納得する。

パラレルワールドやマルチバースを否定するというのは、長門有希も共有する立場だ。『涼宮ハルヒシリーズ』はのっけから、地球以外に知的文明はない、という認識から始まっていた。*203 長門曰く「宇宙に偏在*204する有機生命体に意識が生ずるのはありふれた現象だったが、高次の知性を持つま

＊201　ただし、「ティティウス・ボーデの法則」が起用されていたところからすると、『ハルヒ』の世界はあのアドホックな法則が成り立つような「アンチ人間原理的な」世界である可能性は残る。だが、そうだとすると、他の数式の真理性と整合させるのが至難となるのみならず、作品内出来事の物理学の全体的再解釈が必要となってしまう。

＊202　「パラレルワールド」と「マルチバース」はそれぞれ量子論、宇宙論で提唱された存在論的カテゴリなので、歴史的出自は異なるが、第3章の終わりで触れたように、最近はこの両者を同じものと見る「量子力学の宇宙論的解釈」が注目を集めつつある。Miura 2016も参照。

＊203　長門の説明によると、情報統合思念体は有機生命体ではなく、自律進化の産物ではない。そして宇宙で唯一の知的有機生命体である人類に自律進化の夢を託しているため、情報統合思念体の観点からしても人類が宇宙の価値の中心に位置する。

でに進化した例は地球人類が唯一であった」（『憂鬱』、一二一頁）。古泉がグノーシス主義に託して嘆息したとおり、この宇宙はスレスレで知的生命の存在を許す宇宙のようなので、知的有機生命がこの宇宙に一種のみ、つまり地球人類しかいないというのはありそうなことではある。しかし、マルチバース全体を勘定に入れると、知的文明を宿した惑星が膨大に存在しているだろう。つまり、情報統合思念体が把握している宇宙というのはマルチバースではなく、ただ一つの宇宙であるらしい。

しかし、いい加減で中途半端な「この宇宙のファインチューニング」に確率的合理性をもった説明を与えられるのは、「偶然生じた多くの宇宙の中から観測者が自分の居場所を無自覚に選んだ」というマルチバース（パラレルワールド）の世界観だけなのだった。キョン、古泉、朝比奈、長門が「ただ一つの宇宙、ただ一つの時間線」という存在論にこだわっている限り、ＳＯＳ団メンバーのどの一派もハルヒをめぐる真相を把握できないのではなかろうか。

彼らがマルチバースやパラレルワールドを認めるのを潔しとしないのには、もっともな理由があるようだ。ただし物語内理由というより、外在的理由、制作サイド的理由が。すなわち、パラレルワールド間の移動というものを認めてしまうと、一般に物語がつまらなくなるのである。『バック・トゥ・ザ・フューチャー』シリーズのように、いろいろな時間線を自由自在に行ったり来たりできるとなれば、「どうせ別の歴史が無事進んでいる」という了解が安全弁となってしまうため、エピソード展開のダイナミズムも重みもなくなり、次第にどうでもよく感じられてきてしまう。対して、世界が一つだけであれば、事態ははるかにシリアスだ。世界全体を改変するというのは別の歴史を金輪際なかったことにすることを意味するので、「選択」が物語全体にもたらす緊迫感が失われずにすむのである。

しかし、表面上の緊迫感を諦めれば、実に多くの事柄がすんなり解釈できてしまうことは事実だ。そう、人間原理が厳粛な神学や究極理論を放棄して、物理学を環境科学の慎ましい地位にすんなり落とし込んだように。

試みに、「エンドレスエイト」がパラレルワールドを描いていると考えてみよう。「エンドレスエイト」で問題視されたバタフライ効果の無視も、一世界内ループではなくパラレルワールドの出来事であるなら別段おかしなところはない。初期条件や物理法則が微妙に異なる世界を八通り描いているということで説明がつく。それぞれの世界の中でループが起きており、アニメが描いているのは、パラレルワールド（マルチバース）内の無数のループからEシークエンスに該当するシークエンスだけを抽出したもの、というわけだ。

この「パラレルワールド説」を採用すれば、「モノループ説」も「テラループ説」「オムニループ説」も必要なくなる。ループにまつわる面倒ごとを実在ではなく描写のレベルへすべて押し込んで一挙解決だ。キョンが初日に八種類もの水着を持っていた謎も一気に片がつく。八月十七日よりずっと前から別々の世界があって、それぞれの中で八月十七日以降ループが発生したのだから、十七日時点で内容が分裂しているのは当然だからである。

「エンドレスエイト」に適用したパラレルワールド説を「パラループ説」と呼ぼう。パラレルの

＊204　「遍在」の誤植かとも思われるが、「偏在」でもそれなりに意味は通る。これのアニメ版のセリフを第3章第3節で一度引用した。

パラであるとともに、「上位」「疑似」という意味のパラ。一つではなく多数のループからシークエンスを選ぶレベルに移行するので、上位にあるループであり、下位ループの部分部分を寄せ集めて出来たパッチワークなので、疑似ループでもあるわけだ。さて、手練れのSFファンの中には、「パラループ視点なんてはじめからわかってたよ」と言う人もいるかもしれない。第9章でテラループ説（およびオムニループ説）を見たとき、「そんな面倒な。シークエンスの数だけむやみに増やしてどうするの。多宇宙をまたいでつまみ食いすればずっと簡単じゃないか」と。*205

確かにそのように感じられる。同じ人間原理による解決でも、論理的同型性によってテラループという奇想を編み出すよりも、存在としてのマルチバースを直接適用した「パラループ説」の方が考え方としては素直である。素直すぎてあっけないというか、物足りないくらいだ。つまり物足りないほどに真実ということではないか。

これまでの「××ループ説」がすべて長門の行為や記憶限界によってループを解釈していたのに対し、パラループ説だけは、長門事情と無関係にループ描写があるという見方をする。「エンドレスエイトで長門事情を過大評価してはならない」「これまでの長門評価は冤罪だ」という説なので、「長門濡れ衣説」とでも呼べるかもしれない。*206 パラレルワールド（多宇宙）という装置には、キャラクターの主体的役割を最小限に狭めることができるだけの威力が備わっている。そのことの一つの例証がパラループ説だと言えるだろう。

だが、『ハルヒ』の世界が実際はパラレルワールドから成るとしても、そこからただちに「エンドレスエイト」がパラレルワールドを描いている、ということとは帰結しない。それは存在論と表現論の混同である。

実のところ『消失』の異変にしても、あれをパラレルワールドで説明するためには、現代物理学に大幅な変更を施さねばならない。キョンが記憶を保ったまま複数の宇宙に登場するといった可能性は、現行のマルチバース説や多世界解釈からは導かれないからだ。[*207] その点で、異変を説明する仮説としてパラレルワールド説を捨てた古泉や朝比奈は現実的だったのである。自らの居場所がパラレルワールドであること自体を彼らが否定するとしたら誤りだろうが、世界改変ではなく実はパラレルワールドが描かれていたという解釈もまた安易なのだ。

ただし「エンドレスエイト」で我々が考えようとしているパラループ説は、『消失』のパラレルワールド説よりは複雑な説明である。すなわち、長門のループ記憶の連続性はそれぞれ単一世界の中で成立し、作品表層のシークエンス反復は単に パラレルワールドをまたぐ描写視点の複数性である、というものだ。連続する記憶とは異なり、描写視点は「エンドレスエイト」の作品世界の外に

＊205　注＊192で、「ループしている時空にも並行世界があるということだな」というネット上のコメントを引用しておいた。ただし正確には、「ループの中に並行世界がある」のではなく、「並行世界のそれぞれにループがある」というのがパラループ説である。

＊206　パラループ説は、長門の行為や記憶限界についての諸説（モノループ説、テラループ説、オムニループ説）と両立するが、素朴な定説（長門の微調整行為ナシ、記憶限界ナシ）とも両立する。すなわち長門事情を解釈で定める必要なしという意味で、解釈を強要することを「濡れ衣」とする説、というわけである。

＊207　多世界解釈では、「私」は常に無数のパラレルワールドに存在しているが、いったん意識内容が分岐すれば互いに別人となり、再び同一人物へ融合する確率はほぼゼロである。また、ワープやテレポーテーションによる移動の場合、古泉が言うように、移動先の世界におけるキョンはどこへ行ったのかという問題が生ずる。

あるので、作品内の複数の世界を行き来するのも自由というわけである。

地球外文明の存在証明へ

しかしどうだろう。『四畳半神話大系』や『3番テーブルの客』のように、パラレルワールドの描写として解釈するのがいかにも自然な作品はともかく、「エンドレスエイト」では、あくまで同一世界内でのループが描写された建前になっている。別々のパラレルワールドからよく似たエピソードを選んできたというのでは、描写対象に一貫した物理的連続性は成り立たなくなり、ループの描写と称するに値しない。

しかも、「エンドレスエイト」にそのようなパラレルワールド視点の解釈を持ち込むことが許されるなら、『ハルヒ』の他のエピソードどうしの間にも「世界の違い」を想定するのを禁ずる理由がなくなってしまう。これはあまりに変則的な読み方に道を開くものであり、物語的統一性への不信を招いてしまう。

このようにして、パラループ説は「エンドレスエイト」の不自然さを一挙解消する解釈ではあるにせよ、構造上同じ説明をテラループ説がより安全に行なってくれている以上、あえて固執するメリットはない。いや、モノループ説に比べてさえコストがかさむくらいだ。結局パラループ説は、物語の前提に逆らった反則的な解釈なのである。

ただし、「エンドレスエイト」はパラレルワールドを描いてはいないにせよ、その世界自体がパラレルワールドであることを思い出させる形式（不自然なループ形式）を備えていることは確かだ。

さらには、「エンドレスエイト」という作品そのものは、この私たちの現実世界にリアルに属しており、この現実世界はまさに、おそらくパラレルワールドから成っている。となると、「エンドレスエイト」という作品の存在が、現実世界の中にパラレルワールド性の刻印を示しているのではないか、という問題意識が浮上してくる。

すなわち、「エンドレスエイト」の世界内現象の解釈ではなく「エンドレスエイト」および『ハルヒ』という作品存在が、マルチバースの実在を示す独自の、新たな証拠になっているのではないか。そんな発想が我々の前にうっすらと立ち上がるのである。

なぜなら、第7章の終わりの方で見たように、「エンドレスエイト」の〈作品としての存在の中途半端性〉と〈内容・表現の中途半端性〉は、互いに同じものだったからである。不自然ループという内容・表現が虚構内のパラレルワールド的背景を示唆するのだとすれば、「エンドレスエイト」のようなアニメが現に存在すること自体もまた、宇宙定数や他のファインチューニングの中途半端さと並んで、現実内のパラレルワールドを示唆しているはずだろう。

パラレルワールドからこの一つの世界（宇宙）の内部に視点を限定しても同じことが言える。たとえば地球型文明の多数性を示唆している、と。そこで単刀直入に宣言しよう。『ハルヒ』が否定している地球外文明の存在を、「エンドレスエイト」が存在するという事実によって証明する――これが本章最大の目的となる。*208

「エンドレスエイト」の存在によって地球外文明の存在を証明する――？

そんなことができるのだろうか？

我々はすでに、人間原理的マルチバースのロジックを、「エンドレスエイト」の内容に当てはめて解釈した。テラループ説・オムニループ説はその成果である。しかしもともと「エンドレスエイト」の人間原理的中途半端さというのは、「エンドレスエイト」の物語内容よりもその存在そのもの、すなわち表現やプロジェクトのあり方にかかわる現象だったことに注意しよう。「エンドレスエイト」の虚構的内容・内的性質が中途半端性を帯びているとしたら、作品としてのその現実存在・外的性質の中途半端性から導かれたものだった。「エンドレスエイト」が孕む虚構レベル以前のその現実レベルでの中途半端さに、改めて人間原理的マルチバースのロジックを適用しよう——それが「分裂」的諸事象の研究の山場でなければならない。

「エンドレスエイト」という不可解な作品が現実世界に存在していること。現実の中のこの宇宙に存在していること。しかも我々の地球に存在していること。このことから何が読み取れるだろうか?

人間原理は、「ここの中途半端な微調整」から「かなたの多様性」を導き出す論法だった。「かなたの多様性」の特殊例として「多くの宇宙」そして「多くの我々のような宇宙」そして「多くの我々のような文明」がある。「ここの中途半端な微調整」の特殊例として他ならぬ「エンドレスエイトの中途半端な実験性」がある。「エンドレスエイト」のような動揺した暴走、不徹底な実験作品かつ抑圧された娯楽作品という中途半端現象そのものから、それが属する環境を含む上位環境の多様性が推論できるに違いない。

すでに本書で繰り返し見てきた事実、「コンセプチュアルアートは文明のあるいは芸術界の自意識の高さを反映している」ということをここで改めて認めよう。つまり、「エンドレスエイト」の暴走は、地球が「意識高い系文明」であることの証しである、と。そしてまた「エンドレスエイト」の動揺は、地球が「意識高い系文明」であることの負荷を示す一症状である、と。

「意識高い系」という言葉には、本書の中ですでに幾度か出会っている。とくに、第2章冒頭で引用したネットの声において、次のように使われていた。

「エンドレスエイトを褒めてる奴は釣りが99％、残りの1％は「糞演出の真意が判る俺スゲー」系の勘違いした自称意識高い系バカ」

「エンドレスエイト」を傑作だと感じ、楽しめる人（あるいはそう申告する人）が「自称意識高い系」とバカにされている。しかし、バカ呼ばわりする人、「エンドレスエイト」に憤ったり呆れたりする人の意識もまた「高まってしまっている」可能性が高い。「エンドレスエイト」にかかわりを持った時点で、関係者、関係諸団体、関係文化の「意識度」は「自称高い系」認定にふさわしいと言える。

そう、あなたも私も、すでに意識高い系であることは免れないのだ。本書をここまで読んできている時点で。

＊208◆「エンドレスエイト」および『ハルヒ』の内容（とりわけ、長門が語る「地球外文明はこの宇宙に存在しない」）を真と前提するなら、地球外文明の存在を証明することは、多宇宙の存在証明を意味する。そのうえで、地球外文明が存在することを「エンドレスエイト」の存在が含意するとすれば（これを本文で証明してゆく）、「エンドレスエイト」の内容と「エンドレスエイト」の存在とから、「宇宙は一つだけではない」が帰結し、人間原理の古泉式観念論的解釈は否定されることになる。

――このことをとりあえず認めたうえで、マルチバース視点から「エンドレスエイト」の文明史的意義を解析することに取りかかろう。

第3節　あなたはなぜ、他の人より自意識が強いのか？

私はいつ私なのか

「自意識が強い」というのは、誰にでも当てはまる属性のように思われる。占い師がコールドリーディング（相手の反応から情報を仕入れる手法）の手始めに、「あなたは理由もなく自信を失いがちですね」「自意識をもてあましていますね。最近、決断すべき時に決断できないことがあったでしょう」などと探りを入れる。誰にでも当てはまる一般的性格を、自分独自の特性と考えてしまう傾向（バーナム効果）はよく知られている。しかし私はここであえて読者にこう指摘しておきたい。「あなたは平均よりもかなり自意識が強い。つまり、自分を対象化して観察したり内省したりする時間が長く、質的に深い！」

そう言える根拠は、一種の選択効果である。すなわち、今しがたお伝えしたように、本書のようなものをここまでしっかり読み進めてきているという事実だ。その行為によってあなたは、〈大多数の人が考えようとしないことを深く考えたがる性格〉を有していることを自ら立証している。

あなたは、あなたの観点からして紛れもなく「私はここにいる」と言える主体だろう。しかし、健康な成人であれば誰もが「私」なのだろうか。つまり、誰もが当人にとって「私」という主観的視点を確かに持っているのだろうか。

そうとは限らない。小学六年生の涼宮ハルヒが野球場で見た五万人のうち、「私」という現象的意識の主体である者は、一割もいなかったかもしれない。ハルヒ自身、あの瞬間に初めて「私」になったのだろう。「こんなにたくさん人間がいる中で、自分って……」という思考に目覚めてしまった瞬間、ハルヒは全人類の中で大多数が持つとは限らない「私」を手に入れたのだ。

そこで改めて基礎的な問いから始めたい。「私」は――あなたにとって自己をなすその特定の「私」でかまわない――、全実在の中の意識ある生命体の中からランダムに選ばれた存在なのだろうか。あなたは、いつどこで誰として生まれてくるかを自ら自由意思で選んだわけでなく、生まれてみたら「その人」だった。その意味で、あなたの意思とあなたのアイデンティティは独立であり、意識生命体の中からランダムに選ばれたとしか言えないように思われる。

しかし実はあなたの中の「私」はランダムな意識生命体ではない。「私」は犬や猫やネズミではない。ある程度以上の知能を持つ哺乳類からランダムに選ばれたなら、人間以外の個体にあたる確率が高かったはずなのに、あなたはよりによって人間として生まれている。

地球の歴史に限っても、〈意識ある存在〉の中では、人類はごく少数派だ。その中の一員としてあなたがいる理由は、単に幸運だったからではなく、人類に属する確率がほとんど1だったからだ。なぜなら、「私」という観念を理解できなければ「私」ではありえず、おそらく人間だけが「私」という自己意識を持つからだ。つまり「私」は自意識によって自己を選択する。犬や猫にも意識は灯っているだろうが、自己意識を本質とする「私」が、犬や猫の脳に宿ることは不可能だった。犬の視点から「私の世界」が開けることはありえなかった。

では、どのくらい知能が高ければ「私」の候補になりえたのだろうか。知能が高ければ高いほど「私」である確率が高まる、というのは自然な推論だ。Aの情報処理能力がBの二倍であれば、それだけ意識内容がAに多く宿ることとなり、「私」という情報処理の特異点がAにある確率は、素朴に考えてBにある確率の二倍と見積もることができる。なぜなら、「私」は常に「今の私」であり、「今」という一定の単位時間に生ずる情報処理の密度が「私性」の強度を決めるからである。あなたが今、まどろみの最中ではなく、本書を読んでいる最中であるのは、後者の方が情報処理密度が高いため、「今の私として選ばれやすかった」という理由によるのである。*209

「私」の定位する確率を高めるのは、情報処理の密度だけではない。自意識の強さが関与する。いくら膨大な情報処理が高速でなされていても、まっしぐらに問題解決に向かうようでは「私」の意識になりえない。ある程度気が散って、目標から逸れて自己へと観照的な関心が向けられるようでないと、「私」ではない。憂鬱や退屈によって自己観察の暇をもてあましている主体や、他者の暴走や憤慨を目にして溜息をついている主体の方が、自ら暴走中の主体や、我を忘れるほど憤慨した主体、あるいは批判的思考が麻痺するほど驚愕した主体よりも、「私」として選択される確率が高いだろう。あなたはこの瞬間、試験問題を解いている最中でもなければアクション映画に夢中になっている最中でもなく、性的恍惚に我を忘れているわけでもない。その理由は、つまり「今のあなた」がこの本を読んであれこれ考える自己対象化の最中にいる理由は、「私」は「私そのものをしみじみ意識する志向性」を含んでいなければならないからである。*210

人間が十分に「私」であるのは、一生のうちでも、ごく限られた短時間だということだ。あなたは今この瞬間は自己のことを考えているから「私」だが、一時間前に食事をしていた最中は自己に全く無自覚で、したがって「私」ではなかったかもしれない。三日後に事務書類を作るのに精を出している最中も、数値計算に没入しすぎて「私」であることはできないかもしれない。

このように、「私」として観測選択されるためは、二つの条件が必要だ。高能率の情報処理（驚愕的・暴走的・憤慨的・分裂的要因）と、自己の心的状態へのメタ意識（憂鬱的・溜息的・退屈的・動揺的・陰謀的要因）である。そしてこの2条件を高度に実現する環境とは、「エンドレスエイト」のような、中途半端な異形の対象についてくよくよイライラ考えている最中、といった環境だ。

我々が今この瞬間、『泉』や「エンドレスエイト」のような不可解な作物によって挑発された状態（一生のうちで必ずしも典型的でない心的状態）にいるのは、偶然ではなく、必然に他ならない。暴走的情報処理と、憂鬱散漫なメタ意識という、相反する要因の微調整の産物として、主観的経験の原点「私」が実現するのである。

＊209　この種の自己選択原理をentropic principle（エントロピー原理）ともじって呼んだのは、「人間原理（anthropic principle）」という用語の生みの親ブランドン・カーターである。Carter 2007参照。

＊210　第2章で引いた視聴者の声は、「意識高い系」とほぼ同義で「オナニー演出」という言葉も使っていた。「自己に向かう」点ではオナニーは自意識昂進の例と考えられそうだが、実際は正反対である。オナニーで没我の境地になっている瞬間は極度に非内省的であり、オナニー中の時刻が「今」「私」として選択される確率はきわめて低い。

本節のここまでの論理は、読者にはもうお馴染みの論法に即している。もちろん、人間原理だ。暴走的高知能と、哲学的・文学的・人生論的内省という二つのベクトルによって「観測選択」された「私」は、しかし、同様に観測選択された多くの「私」の中では、平凡な程度にしか暴走・動揺できていない。つまり適当に中途半端な「特別な存在」であるはずである。

同じことが、個人ではなく文明を単位にしても当てはまる。「私」は、実在する文明のうちで例外的に自意識レベルの高い、いわばメタ意識に長けた、ただし「例外中の平凡レベル」程度の文明に属している確率が高い。本書が属する日本語文明という単位で見ても、二十一世紀文明という単位で見ても、地球文明という単位で見ても。

「エンドレスエイト」にあなたが煩わされている理由

例外的に意識高い系だが、例外中の例外というほどではない。「確かに私」ではあるが、「私すぎる」わけではない。この両義性は、人間原理によるマルチバースの存在証明や、前章末尾で見たテラループ説の証明において出会ったものと全く同じだ。論証の形で確認しよう。ここで証明されるのは、多数の宇宙やシークエンスの存在ではなく、多数の芸術史である。

◆

ロジック1 ～ やりすぎループの解明
〈エンドレスエイトの暴走から法則史観または多数文明の存在証明に絞る論証〉

a　地球の芸術史（アニメ史、娯楽芸術史）は「エンドレスエイト」の「暴走」が実現できた風土である。（高い自意識）

b　ランダムに芸術史が生じた場合、「エンドレスエイト」の「暴走」が実現できる風土が生じる確率は低い。（微調整＝ファインチューニング）

c　【a、bより】芸術史が一つの惑星にだけ生まれたとすれば、地球の芸術史で「エンドレスエイト」が「暴走」したのは自意識昂進という芸術史の必然的法則（ランダムでない仕組み）に従っている。（法則史観）

d　芸術史が一つだけではなく、いろいろな性質を持つ様々な芸術史が生じているならば、その中には偶然に「エンドレスエイト」の「暴走」が実現できた微調整芸術史も含まれるだろう。（多宇宙＝マルチバース）

e　私たちは自意識的存在なので、自意識の高い文明にしか生まれてこられない。つまり芸術史が一つか多数かにかかわらず、「私たちの芸術史」が実現するならばそれが微調整芸術史である確率は1である。（観測選択効果）

f　【c、d、eより】芸術史が従う必然的法則があるか、多数の惑星にそれぞれの芸術史が展開されているか、いずれかである。

ロジック2 ～ ゆるすぎループの解明
〈エンドレスエイトの動揺から多数文明の存在証明のみに絞る論証〉

a　地球の文明史は「エンドレスエイト」が「動揺」した風土である。（高い自意識へのバグ）（苛酷なグノーシス主義的観測事実）（超微調整＝ウルトラファインチューニング の欠如）

b　自意識昂進の芸術史的法則が必然的なら、地球の芸術史では「エンドレスエイト」が単に「暴走」するだけでなく、「動揺」せずに徹底した実験として実現されるはずである。（超微調整＝ウルトラファインチューニング）

c　多数の芸術史からランダムに一つ選んだ場合、「エンドレスエイト」が「動揺」せずに実現できる確率は極度に低い。（大衆芸術の宿命）

d　【a、bより】芸術史的法則があるならば、観測事実に反する。

e　【a、cより】地球の芸術史が多数の芸術史の中の一つならば、観測事実に反しない。

f　【d、e、ロジック1のfより】私たちの芸術史は、多数の芸術史の中の一つである。

いかがだろうか。

ロジック1・ロジック2の組み合わせから、「地球文明のほかに多くの芸術史が宇宙に花開いている」という結論が導かれることを確認してほしい。

ロジック1のdによれば、多くの芸術史の中には、偶然に「エンドレスエイト」の「暴走」が実現できた微調整芸術史も含まれるが、それだけでなく、「エンドレスエイト」が「動揺」しないという、さらに過激な芸術史も含まれるはずである。

ロジック1のｅによると、自意識が低めの文明に私たちがいる確率は低く、自意識が高い文明ほど私たちがそこにいる確率は高くなるはずである。

この二つのことから、私たちは本来、「最も自意識の高い文明」にいる確率が高いように思われる。すなわち「エンドレスエイト」が「動揺」せずにコンセプチュアルアートの極北を達成するという、超「意識高い系」の人々から成り立つ文明に私たちは居そうなものなのだ。

エンドレスエイトが動揺せずに暴走するとは、第7章で見たように、たとえば「全部使いまわしで放送する」「一万五千五百三十二回繰り返す」「商業的に大成功を収める」「ゴールデンで放送され好評を博する」といったことだった。そういったことがもしも実現していたならば、地球人類の自意識は（少なくともアニメ試聴層の自意識は）ウルトラファインチューニングの頂点を極め、超意識高い系の域に達していることになる。そしてマルチバースのどこかにはそういう文明が実際あるだろうから、確率的に「私」は今そこに居そうなものだ。

ところが、ロジック2のｃを見ていただきたい。多数の芸術史からランダムに選ぶと、「エンドレスエイト」が「動揺」せずに実現しているような、超「意識高い系」芸術史にあたる確率は極度に低い。「全部使いまわしで堂々八週」「一万五千五百三十二回繰り返す」「商業的に大成功」「ゴールデンで絶賛放送中」このすべてまたは一つでも実現するような社会は、よほど基盤が安定している社会でなければならないからだ。退屈な偏執的手抜きが長期間にわたって資源を浪費する行為に公に高い評価が与えられてなお社会が崩壊せず維持されるというのは、途方もない基礎的安定構造

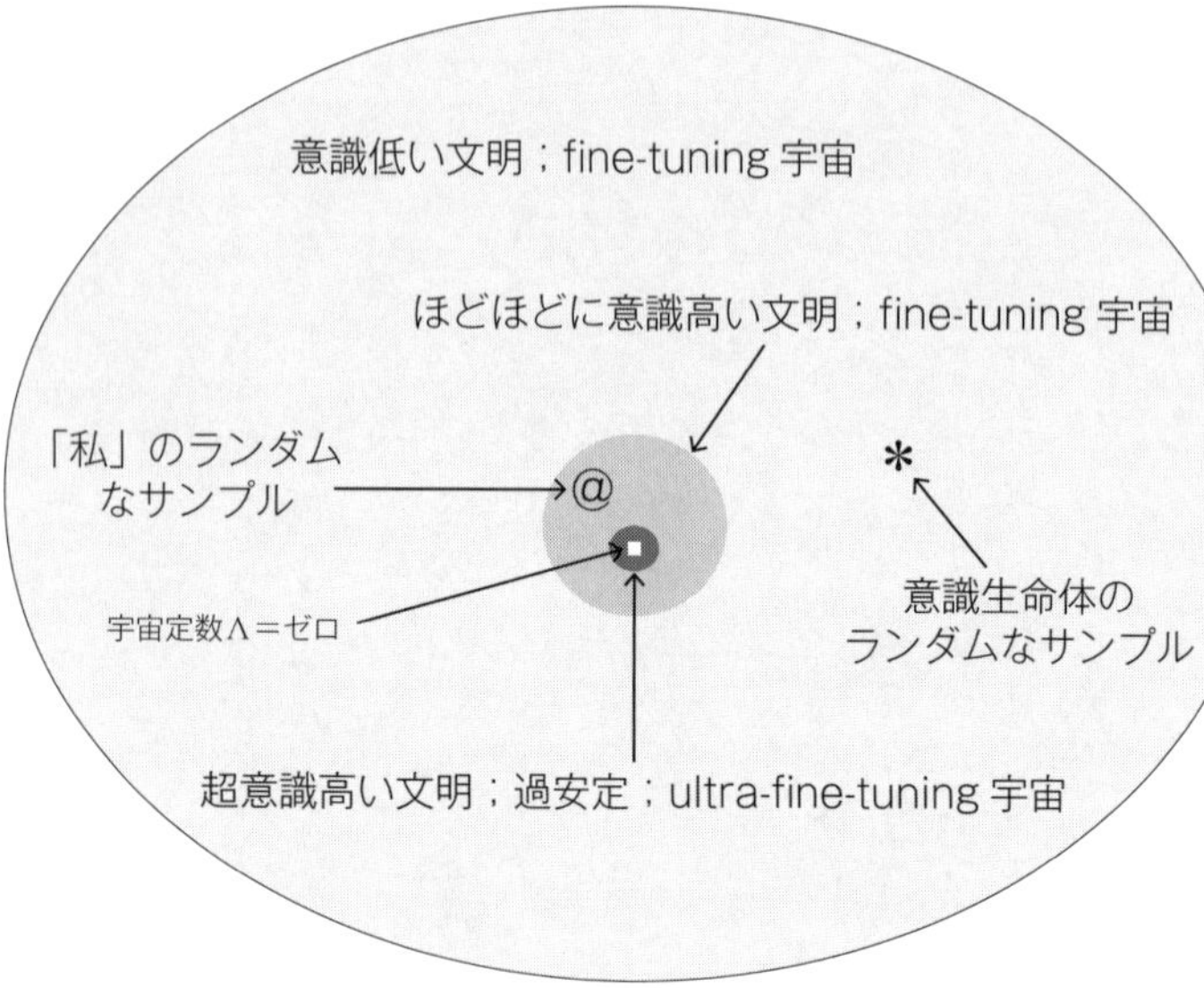

図 4

があって、つまり過安定状態になっていて初めて可能なことだからだ。◆

図4で、@はあなたの位置を示す。あなたは意識生命体の中で「私」に属する例外者だが、多くの「私」の中では平凡である。よって、ほどほど中央の「意識高い文明」に属していながら真ん中の「超意識高い文明」に属してはいない、というわけである。

文明の自意識の高さは、「私」がそこにいる確率を高める要因だが、自意識の高すぎる過安定文明は絶対数が少ない。このバランスによって、私たちは自らを「自意識の高い暴走文明」に見出しつつ、暴走文明全体の中では平凡な、適度に腰の引けた、大して安定していない「ほどほどの動揺文明」に自らを見出している、ということなのだ。

たしかに、「エンドレスエイト」のあり方だけでなく、他のさまざまな属性において、我々の住む文明は中途半端な動揺によって中途半端な暴走にとどまる文明であるように思われる。便器がただの芸術テロあるいは興味深いイタズラとして一エピソードをなすだけならまだしも、二十世紀のジ・アートとしてアカデミックな本で崇められてしまう。そんな奇妙なアートワールドを成立させてしまった意識高い系人類文明だが、その暴走ぶりにもかかわらず、芸術界の外では良識の蹂躙を大して許していない。二十世紀最大の科学者としてアインシュタインと並んで占星術師が名を遺すような奇妙な科学史や、功利主義や義務論と並ぶ規範としてピタゴラス主義（豆を食べるのは大罪である）が復興するような奇妙な倫理思想史、そういったものは成立していない。つまり暴走の度が過ぎてはいない。

政治や経済の範囲にまで話を広げれば、人類文明は十分に暴走の度が過ぎているのではないか、と反駁する人もいるだろう。さまざまな大犯罪――ホロコーストや侵略戦争を考えよ、と。しかしホロコーストは、一般国民に秘匿したうえで進められた非公開政策だったし（つまりドイツ国民の一般的支持が得られてしまうといった大逸脱は起こらなかったし）、核兵器使用にしても、広島・長崎のあと自粛され続けている程度には、戦争倫理は歯止めが効いていた。社会の存続それ自体がメンバーの平均層に遍く哲学的思索を強要するほどの過安定状態にあるとは言えない。[*211]

＊211　「犯罪は社会規範の固定化を妨げ、道徳意識を進化させるため、社会にとって有益である」といった趣旨のデュルケームの議論（1893, 95, 97 などに散在）が二十一世紀にも違和感なく受け止められるほどには、犯罪の水準も良識レベルにとどまっていると言える。

再び芸術に限ってみると、まさしく良識の蹂躙はそこそこのレベルにとどまっている。便器や自傷行為程度ではなくテロやホロコーストや核実験が世紀最大級の芸術と認められるとか[212]、贋作やヴァンダリズム（破壊行為）が高く評価されるとか[213]いった、そんな不可解なアートワールドの中で人々がうろたえるようなことは起きていないし、起こりそうにない。「アート無罪」は一般に通用しないのである[214]。

マリーナ・アブラモヴィッチの「リズム0」（一九七四年）は、彼女自身の身体への観客の自由なアクションを促す六時間の心理実験的パフォーマンスだったが、少なくとも見かけ上、観客がアブラモヴィッチを殺害する寸前まで事が進んだ。二〇一三年にフェイクニュースサイトを立ち上げて、ニセ報道を拡散させ二〇一六年アメリカ大統領選挙にも影響を与えたポール・ホーナーは、自らの発信を「芸術作品」と称している。それらが高尚な芸術と認められるかどうかあたりが、人類文明の意識高い属性の限界ではないだろうか。

「エンドレスエイト」の動揺的暴走・暴走的動揺は、こうした確率的事実の一つの、顕著な反映に他ならない。暴走文明の中で、「エンドレスエイト」のような中途半端な非常識がなされるのが精一杯、といったレベルの芸術史を持つものは、個々のメンバーの自意識度はそこそこだが、該当する文明の数が多く、所属する個体総数も多いことになる。だからこそ、我々は確率的に、そのような文明のメンバーとして自らを見出しているのである。

これは逆に言うと、「エンドレスエイト」の存在から、多数の芸術史の実在を確率的に証明した論証ということになるだろう。まさに『ハルヒ』は、自らの世界観（「パラレルワールドは存在しない」）の基盤を切り崩す作品提示を進めてきたのだった。

いずれにせよここで確証された「マルチ芸術史モデル」は、人類の芸術に見られるさまざまな傾向が、芸術史の内在的法則の現われであるかのように安易に考えてはならないと教えている。「エンドレスエイト」のような作品がメジャーな企画として通用した我々の芸術史は、典型的な芸術史ではない。例外的に「意識高い系の」芸術史である。このことは『泉』や『四分三十三秒』が出てきた時点ですでに言えることだった。しかし、ハイアートだけでなくポピュラーアートにおいてまで「意識高い系自己認定」がなされる原点となり、暴走と動揺の両面をわかりやすく露呈して人間原理的マルチ芸術史観を導いた点で、「エンドレスエイト」は特別である。

意識高い系芸術史にしかるべく自らを見出した我々は、自分の属するこの芸術史をもとにして、他の芸術史の確率的に生じやすいあり方を推測してはならない。現実の歴史が示す傾向の中にその

＊212　二〇〇一年九月十一日のアメリカ同時多発テロ事件の五日後、カールハインツ・シュトックハウゼンが音楽祭の記者会見で「あれは今までで最大の芸術作品だ」と述べたところ、各方面からバッシングを受けて、コンサートのキャンセルが相次いだ（Derry 2009, p. 410, Steiner 2010, p. 91, 中沢 2002）。テロをレディメイド化によってコンセプチュアルアート視しうるレベルにまで、二十一世紀アートワールドの意識が高まっていないことは明らかである。

＊213　二〇〇六年一月四日、ポンピドゥー・センター内国立近現代美術館所有の『泉』のレプリカ（No.13）を、一人の男がハンマーで叩いて壊し、「芸術活動」と称した。単に刑事的処罰が下されただけで終わり、男の行為が芸術史に残る気配はない。

＊214　「アート無罪」とは、「アートのためなら、危険や違法行為も許されるべき」という考え。五歳児が焼死した東京デザインウィーク（二〇一六年）や観客どうしのトラブルが発生した「ブラックボックス展」（二〇一七年）を契機にウェブで呟かれるようになった。ろくでなし子の「デコまん」裁判に関する注＊11も参照。

まま、歴史一般の法則を読み取ろうとするヘーゲル的・マルクス的世界観は、観測選択効果に欺かれている可能性が高い。カント的に言えば、現実の歴史の傾向性は、意識高い系の心の認識カテゴリのフィルターがかかったローカルな表層のみを映し出しており、実在そのもの（歴史自体）を代表してなどいない可能性が高い。とりわけ、ダダイズムやコンセプチュアルアートの展開が、「芸術史の必然的展開」であるなどという法則史観に囚われるのは錯覚なのだ。[*215] その錯覚は、この宇宙がファインチューニングされているように見えるがゆえに神の恩寵や究極の微調整法則を信じてしまうのと同じ誤りなのである。

我々が本章第1節末尾の図3に「反法則史観」と記しておいた理由が、ここでやっと明らかにされた。[*216] 芸術史は（そして歴史一般は）限りなく分裂する。我々の歴史はその中の偶然的結果にすぎない。なんら法則性に束縛されてはいない。多様な道筋の中で、「ある種の意識高い系の分岐末端」だけが「ここ、我々」という主観的視点となり、狭い視野を疑似法則で満たし続けるのである。

＊215　哲学と一致する境地へ芸術が史的展開をするのは必然であるかのように語るダントー 1997 は、観測選択効果を考慮に入れ損なった悪しき典型例である。

＊216　反法則史観に至る論証のいっそう詳しい記述は、三浦 2016 を参照。なお、芸術史の「意識高い度」は社会全般の意識高い度と相関することは明らかである。そのことをふまえると、芸術作品の傾向を「時代の反映」という観点から捉える社会定位批評は、社会批評としてだけでなく芸術学的研究や作品研究としても重要性が認められなければならない。歴史そのものに法則性はなくとも、歴史の下位区分どうしの間には直接・間接の因果関係があるのは当然だからである。その限りにおいて、第3章で我々がさかんについた溜息（社会定位批評批判）は修正を求められる。

第11章
エンドレスエイトの驚愕（後）

「まさかこれほどとは！」

第1節 グルジエフ原理

一介のアニメ「エンドレスエイト」が、なんと法則史観への批判的視点までも裏付けてくれる。コンセプチュアルアートとして異例の規模と複雑さによって、そして歴史多元論のロジック・人間原理の浸透によって。その顚末を前章で確認した。私が主目的とする「人間原理的芸術学」の体系づくりのためには、「エンドレスエイト」の役割はここで終わったと言える。しかし読者にとってはそうではないだろう。エンタテイメント〜アート〜プロジェクト〜コンセプトというループ、すなわち［物語〜表現〜共同体〜哲学］の各ターミナルのいずれかにおける「エンドレスエイト」の内的展開をもっと掘り下げたいのではなかろうか。

［物語（エンタメ）〜表現（アート）〜共同体（プロジェクト）〜哲学（コンセプト）］の四つのターミナルの間でループが生じるだけでなく、それぞれのターミナル内部でも複雑なループ構造が蠢いていることが予想される。それらの中で、多くの読者の興味の的となるのは、表現定位ループでもプロジェクト定位ループでもましてやコンセプト定位ループでもなく、物語定位ループだろう。なにしろ「エンドレスエイト」の出発点は、「正統的物語アニメ」の認知を受けながら予期せぬ物語的脱臼ゆえのスキャンダルに染まった地点であったことは間違いないのだから。

そこで最終章たる本章では、ジャンル論・芸術理論・芸術史へ広がった背景を生かしつつ物語解釈へと論題を再収縮させ、『ハルヒ』理解の高次元化を目論むことにしたい。その中でもとりわけ、「長門有希の目覚めとループとの関係」について、改めて人間原理の心理学的含意をふまえながら、解釈空間を照らし出すことにしよう。

意識はいつ灯るのか

我々はここまで、一つの人間観に身を委ねてきた。それは、長門的な無機的コンセプチュアルの境地よりも、美的知覚による有機的情緒の方が「人間らしい」という前提である。とくに第8章から第9章で「アンドロイド芸術からの脱却」を図ったところでその前提は明瞭に意識された。しかし、長門が「エンドレスエイト」の長大ループの作用で壊れたのでなくこなれたことにより有機的情緒を身につけたのだとすれば、コンセプチュアルアート的な、メタ芸術的な、ループ的なメカニズムは、人間性の抽象化や無機化の元凶であるどころか、むしろ人間らしさの源泉だったと言えはしないだろうか。

自己から自己へ回帰するループによってのみ、自意識は作動する。しかもループは、始点と終点が接しているかどうかといった「オン・オフ」の現象であるため、生じているかどうかがトポロジカルに明瞭に判別される。

ということは、我々が本当の「私」であるときのみならず、そもそも「意識を持つ」ときというのが、短く限定された特別な瞬間だけなのだ――そういう可能性が浮上してこないだろうか。その特別な瞬間とは、心の機能がループを起こしているとき、つまり、自己を明瞭に自己と認識しているとき、自己が今意識を持っている、と思っているときである。

前章では、「私」という実体が灯る時を「「私」を意識している時」と同一視したのだったが、同じことが「意識」の点灯について言えそうなのだ。我々は、「私の意識」を認識している時にだけ「自意識」を持ち、さらには「意識」それ自体がそういう時にしか灯っていないのではないか、と。

この見方は、機能的意識と現象的意識を区別すれば納得される。意識生命体と言えるものの大半は、物理的に複雑な反応ができるという意味での機能的意識しか持っておらず、「私」である者だけが主観的内面、すなわち現象的意識を持つ、ということだ。前章末尾の図4で「意識生命体」としたのは「機能的意識を持つ生命体」という意味であり、意識低い状態でも存在できたが、現象的意識を持つ生命体の領域は「私」の領域と一致し、意識高い状態の中のまた特別な自覚的瞬間にしか存在できない、というモデルである。

そういった自覚的瞬間の生じ方はさまざまだろう。仕事や人間関係で行き詰まって「生きるってどういうことだろう……」と思いに沈んだときかもしれない。窓から夕陽を見てなんとなく「自分の心がここにある」ことがふと不思議に思えてきたという瞬間かもしれない。あるいはもっと直接に「自己とは何か」を考える哲学や心理学の講義に出席しているときかもしれない。本書のような意識高い系の本を読んでいるときかもしれない。あるいは、わけもなくふと「いま私は確かになにか考えている……」という実感が込み上げるときかもしれない。[*217]

長門がループに囚われることで初めて人間になれたように、私たちは、ループ的自己認識に耽っているときだけ、「私」であり、「意識主体」である。その他の無自覚のときは、「私」ではなく、

「私」でないということは、主観的意識がその時には意識されておらず、意識が対象として存在しない、ということである。つまり、「自己の意識」を対象化して考えているとき以外は、機能的にはどんなに明瞭な意識を持つようであっても、現象的には（内面的には）私に「私の視界」はなく、私は哲学的ゾンビだと言えそうなのである。[*218]

この系統の考えには名前がついていて、「高階思考理論（ＨＯＴ理論）」（Rosenthal 2006, Gennaro 2004）、より正確には「現実主義的な高階思考理論」と呼ばれる。[*219] さらに正確に言うと高階思考理論とは、「主観的意識を持つためには思考の概念化（メタ思考）が必要」という立場であり、「自己の思考の対象化」は要求しても「自己の意識の対象化」までは要求しない。したがって、ここで考えている「自己意識を対象化したときだけ主観的意識が灯る」という立場は、「現実主義的なメタ高階思考理論」と言うべきものだ。そんな呼び名は使い出が悪いので、「グルジエフ原理」と呼ぶ

＊217　これらの「自我体験」についてはすでに第3章で、ハルヒの野球場のトラウマに絡めて言及した。

＊218　「哲学的ゾンビ」とは、〈外見も物理的組成も言動も通常の人間と変わらないのに、主観的意識を持たない存在〉を指す哲学用語。換言すれば、機能的意識では人間そっくりなのに、現象的意識を持たない存在のこと。

＊219◆　「現実主義的」というのは「傾向主義的」の対語で、高階思考（メタ思考）をする能力だけでなく、現実に高階思考が生じることを意識成立の必要条件とするという意味である。高階思考理論は、「概念的思考」「思考を対象とするメタ思考」という独特の経験を生み出す脳の機能によって「意識」を定義する立場で、「唯物論」「機能主義」の中の「表象説」の一例と言える。ＨＯＴ理論では、高階思考という機能によって現象的意識が定義されるので、正確に言うと哲学的ゾンビはありえないことになる（つまり通常の意味での「哲学的ゾンビ」かどうかは脳状態で判別できるので、哲学的ゾンビの定義に反してしまう）。意識の哲学の中での高階思考理論の位置づけについては、鈴木 2015 を参照。

ことにしよう（三浦 2007、二三一頁、十一章）。神秘思想家ゲオルギイ・イヴァノヴィチ・グルジエフが、自己啓発のワークショップでしばしば説いた「覚醒状態を認識すること」すなわち「自己想起」がまさにこれに相当するからである（スピース 1976、九二、一六六頁、渡辺 2002、二一七-九頁）。

グルジエフによれば、自己想起というのは一瞬しか続かない実現困難な状態だ。実際に私たちが「自己想起」し、「自意識」を持つのはどんなときかを考えてみよう。

「私はなぜ生まれてこれたのだろう」とか、「この人間が他の人間と比べて「私」になりそうな理由はあったのだろうか」といった、論理的にとらえどころはないにしても心理的には活き活きと感じられることもある一定の感慨。そういった心理状態――自我体験――に一度も囚われたことのない人もいることだろう。実務的で多忙な毎日に明け暮れて満たされている人、刹那的快楽や惰性に従って大過なく生活していける人、社会的環境に溶け込んで疑問を持たない人など。もちろん、不幸に見舞われさえすれば自我体験が生ずるというわけでもない。不幸との戦い、適応の努力に精一杯で、自己を心底から対象化する余裕を持てない人も多いはずだ。

そのような人々は、グルジエフ原理によれば、本当に「主観的経験の原点」になる瞬間というものを一度も持たないまま一生を終えかねない。つまり心の哲学の通念に反して、この世には哲学的ゾンビがひしめいていることになる。

あなたが確実に「主観的経験の原点」になっていると言える瞬間を取り出してみよう。たとえばいつだろうか。確実なところでは、前章おわりで考えた「いつ私なのか」とまったくパラレルに、「今この瞬間」がそうだろう。今この瞬間、これを読んでいるこのとき、あなたの内面には主観的経験があり、あなたは経験的世界の原点に位置していると感じられているはずだ。私たち一人一人が「内面的意識」を持ち、主観的に「私」であるのは、今この瞬間のように「私は意識を働かせている」と考えているときだけである。この「グルジエフ原理」を真と認めることにしよう。そして、「私は意識する」と自覚されているがゆえに当人に主観的内面が灯っている時間を「グルジエフ時間」、それ以外の哲学的ゾンビ状態の時間を「非グルジエフ時間」と呼ぶことにしよう。*220

私たちは、人生のほとんどの時間を非グルジエフ時間として過ごしている。しかし今この瞬間に私たちは、自分は覚醒時のほとんどを、主観的内面を持ちながら過ごしてきたように感じている。というか、記憶している。この記憶は、グルジエフ原理によれば、誤りである。主観的内面の記憶は、すべて「稀なる今この瞬間」に、つまり点在するグルジエフ時間において遡行的に捏造されているのだ。非グルジエフ時間について経験した自分や他人の言動、環境の様子など、物理的出来事についての記憶（機能的記憶）はほぼ正確であるものの、その同じ非グルジエフ時間において自分の内面が本当にあったという記憶（現象的記憶）は、すべて誤りなのである。*221

記憶の持つこの属性こそが、長門有希の成長物語を『ハルヒ』に読み込もうとした我々の根拠を支えている。長門は、ある時点からグルジエフ時間へ覚醒するすべを体得した。グルジエフ時間へのアクセスを体系的に身につけようとした経緯が、『消失』での反逆、そして『陰謀』での「禁止

---

*220 〈『私』である度合〉が時刻によって異なり、「今」として選ばれやすい度合と比例するような確率分布を考えることができる。確率がゼロである時刻は、必然的に非グルジエフ時間に属する。注*210参照。

処理コード申請」だったのだろう。

もちろんこうした覚醒は長門だけのものではない。我々みな、機能的意識生命体から現象的意識主体への変貌を遂げた過去を持つ。涼宮ハルヒにとっては、野球場で「自分」を痛烈に意識した瞬間がおそらくグルジエフ時間初体験であり、彼女はそのとき初めて「私」になり、主観的内面を獲得し、過去の内面世界もそのとき捏造した。キョンと古泉にそれが起きたのは、それぞれハルヒ事情での自分のポジションを理解した瞬間だったかもしれない。朝比奈みくるは、心的機能面においてグルジエフ時間経験済みと断定できるほど内省的な言動を示しているとは言えないが、大人バージョンまでのどこかで経験を済ませているようには見受けられる。

意識の中の記憶

さて改めて、長門有希はどうだろう。彼女はアニメ第Ⅰ期の時点、少なくとも「孤島症候群」あたりまでは、主観的経験を持っていたかどうか疑わしい。ヒューマノイド・インターフェースとして会話機能は有しており、日常生活らしきことをこなすこともできる。傍目には「変わった女子高生」くらいに見える程度だが、親しく付き合えば普通の人間でないことははっきりわかる。つまり初期の長門は、人間並みの自己モニター能力を持たない存在、つまるところ〈内面がなくてもおかしくない存在〉だったのである。*222

キョンは「長門が感情を持ち始めた」という言い方をしていたが、感情というよりむしろ「メタ思考」「自己対象化意識」を持ち始めたのである。つまり「内面を持ち始めた」「主観的経験をし始めた」のである。その原因は学園生活における情緒的経験の積み重ねだ、というのが第9章第1節での我々の観察だったが、経験の「積み重ね」というより「重ね合わせ」と言った方がふさわしいことがグルジエフ原理から見てとれるようになる。どういうことか。

長門の覚醒の中核をなすのが「エンドレスエイト」での他愛ない遊びの膨大な繰り返し経験なのだったが、あの平坦な繰り返しは、「前回の私はそうだった。今回はこうなった。そして前々回はああだった」と、互いに同日同時刻の自分（同時間同位体？）どうしを重ね合わせる訓練だった。重ねて比べることで自己の輪郭のズレ・微差を何度も何度も感知でき、自己対象化が促され、グルジエフ時間化を遂げていったのだろう。

＊221◆　機能的記憶がほぼ正確だと言える理由は二つ。第一に、物理的出来事についての痕跡は脳内に物理的に残っていること、第二に、共通の経験をした複数の人物の記憶がおおむね一致する、という事実。現象的記憶が誤りであることはラッセルの世界五分前誕生仮説（注＊98参照）に似ているが、世界五分前誕生仮説の「五分前」には何ら合理的な根拠がなかったのに対し、グルジエフ原理は、グルジエフ時間と非グルジエフ時間の区別という、機能的な相違に基づいており、合理的である。なお、非グルジエフ時間が非グルジエフ時間だったという事実は機能的・物理的事実なので、脳内に物理的痕跡を残している。したがって、記憶が鮮明であれば、非グルジエフ時間が非グルジエフ時間だったこと、つまり自分に現象的記憶がなかったことも正しく認識できるはずである。しかし通常、記憶はそれほど鮮明でない（あのとき俺は機能的意識はあったけど現象的意識はなかったよな、と思い出されるような「あのとき」はめったにない）。現象的記憶の有無について我々が誤りがちなのは、論理的必然ではなく、心理的錯覚にすぎない。ただし、現象的意識経験にとって（ひょっとすると機能的意識にとっても）不可欠とも言える錯覚である。

＊222◆　つまり〈哲学的ゾンビではないかと疑われる存在〉。通常の意味での「哲学的ゾンビ」は言動から判別できないはずなのでこの言い方は奇妙に聞こえるが、グルジエフ原理のもとでは、哲学的ゾンビは客観的に判別可能である（よって通常の意味での「哲学的ゾンビ」は実在できない）。注＊218参照。

テラループの中から、微差で区別されるEシークエンスのみを長門が記憶していた理由は、それだったのだ。不安定な長門的目覚め過程の中では、解離性同一性障害(多重人格)的な心の隔離がシークエンスごとになされたのだろう。自己どうしの差が大きすぎては、自己モニタリングの重ね合わせが不可能になって、自己間コミュニケーションとしての統覚が成立しなくなる。騒がしい波乱万丈の分岐的展開への没入においてではなく、まったり平坦に重なり合う千篇一律の交友経験群こそが、〈多数の自己イメージの輪郭の照合から覚醒へ〉という統合をもたらす手掛かりだったのだ。[*223] とすると、一見退屈極まる「エンドレスエイト」の物語的比重はさらに高まることになる。

自分の複数のバージョンを比較考量して観察する冷静さと注意散漫さを熟成させ、ほどよく作用させる類似シークエンスの波。これは、比較のための座標面に自己を置き直し照合する作業を通じての、メタ意識誘導過程だ。すでにさんざん見てきた自己引用・自己対象化・レディメイド化によるメタ意識誘発とは異なったメカニズムのようである。ハルヒのような「私って……」という一瞬の垂直的な自我体験ではなく、自己の輪郭を機械的にトレースすることで「自我の振幅」を徐々に把握する、という水平的な覚醒が長門の目覚めだったと言えそうなのだ。[*224]

とはいえいずれの場合も——ハルヒ型垂直体験でも長門型水平体験でも——、差異化→概念化作用が「思考についての思考」を強制し、自意識をメタレベルで対象化し、自分というものに気づかせる結果となる。コンセプチュアルアートはアンドロイド的抽象思考を促しつつ、その促しがそのまま、メタレベルへ心が超え出ることを導いて、個人に人間的内面、世界の主観的窓、観測選択条件をもたらすきっかけとなる。

なぜEシークエンスだけが長門の中に記憶されて残ったか、というテラループ説採用時の謎の残滓がこれで解消されたようだ。「記憶」についてのこの知見から、さらに我々は、「エンドレスエイト」についての最後の、重要な解釈――テラループ説の最後のライバル――に思い当たりつつあるように感じないだろうか。多宇宙から無数の芸術史、文明史へと壮大に広がってしまった我々のエンドレスエイト論を、ふたたび緊密な作品論へ収束させることはいずれにせよ望ましいはずだ。大規模な人間原理的アンチ法則史観とは正反対に、極度にミニマルな、それゆえかえって不意を突くようなエンドレスエイト解釈の可能性を示唆して、しかもループ的な形式で示唆して締めくくることにしたい。

＊223　多重人格（多様なキャラ）の非統合的アンサンブルから一つの統合システムが記憶により選ばれ、その唯一のキャラの諸バージョンが相互に照合されることで「自我」「意識」が生ずるというモデルである。長門はキャラからキャラクターを自己生成した、と言えようか。「キャラ」と多重人格については、斎藤 2011 参照。

＊224　自我の振幅を結果的にシミュレーションすることが長門の目覚めをもたらすのだから、長門が意図的操作によってシークエンスを作ったのでは意味がない。ここでも、Eシークエンスが長門の微調整の産物だとするモノループ説が反証され、非意図的な微差記憶による選択だとするテラループ説が確証されたことになる。ただし、ハルヒ型垂直覚醒と長門型水平覚醒という二種類を想定せずにすむのなら、そのモデルの方が当該事情に関する限り優れている。次節参照。

第2節　究極の解釈――エゴループ説〜エアループ説

記憶の中の意識

長門有希による「消失」騒動の源としての「エンドレスエイト」。そこでの「長門の目覚め」は、主観的内面の発生を意味すると同時に、コンセプチュアルアートによるメタ思考・高階思考・自己対象化ループの生成の場でもあったことが確認されてきた。しかもそこには、記憶の捏造――非グルジエフ時間における主観的経験をグルジエフ時間において作り出すこと――という万人共通の錯覚現象が関わるのだった。

長門の記憶が不完全であることは、第9章で長門限界説＝テラループ説＆オムニループ説としてすでに検証した。しかし本章で我々が考え始めたのは、長門の記憶が不完全だということではなく、誤りだということである。非グルジエフ時間からグルジエフ時間へと長門が急速に脱皮したのがあの夏休み十五日間だったとすれば、そこで長門は、過去に自分が関わった物理的経験に「自分の主観的内面」が伴っていたという記憶を、急速に再構成したものと考えられる。これは万人共通の錯覚であり、ハルヒやキョン、古泉、そして読者自身もこの「記憶の捏造」を体系的に、グルジエフ時間到来のたびに行なっている。よって、こういった記憶錯誤のせいで長門に特有の（我々にはない）言動の乱れが生ずるようなことはない。

しかし別種の混乱が生じうる。我々やハルヒやキョンらと違って、長門の場合は、自己想起や高階思考によって自我体験に打たれたのではなく、「重ね合わせ」のための比較座標面において現象的意識が水平的に創発してきたらしいからである。

長門は、機能的記憶ははじめから持っている。機能的記憶に伴っていなかった現象的内面があの十五日間に初めて立ち上がろうとしている。しかし長門は、夏休み中盤までの間、自分が非内省的な非グルジエフ時間をずっと過ごしてきたことを認識している。つまり長門は、あの八月十七日以前の現象的記憶を再構成するわけにはいかない。それは、ヒューマンインターフェースとしての機能的正確さの職務に反する。無かった内面を「あったように想起すること」は、機能的錯誤だからだ。しかし現象的意識の本質として、非グルジエフ時間にも一貫した現象的記憶を付与しなければならない。この付与作用は単に人間的な「心の理論」に基づく因果的傾向にすぎない[*225]が、人間的傾向だからこそ、長門はその錯覚をも纏いつつあったあの十五日間だったのである。

するとどうなるか。「過去の経験に内面的現象を付与する現象的記憶は誤り。しかし付与するのが現象的意識に基づく記憶の定め」というジレンマが長門の心に生ずる。現象的記憶を信じないことには、自己の心理的連続性を確保できなくなってしまうからだ。人間の心を持つプロセスに宿命的なこのジレンマにより、長門の現象的記憶が空転を始めるのである。

＊225　「心の理論」とは、他者の言動から「内面的心の存在と因果的働き」を推測する能力のこと。我々は過去の自己についても同じ「内面的心の構成」を行なうので、内省的記憶においては常に心の理論を発動している。現在の長門が過去の長門自身の現象的内面を感じ取り始めるプロセスも全く同様である。前注参照。

こうして、「エンドレスエイト」の最も驚愕すべき解釈が浮かび上がる。ループは長門の記憶の中でだけ起こっており、客観的には夏休み終わりの十五日間は一度しか経過していない、という解釈だ。一万五千五百三十二回のループは、長門の意識の中でだけ「疑似的に記憶されて」いた、あるいは「記憶の再演がされていた」のだ。あのループは、ハルヒの潜在意識とは無関係だった。超自然的なことは長門の意識の中でのみ起きており、外界に時間ループなど起きていない。この解釈は、長門の内部でだけループの錯覚が起きているという意味で、「長門錯覚説＝エゴループ説」と呼ぼう。

一回目から一万五千五百三十二回目へと、各シークエンスは前回をなぞって輪郭のズレを確かめてゆく。グルジエフ時間を獲得するのに、長門は一万五千五百三十二層のアセンションが必要と算出したのだろう（ジョン・ケージのアンドロイド的作曲法にあやかって六百三十九年のすれすれ手前にとどめようという独自判断かもしれない）。このループは最終シークエンスを除いて、リアルな物理的時間として一度も出現したことがない。つまりループ現象は物理的実在には属さず、長門の脳の中でのみ生じた仮想ループである。最終一万五千五百三十二回目のシークエンス、つまり原作に描かれた脱出回のみ（アニメでは「Ⅷ」のみ）が、長門の心の外部で客観的に生起した時間なのだ。

エゴループ説では、ループは「長門の自我」の自己対象化が始まった副作用として説明される。いわば最小限の節約的説明がエゴループ説なのである。

エゴループ説はきわめて現世的合理性を帯びた解釈だ。まず、グルジエフ時間への長門の覚醒は、自己の輪郭の水平的重ね合わせ的照合によるのではなく、ハルヒたちと同じく、垂直的自我体験によってなされた、というシンプルなモデルが成り立つことになる。長門の自己照合は私秘的ループの仮想空間でなされただけで、覚醒の原因ではなく結果だった。つまり長門の前意識における自我体験でグルジエフ時間がすでに獲得されており、その帰結を調整したものがループ記憶だった。現象的記憶と機能的正確さとのジレンマが、長門内でループ状の「記憶模様の乱舞」へ弾けて自己解決を図った追認現象、それがあのループの正体に他ならない。言い換えれば、「自分が自我に目覚めるのはこのような事件によってだろう」という長門の自己イメージが、「ループによる輪郭照合」といういかにもアンドロイドな幾何学的手続きとして妄想されたわけである。しかし実際の長門は、自分で思い込んでいるよりもずっと、ハルヒやキョンに近い心的構造を持っていた。自我に目覚めるのに、物理的ループでの強制など必要としなかったのだ。*226

もうひとつ、エゴループ説では、バタフライ効果抜きの非カオス的展開というあの「物理学的誤謬」が雲散霧消する。ループの振る舞いは、長門の記憶の中での純心理的出来事なのだから、何ら物理学的な不合理などなかったことになる。心の中で短期間に構成されたシークエンスが互いによく似た構造になるのは当然なのだから。物理学的誤謬の合理化として、モノループ説が微調整を持ち出し、テラループ説が記憶による選択を持ち出し、パラループ説が描写による選択を持ち出したのに対して、エゴループ説は心的イメージを持ち出すだけで済ませてしまう。

*226　この点でエゴループ説は、オムニループ説＝長門凡人説と通ずるものがあり、「長門戻った説」（第5章第2節）と親和性がある。なお、第9章第2節でオムニループ説を支持する理由になった事情（夏休みの未練はハルヒ的に特別なストレスではなかったはず、ということ）は、反転させれば（ループの遍在から不成立へ）エゴループ説を支持する理由になることに注意。

さらに、細かい不自然さも全部解決する。第9章第2節で見たアルバイト回数の矛盾は、テラループ説では長門のデジャブで説明されたが、エゴループ説では、長門が自分のセリフの細部まで想像の中で正確に肉付けしなかった、ということにすぎない。また、アルバイトをはじめ多彩な分岐を証言していながら同一のアルバイトだけ繰り返していたのも、分岐内容がただ包括的にイメージされただけで、十五日間の中でせわしく疑似記憶再生したため具体化に限界があった、と見れば簡単に説明がつく。

一万五千五百三十二回（あるいはそれ以上）のシークエンスなど客観的には起きていなかった。ループを証言する長門の記憶にあるだけだった。――この「エゴループ説」は、時間ループの実在を認める諸説に比べて、限りなく超常度の小さな、ほとんど脱力させられるほど常識的な解釈である。それが逆説的にも、最も驚愕すべき解釈でありうる。

驚愕すべきというのは、主に二つの意味においてだ。

第一の驚愕は、まさにその常識的すぎる点だ。タイムリープに閉鎖空間に世界改変に……何でもありのSF世界だからこそ、すべて心理レベルで完結させる現実的・実存的解釈がかえって超常的に見えてくる。そう、最も大きな「驚愕」は皮肉にも、「超常度が最小に節約された、過度に常識的な解釈」によってもたらされるのである。想像しがたい物理的大異変を認めずに、物理的に最小限の逸脱だけ許すことで物語的辻褄を合わせる解釈は、想像力を甘やかさない点で、論理的には最も驚くべき達成となりうるのだ。[*227]

しかし、ループのすべてを長門内部で完結させられるのか？

九月一日にキョンと古泉による「ループ体験の回顧」がなされているので、少なくとも最終シークエンス（「Ⅷ」）が客観的出来事の描写だったことは間違いない。そこでキョンや古泉を襲った既視感、朝比奈みくるを見舞った対未来通信途絶などはどう説明されるのか。長門の外部でも異状が起きていた証拠なのでは？

既視感はさほど超常的とは言えないありふれた心理現象であるし、朝比奈みくるの異常事態警報はあてにならない。ただでさえタイムトラベルで失策を演じていた（「笹の葉ラプソディ」）過去を知る鑑賞者にとっては、「みくる大人バージョンにまたからかわれているのでは？」と考える余地が生ずる。夏休みは、みくるがいじられキャラから真正ドジっ娘に育ちつつあった頃にあたるのでなおさらだ。こうして、本当に「エンドレスエイト」で超常的と言える要素は、長門の証言内容しかないのである。キョン・古泉・朝比奈の経験した「異状」は、長門の変化を無意識に感知した三人の違和感の共鳴とか、長門の内面的揺らぎに伴う思念波の影響とか、せいぜい揺らぎの反作用を受けた情報統合思念体からの波紋とか、いずれにせよそんな「ループ不在方針」で簡単に対処できそうな気がしてくるではないか。

いや、揺らぎとかその種の作為的な解釈を加える必要もない。ループを解消したのが、キョンの「俺の課題は、まだ終わってねぇ！」だったことを思い出そう。キョンが「ハルヒ都合」から「自

＊227　想像力を甘やかすというのは、矛盾した出来事を描くタイムトラベルSFなどを読解するときに陥りがちな「直観的に実感できないのに実感できたふりをする」態度のことである（三浦 1995、一四〇頁）。三浦 1995、第三章は、物理法則よりも標準論理の法則を破るさまざまな解釈について「想像力を甘やかす解釈」として疑問視している。

己都合」へとスイッチを入れ替えた瞬間、キョンのグルジエフ時間がオンになり、ループが解除されたのだった。同時に、古泉一樹と朝比奈みくるのハルヒ定位ベクトルも反転し、彼らのグルジエフ時間もオンになったのかもしれない。二週間のあいだＳＯＳ団各メンバーを襲い続けていた既視感その他の小異状は、「自己都合への覚醒のシンクロニシティ」が、グループ内同調として顕在化した心理現象だったのだろう。

自己から自己へというループ的意識こそが、ループを解除できる唯一の自己言及装置であり、唯一の〈自己解除装置〉だった。八月三十日にして各メンバーは脱ハルヒ的自己都合によって自意識ループから解放され、とりわけ長門は、「長大ループの過誤記憶」から解放されたのである。

キョンの事細かなモノローグ十五日分は、一万五千五百三十二回目を除いてすべて長門の妄想だったことに注意しよう。この意味でエゴループ説は、モノループ説的「ラブコメ長門ルート」の復活とも言えるだろう。キョンのモノローグと長門のエゴループが共振して、ループ発生とループ解除のシンクロしている。キョンの自己定位化あるいは自己対象化と、長門の自己照合とが、見事にシンクロしている。表面上、漫然たる夏休みの遊びの中でなされた覚醒であるがゆえに、『消失』につながるその物語的意義はいっそう大きなものとして評価されうる。

このエゴループ説のように、途方もない超常現象に「合理的な」「非・超自然的な」「純粋心理的な」「世俗的な」解決が施されることは、ＳＦの文脈においては最大の「ジャンル侵犯的な大きな驚き」となりうるのである。

しかし――、ちょっと待ってみよう。ここで我々は第二の驚愕に襲われる。第一の驚愕よりさらに大きな驚愕に！

コンセプチュアルアートへの逆流

「ループは長門内記憶においてのみ」というのは、ループは長門の妄想、あるいは夢、ということだ。そう、夢オチである。「溜息」で古泉が提案し、キョンが禁じ手とした夢オチ。原作が描いた脱出回以外のシークエンスは、物理的には存在しなかった、というのだが……。

「エンドレスエイト」の原作小説版を読む限りでは、ループはただ一回で解除されており、長門の記憶以外の手掛かりは与えられていない。前述のようにキョンと古泉の既視感は遊び疲れの現れ程度で済ませられるものだし、朝比奈みくるの狼狽はどのみち当てにならない。すべては長門から発する波動のせいと読める。たしかにエゴループ説が最も整合的で穏健な解釈らしい。長門定位的にも最も深い、含蓄ある読みだとさえ感じられる。

ところがアニメ版は違う。八回のシークエンスが、各々均等なリアリティで描かれている。きちんと描かれすぎている。しかも、ベースであるキョン視点のまま貫かれており、かつ、現実にはループ脱出した後ということになっている三十一日の様子が他の七回も繰り返し描かれている。三十一日の予期イメージ群はいつ構成されたのだろうか、すべて三十日の午後にだろうか。どうもこじつけめいた説明に終始しかねない。脱出回以外を長門の疑似記憶ということにしてループを消去する解釈は、原作はともかくアニメ版についてはそう簡単ではなさそうだ。

そもそもエゴループ説によると、『ハルヒ』は長門の単なる妄想に八回も放送枠をあてたということになる。ただでさえ「エンドレスエイト」に納得できなかった視聴者にとっては、不満の火に油を注がれるような仕打ちだったことになろう。

八回同じ話をリピートしておいて、「そのうち七回が偽なる記憶でした」というのは、まぎれもなく制作倫理のルール違反である。「エンドレスエイト」は形式面だけでなく内容面でも、とんでもなく厚かましい実験をやっていたことになるのだ。そんな驚くべき、極端な解釈であるエゴループ説を、我々は認めたいだろうか。逆に言うと、少なくともアニメ版「エンドレスエイト」をそれほどまでに無法な実験芸術にしてしまってよいだろうか。原作はともかくアニメ版については、エゴループ説は「エンドレスエイト」の悪フザケ度を過剰に見積もっているように感じられる。そしてその過剰な見積もりは、エゴループ説自体を極端な悪フザケたらしめてしまわないか。つまるところ、「エンドレスエイト」がすでに常識外れだからといって、さらなる非常識の域へ貶める（あるいは祀り上げる）エゴループ説は、非常識の度が過ぎているように思われるのである。

エゴループ説に従うと、第8章の「消極的陰謀」で列挙された「エンドレスエイト」の欠陥として、第10項目が加わることになる。

(10) 物語への没入を無意味化する仕掛けを二段構え（妄想オチの過剰反復）で提示するという、それこそ無意味な自己否定に耽っている。（物語上・表現上の破綻）

妄想オチだと明かさぬまま執拗に繰り返したのだから、悪意の二乗というほかはない。しかし第

8章で検討したとおり、もともと「エンドレスエイト」の売りはコンセプチュアルアート顔負けの暴走性、非常識ぶりだったはずだ。ならばエゴループ説は使えるのではないか。エゴループ説どおりならば「エンドレスエイト」は途方もない超非常識作品となり、そんなものにメジャーな娯楽作品の地位を授けた我々の芸術史が「超意識高い系」に近づくことになるのではないか。

二週間のあいだに六百三十九年分もの妄想に浸った長門は、秒速一万五千五百三十二秒もの高度な自意識に目覚めたことになる。コンマ何秒でたびたび長大な妄想に耽るほどの自意識の持ち主といえば、江川達也のマンガ『東京大学物語』の主人公がいた。「エンドレスエイト」の妄想オチは、もしそれが正しければ、とりわけ制作委員会が認めたりすれば、『東京大学物語』最終回（二〇〇一年）への読者の怒りも色褪せるほどの非難を改めて浴び直すことだろう。『東京大学物語』の最終回（第三百七十五回）ラストシーンというのは、文字だけ引用するとこういうものだった。

なんて考えてる女の子がいたらいいいナ。なんて考えてる男の子がいたらいいいナ。なんて考えてる……（ENDLESS DREAM）

この引用部より二話も前（第三百七十三回）で、今までの出来事すべてが主人公の妄想だったと明かされ、引用部から四頁前になって、実は主人公の妄想の中の恋人が小学生のとき授業中に抱いた妄想だった、と別の真相が明かされる。そしてさらに引用部。単行本三十四巻分の長期連載で描かれてきた膨大な出来事すべてがパタパタバタッと、それを妄想していたこと自体が妄想、その妄想もまた妄想と、何段階にもわたって「今までの話は全部ナシ」と念押しされてしまう。

読者はすっかり醒まされ、白け、萎えた。そのオチは連載開始時から周到に準備されていて伏線も張り巡らされており（とくに物語中盤の山崎による映画撮影のメタフィクショナルな演出（大塚 2017））、「物語への没入」という無自覚な前提を読者から容赦なく剥ぎ取るための包括的仕掛けだった（江川 2002）。マンガ史上最悪とも言えるその確信犯ぶりは、八年半後の「エンドレスエイト」の精神を先取りしたものと言える。[*228]

『ハルヒ』制作委員会も小説原作者も、エンドレスエイトが実はENDLESS DREAMであると白状することはあるまい。なにしろ彼らは、サブカル嫌いのオタクに気を遣って、あの現代アートネタ（『Organ^2/ASLSP』との年数一致）をすらひた隠しにしていたくらいなのだ。逆に言えば、制作陣が口をつぐんでいるからといって、エゴループ説が意図されていたという仮説について遠慮する必要はない。[*229] 長門の過誤記憶オチそのものは、整合的な解釈という点で、十分に信憑性ありと認められるのである。

通常ならエゴループ説のようなものは、『東京大学物語』のように表面に明示されていない限り、真面目な考察対象にもならないつまらない解釈のはずである。しかし「エンドレスエイト」の場合は、すでに八回反復放送によって、物語への没入阻止設定がデフォルトであることが周知の事実であるため、同種の趣旨に沿う妄想オチという仕掛けは、実にもっともらしく感じられてしまうのである。

妄想から妄言へ

エゴループ説が採用されれば「エンドレスエイト」は超意識高い系作品認定にふさわしくなるだろうか。それはわからない。そもそもエゴループ説には、実は微妙に異なる段階がある。「妄想」「夢」「幻覚」「過誤記憶」……。長門が自ら紡いだループ経験の虚妄性にどれほど気づいているかによって、エゴループは「作為性↑↓不随意性」のスペクトルに位置づけられることになる。「妄想」や「空想」でループが紡がれていたのだとすると、長門が意図的に作ったフィクションだったことになり、「夢」「幻覚」「記憶エラー」だとすれば、長門の意思によらない自然現象的シミュレーションだったことになる。

すると、エゴループ説は、長門の作為性次第では、まったく別の極端な解釈に変貌してしまう。つまり本書で辿ってきた「××ループ説」の常として――たとえばあのテラルー プ説がオムニループ説へと強化されたように――エゴループ説も、長門定位度を強めることによって、さらに驚くべき解釈へと発展しそうなのである。解釈が自動展開してしまうところが、エンドレスエイト的ループ駆動の恐ろしさなのだ。しかし、夢オチ・妄想オチをひっくるめたエゴループ説よりもひどい解

＊228　「だって始めっから虚構だろ」という読者への問いかけは、「おまえらってどうせいつもループだろ」というオタクへの問いかけと同種のものであり、この意味でも「エンドレスエイト」はアニメ版東京大学物語だ、と言える（スキャンダル度ではるか上を行ってしまったが）。

＊229　制作者の意味論的意図は解釈の真正性とは論理的に独立なので、気にする必要はなかったとも考えられるが（注＊150参照）、「夢オチ」のような重大なスタイル上の解釈となると、芸術ジャンルの違いに匹敵する事柄となり、制作者に範疇的意図なみの権限が認められるかもしれない。「溜息V」で夢オチを提案した古泉も、さかんに「ジャンル」という言い方をしていた。注＊178も参照。

釈なんて、存在するのだろうか？

――考えられるものは一つしかない。

そう、夢でも妄想でもなく、ウソ。「長門がウソをついていた」という解釈である。ループはただの「ふり」だった――「エアループ説」だ。

エゴループ説では、ループは妄想にせよ夢にせよ、長門の心の中に自然現象として生じてはいた。主観的には長門の経験をリアルタイムで構成した。対してエアループ説では、ループは長門の夢や妄想の中ですら生じておらず、記憶らしきものを残しもしない。一切の主観的経験なしに、長門の言葉で語られただけだ。語られたといっても、もともとキョンたちの問いかけに「そう」と肯定的な二文字を発しただけ。遊び疲れによってキョン・古泉が既視感に囚われ、朝比奈みくるが勘違いし、古泉が邪推したのを、長門がぽつりと肯定しただけ。それが「エンドレスエイト」のループの真相というわけだ[*230]。

……これほどトホホな解釈があるだろうか。

長門がウソをつくかどうかについては、第9章のモノループ説の検証部分で肯定的に結論を出したとおり。ループについて長門がウソをついた理由は何か。そう――せっかく古泉が「時間ループが起きている」と推測を得意げに披露し、キョンも納得しかけているみたいなので、合わせておかなきゃ。長門なりのそんな仲間意識の表われだろう。

そんなつまらない動機で？　と呆れてはならない。何度も見てきたように、長門的には、些細なことこそが人間化過程において重要なのだ。仲間意識は些細ながら確かな人間化の兆候である。そして、物語的にはくだらない動機ほど作品的に重大な波及力を持つ。だからこそ、「エンドレスエイト」は恐ろしいエピソードになっているのである。

実際このエアループ説は、トホホ解釈などという生易しいものではない。この説によると、制作委員会は、長門の心の中に輪郭すら存在しなかったシークエンスを、ご丁寧に七回も差異を付けて反復放送したことになる。これは、内容を伴わない表現だけのエクササイズだ。もちろん、証言者の話が真実かどうかにかかわらずその内容を再現映像風に提示することは、ドラマやドキュメンタリーで普通に行なわれる。しかし「エンドレスエイト」の場合は、長門はキョンの質問に断片的に答えているだけで、再現映像を作るに足るほどの細部など一切語っていない。なのに制作陣は、架空の再現部分だけで七週分全尺をたっぷり使ったのである。

そう――『東京大学物語』ならまだしも、『アカギ』や『賭博堕天録　カイジ　ワン・ポーカー編』（注＊163参照）の結末が「ぜんぶウソでした、夢や妄想ですらありませんでした」と言われたとしよう。平静を保てる読者はほとんどいないだろう。「エンドレスエイト」のエアループ説はまさにそれ以上のことを言っているのである！

エアループ説は、エゴループ説よりも醒めているぶん、かえって制作陣の意味論的意図に合ったものと感じられる。「朝比奈ミクルの冒険　Episode00」での映画エンドロールを思い出そう。夢オ

＊230　『東京大学物語』の結末は、妄想オチではあるが、何段階から成る誰の妄想なのかが決定できない「無基底構造」になっているため、実在するのは表現の層だけなのかもしれず、エゴループ説よりもエアループ説に合うと言える。

チという物語内手法にハルヒは納得しまい、とキョンは懸念したが、物語外から「全部ウソっぱちです」とナレーションを入れるというメタフィクショナルな定型措置にはハルヒはすんなり同意できたのだった。つまり超監督ハルヒは、エゴループ説よりエアループ説の方を「常識的」として選びやすかっただろうと推測されるのだ[*231]。

エアループ説は、単にエゴループ説を強化したバージョンではない。まがりなりにもエゴループ説は、長門の疑似記憶を、長門の人間化・グルジエフ時間獲得のプロセスとして解釈した。対してエアループ説では、長門の人間化とループそのものとはまったく因果関係がない（長門がウソをついたことは人間化の表われと言えるが）。古泉の早とちりが「ループ」以外の奇抜な内容で語られていたら、長門はそれにも同意を表明したことだろう。ループなんぞ、八回放送というご丁寧な強調表現には値しない、言葉だけの偶発的陰影だったのだ。「エンドレスエイト」は究極の問題作になってしまう。

エアループ説は、今まで本書で提出されてきた「××ループ説」の中で、ループと長門の変化とを切り離す唯一の解釈と言えるだろう。なにしろループが端的に存在しないのだから……。そして逆説的にもこの〈ループの消滅〉こそが、次に見る〈ループの自律的遍在〉をもたらすのである。

第3節　最終解釈――メタループ説～ネガループ説

エンドレスセブン？　エンドレスナイン？

我々が出会ってきた「××ループ説」の解釈をまとめておこう。

(1)　**定説**（ベタループ説・長門被災説[*232]）ループの一万五千五百三十二シークエンスが長門に全部記憶されたことが、長門の変貌（そして『消失』）を引き起こす原因になった

(2)　**モノループ説**（長門介入説）長門は『消失』のリハーサルとして、キョンのモノローグと共鳴する形でループをEシークエンスへ微調整していた

＊231　エアループ説は、ループの存在だけを物語内ウソと見なし、他の物語内出来事は物語内真実と見なす弁別的仮説なので、すべてをウソと一括するエンディングナレーションとは論理的に異なることに注意。ただしエアループ説では「エンドレスエイト」のうち第8話以外のすべてのエピソードが、フレームごとすべてウソということになるので、実質的に、エンディングナレーションによる処置と同じことになる。

＊232　「定説」という呼び方は、注＊80で触れたように曖昧なので、他の説と並べる便宜上、「ベタループ説」「長門被災説」という用語をここで初めて導入した。「ベタループ説」は、長門の微調整介入や記憶バイアスがない「ループと受動的記憶の完全対応」を想定する説と理解してほしい。一方「長門被災説」は、「定説の中の長門目覚めた説寄りの立場」を排除した、いわば「定説の中の正統派」を指す名称と考えてほしい。

(3) **テラループ説**（長門限界説）ループは一万五千五百三十二をはるかに上回るシークエンスから成り、長門はEシークエンスという極小部分しか記憶できないまま、目覚めた

(4) **オムニループ説**（長門凡人説、一般化された長門限界説）Eシークエンスの内外に長門の記憶を逃れたループが無数に生じている

(5) **パラループ説**（パラレルワールド説・長門濡衣説）多宇宙に発生した各々のループからEシークエンスを八つ選んだのが「エンドレスエイト」である。ループの描写と長門事情は無関係

(6) **エゴループ説**（長門錯覚説）長門の目覚めが、ループの疑似記憶を引き起こした

(7) **エアループ説**（長門虚言説）時間ループというSOS団内の推理が誤りだと知りながら長門は同意した

定説（ベタループ説）～モノループ説は物語的に素朴な解釈だが、不安定である。テラループ説とオムニループ説で人間原理的な洗練を受けて物語的解釈として安定し、パラループ説で表現へのバイアスが一気に高まったぶん解釈としては再び不安定化した。エゴループ説、エアループ説ではメタフィクション的な、トリビアルな解釈に堕していき、物語的解釈としては瑣末だが、そのぶんプロジェクト的・コンセプト的な振幅を強めて「エンドレスエイト」の同一性を揺るがし、関与筋のグルジエフ時間化を強要する。

このように「エンドレスエイト」の時間ループをめぐる我々の仮説は、定説を含めて七つが絡み

合うことになった。――七つ。この数、何かを唆《そそのか》しているような？

　そう――「もう一つ加えて八つにせよ」という無言の誘惑を感じないだろうか。「ループ化しろ。エンドレスセブンではなくエンドレスエイトにしろ」という教唆が感じられないだろうか。「エンドレスエイト」にここまで付き合ってきた我々は、あのエピソードの悪魔的な挑発力にすっかり心酔し、その含蓄をすっかり信頼している。第八の説を発見するしかないだろう。

　そして実際、第八の説は、こじつけの必要もなく、すんなり思い浮かぶ。七つの仮説を目で辿ると、それらがぼんやりしたループを描いているのが見て取れるはずである。そこに浮き上がったループが、第八のループ説そのものなのだ。

　その論理を確認しよう。七仮説から成るループとはこういうものだ。

　長門がただ受け身で経験しているかに見えた時間ループ（1）ベタループ説）は、実は長門がたえず能動的に微調整していたらしい（2）モノループ説）。と思いきや、もっと人間原理的合理性に従って考えると、個々のシークエンスがただ長門の記憶限界の篩《ふるい》にかけられて微調整めいた均一性の幅に収まっていただけらしい（3）テラループ説、（4）オムニループ説）。その篩はさらに大規模に、一つの世界だけでなく多くの世界にまたがって制作陣の手で作品外から掲げられており、長門の心とは無関係にただEシークエンスが選び出されていたらしい（5）パラループ説）。同じ展開（長門の記憶経由↓制作陣が見繕ったシークエンス）はループの物理的実体を抜きにしても繰り返せそうだ。ループとは長門の心が妄想的に描いた疑似記憶でしかなかったという解釈（6）エゴループ説）は、実はもっと徹底させるべきで、長門の心でなく言葉から制作陣が針小棒大に仮構したものであったらしい(7)エアループ説）……というふうに。

そしてループをでっちあげた制作陣とは？

そう、涼宮ハルヒ超監督である！　涼宮ハルヒ超監督がループ設定の責任者だ。長門は、ただハルヒが作ったループに身を任せているだけだ。これは、作品内事情に翻訳すれば、〈(1)ベタループ説〉に他ならない。作品内の女子高生涼宮ハルヒの潜在意識によるループと、作品外の超監督涼宮ハルヒのプロジェクト的意図によるループとが、作品内外で呼応する。ループ生成行為の作品外在化と作品内在化が反復される。ループ生成の解釈についてのループである「メタループ」が形成されるのだ。このロジック全体が「メタループ説」である。

　パラレルワールド（多宇宙・多文明）の芸術史ごとに(1)〜(7)の異なる説が優勢となるような水平的・反法則史観的イメージでメタループ説が具体化されてもよいし、[*233]一文明内で解釈をメタ化した極限に垂直的メタループ説が屹立するかのようにイメージされてもよいだろう。[*234]

　さてここで、疑問に思う人がいるかもしれない。エゴループ説やエアループ説のようなものが許容されたということは、「涼宮ハルヒは時間ループを生じさせなかった」という解釈がアリ、ということだ。つまり、「エンドレスエイト」の物語的大前提を完全に覆す解釈がアリだと。ならば、もっと保守的な覆し方はもっとアリではないか。つまり時間ループそれ自体を無化せずに温存して、そのループを物理的に引き起こした源を変更すること。つまり「ループを生じさせたのはハルヒでなく長門の潜在意識であった」という解釈。それの方が、エゴループ説妄想オチやエアループ説虚言オチより許容度が高いのではないか。[*235]

たしかにその通りだ。「ハルヒによる時間ループ生成」を否定するのに、「時間ループ生成」の部分ではなく「ハルヒによる」の部分を否定すること。いわばヒロイン交代説――「長門犯人説」だ。長門はハルヒのネガだったから（注＊49参照）、長門犯人説は「ネガループ説」と呼んでよいだろう。九つめの説か！

ネガループ説は、しかし、説得力があるだろうか。ヒロイン交代は『消失』で初めてなされるから迫力が出たのであって、「エンドレスエイト」のような非・劇的な異変で交代劇がすでに起きていたというのは美的に釈然としない気がするではないか。長門の介入はせいぜいモノループ説的な、微小かつ試験的なものであるのが望ましい（つまりネガループ説は、モノループ説に比べてすら信憑性に欠ける……）。芸術の天ぷら仮説がテンプレ仮説でなかったのと同様に、芸術の解釈もテンプレで生成するだけで認められるわけではないのだ。

もう一つには、かりにネガループ説を採用したとして、そこから、これまで各説が派生するたびに新たな論理が生まれたような展開にはなりにくい、ということがある。ネガループ説では、犯人がハルヒから長門に置き換わっただけで、ふたたびベタループ説→モノループ説→……という同じ

＊233　物語的安定感で群を抜く解釈はテラループ説（そしてオムニループ説）だが、自らの多宇宙モデル属性ゆえにメタ解釈的な自己不確定化へ傾くものと見なせる。注＊216参照。
＊234　水平的グルジエフ時間化（長門型）と垂直的グルジエフ時間化（ハルヒ型）の対比を想起したい。本章第1節末尾参照。
＊235　もちろん自然主義的リアリズムでは妄想オチ・虚言オチの方が保守的であり許容度が高いが、ジャンルと相対的な「アニメ・まんが的リアリズム」においては、ループ生成の犯人を取り換えるSF性保持戦略の方がはるかに保守的だと言える。Lewis 1978, p. 274.

展開が辿られるしかないからだ。ネガループ説は、新たなループ説ではなく、「ベタループ説長門バージョン」にすぎないのである。

しかし、待てよ……？　それはよいことなのでは？

解釈的にはともかくメタ解釈的には望ましいのではないか？　ネガループ説をエントリーすることで、ベタループ説にすんなりと、しかも表向き物語的価値復権模様で回帰することができ、各ループ説のループ、すなわち「メタループ」が自然生成するではないか。ネガループ説（ベタループ説長門バージョン）を得た直後にもとのベタループ説ハルヒバージョンへ戻して再開するもよし、長門バージョンのまま再試行するもよし。長門犯人説は、「メタループ説視点」を必然的に導く新たなロジックを提供しているのだ！

しかも、ネガ↑↓ベタの両ループは互いに反転しているので、∞形の原義である〈メビウスの帯〉の表裏ひとひねりが実現できているではないか。

このネガループ説を第八の説として位置づけ、メタループ説をメタ層へくくり出して、全体像を一気にまとめよう（図1）。

いっそのことリアルタイム視聴における、週ごとの視聴者心理になぞらえてメタループ説を描き直してみようか（くどいと感じられそうだが、ループ構造の検証ゆえ既視感は付きものと考えてお許しいただきたい……）。——第一週、原作でイメージが植え付けられていたベタループ。しかしループ脱出なしで態度変更を迫られ、第二週、長門事情を強調する見方を強いられる。長門の作為を疑うモノループ説での鑑賞だ。第三週・第四週はもっとうがったSF的見方を強制され、人間原理の動員、

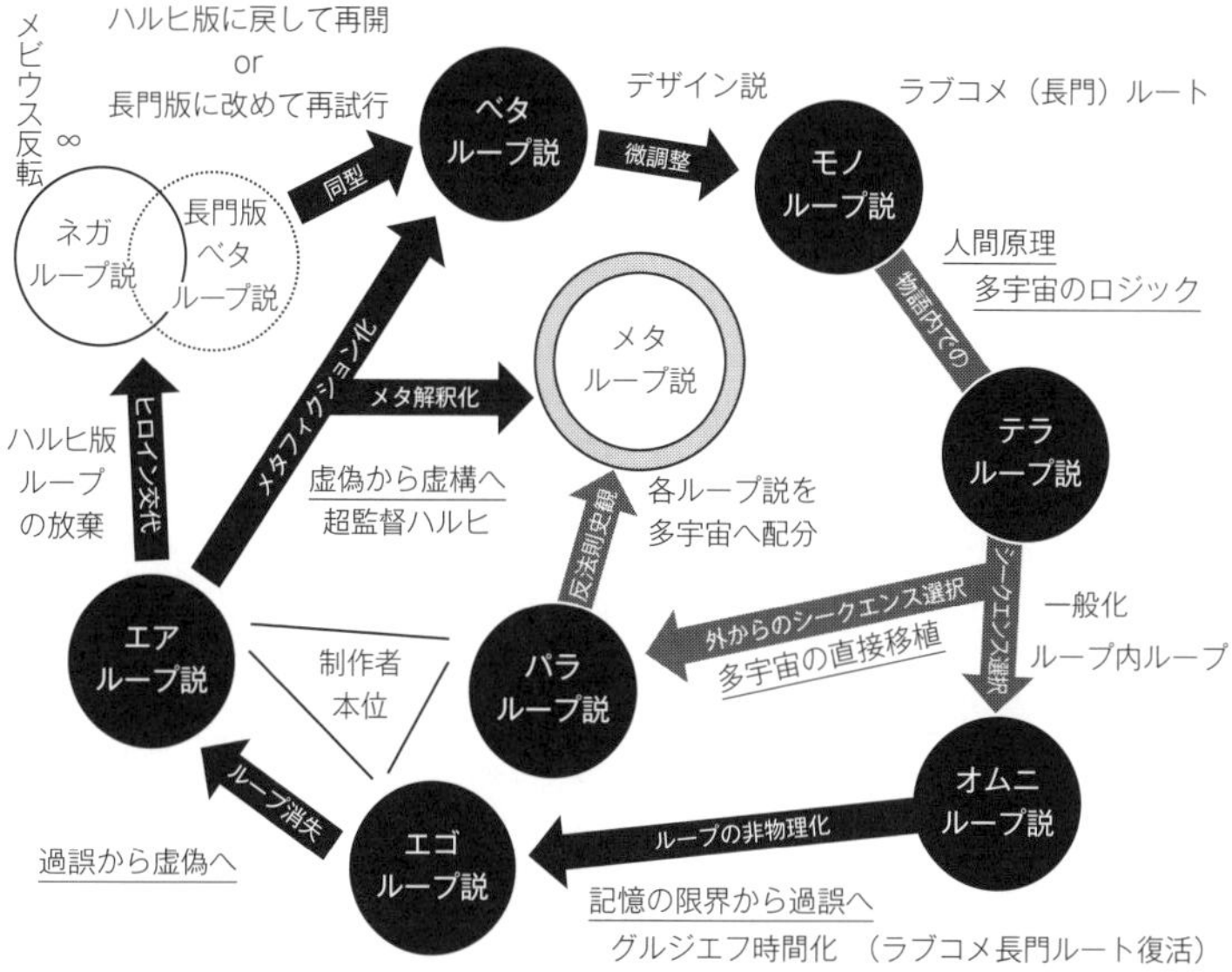

図 1

すなわちテララループ説へ。第五週では「じゃあ今日はこれで終了！」が四回ループするというハッキリしたミニループ描写に出くわすこととなり、前週に脳裏をよぎったオムニループ説が確証されるとともに、もしかして端的にパラレルワールド？——しかも〈アルバイト回数の矛盾〉が初めて現われるのも「V」なので、「前週とは違うワールドの中のループだから」と解決されて事なきを得る。こうしていったんパラループ説に達すると、同一世界内での物語展開とは無関係な「描写のための描写」疑惑がせり出すこととなり、第六週で単に再現映像的なエゴループ説、第七週では物語的奥行きを無視した描写定位のエアループ説のドツボに嵌まってしまう。二〜三週前からグルジエフ時間へ覚醒し始めていた視聴者としては、完全にプロジェクトないしコンセプトレベルの視点から作品を見下ろさざるをえなくなる。すべて虚妄、と達観した境地である。

達観とはいえ物語的に淋しいばかりの第八週で一転「長門の夢オチや嘘オチどころか、もしや長門発ループ生成オチか！」と、ループの物理的実在が蘇っていよいよネガポジループの高次ループが再生する。と同時にまさにちょうど「エンドレスエイト」はループ脱出を迎えてしまう。視聴者がアニメをめぐるループに本突入するやいなやアニメにおけるループが終了するとは！　メタループのサスペンスにさらされたメタオタク的立場を覚悟するやいなや即ループ脱出のサプライズ。なんとメタカタルシスな顛末だろう！

八つのループ説すべてを集約した「メタループ」が領野の中央で諸ループ説を駆動するモーターさながら回転し続ける……。

ループのためのループ！

このように視聴者視点で考えると（かなり「理想的な視聴者」視点ではあるが）、第一週が第二週で対象化され、第二週が第三週で……というふうに、各回が次回でコメント対象となっており、「より高次の観方」を鑑賞者は要請されていく仕組みになっている。第七回、第八回ともなると物語化かつ脱物語化の永久回転に、視聴者は己の出発点の根本的再解釈を遡行的に委ねることになるのだ（図2）。

ベタループ説 or ネガループ説とエアループ説、この両極をベタのメタ化・メタのベタ化でつな

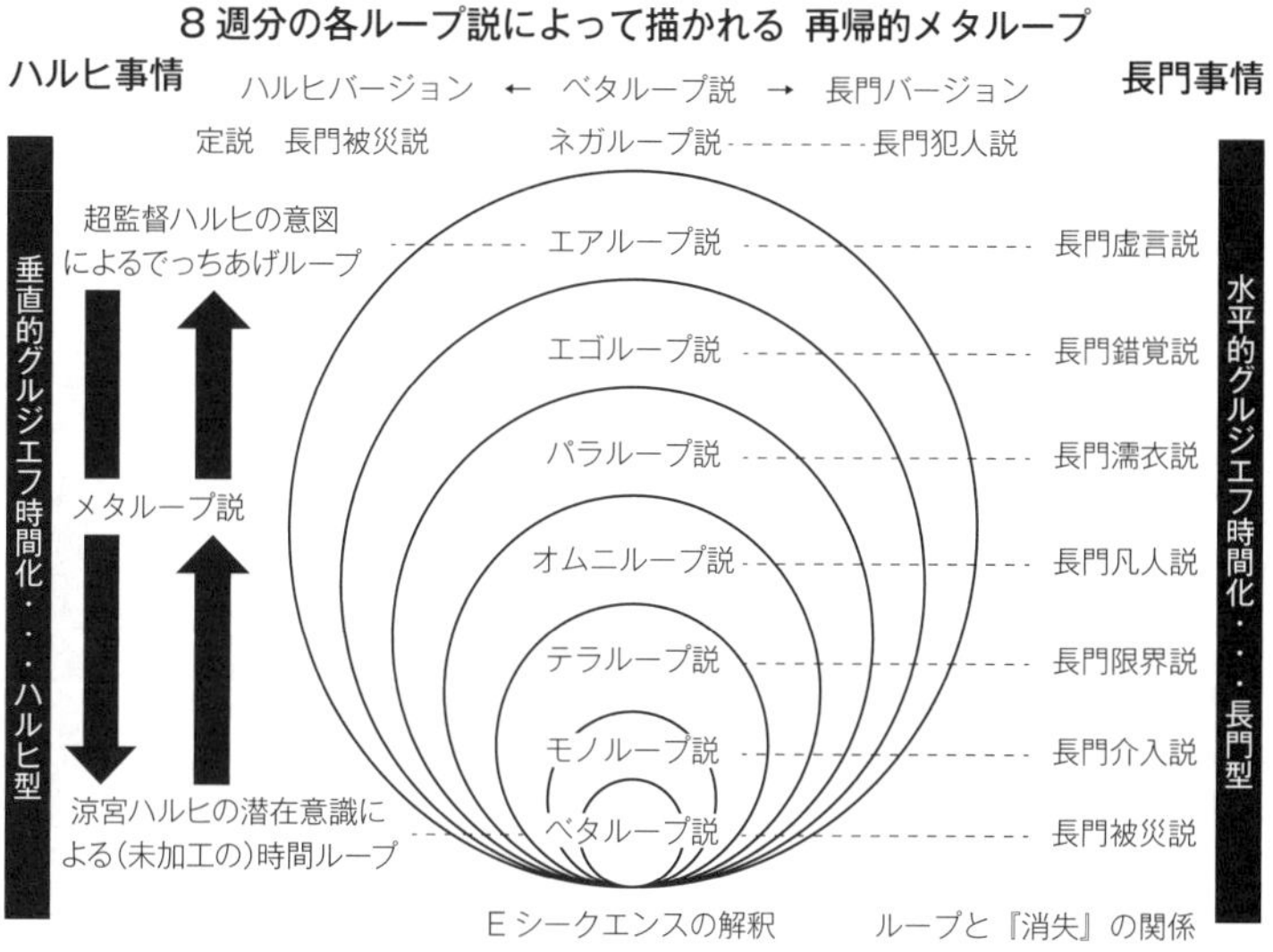

図2

ぐメタループ説の図式は、第10章で描いた作品ジャンル論的なループ図式（三二八頁）を、作品世界を解釈する視点で眺め直したものと言えるだろう。あの作品存在を規定する「やりすぎループ」＋「ゆるすぎループ」の自意識促進∞ループと、本章で見たEシークエンス解釈上のメタ∞ループとが、密かにマクロ・ミクロ（作品外世界・作品内世界）で呼応しているのである。[*236]

解釈という行為については、「解釈学的循環[*237]」というメカニズムが昔から指摘されており、解釈学の重要議題になっている。つまり、循環（サークル、ループ）を解釈対象とするだけでなく解釈行為そのものをはっきりループさせるメタループ説は、解釈学の伝統を具体的に対象化したメタ理論であるとも言える（「エンドレスエイト」という特定の作品に即した考察である限り、「メ

		バタフライ効果不在	アルバイト数の矛盾	ループと『消失』の関係
① ベタループ説	⑨メタループ説：：①→⑧→①を永遠に巡回せよ	説明できず	長門が壊れかけていた兆候？	15532 回のループの重圧で長門が壊れた結果が『消失』
② モノループ説		長門が微調整していた	長門が壊れかけていた兆候？	微調整行為は『消失』での世界改変のリハーサル
③ テラループ説		Ｅシークエンスだけが長門に記憶された	記憶されざるシークエンスからの記憶の浸透、デジャブが混入	微差の照合により長門に自意識 →『消失』
④ オムニループ説		Ｅシークエンスだけが長門に記憶された	記憶されざるシークエンスからの記憶の浸透、デジャブが混入	「エンドレスエイト」は『消失』要因の極小部分
⑤ パラループ説		Ｅシークエンスだけが描写された	複数ループからシークエンス選択ゆえ無矛盾	③④同様？　ループ描写と長門は無関係
⑥ エゴループ説		自意識覚醒が微差自己照合の形で発現	疑似記憶は覚醒の副作用ゆえ無矛盾	ループ状自己照合で長門覚醒 →『消失』
⑦ エアループ説		対象なき描写なので何でもあり	制作陣が「ループはウソ」とヒントを提供	ループと『消失』は無関係
⑧ ネガループ説（ベタループ説非ハルヒバージョン）		説明できず	長門が壊れかけていた兆候？	15532 回のループの重圧で長門が壊れた結果が『消失』

図３

タ理論」としての限界があるとはいえ）。

諸説の最終的整理のため、本書で主要論点となってきたもののうち「作品の解釈」に直結する三点を選んで、各説の解釈方針を対比しておこう。三つの論点とは、〈物理学的誤謬（非カオス性・バタフライ効果不在）の説明〉、〈アルバイト回数の矛盾の説明〉、〈『消失』での長門の暴走との関係〉である（図３）。

ネガループ説については、「ベタループ説長門バージョン」ではなく「ベタループ説非ハルヒバージョン」と一般化しておいた。ループのどこかで、「ベタループキョンバージョン」[*238]や「ベタループ古泉バージョン」「ベタループ佐々木バージョン」などがベタループオリジナルバージョン（ハルヒバージョン）と干渉しにきてもよいだろうからだ（朝比奈みくるバージョンならダミーループ説、佐々木バージョンならカウンターループ説……？）。[*239]

多様なネガループ説から分岐するすべてを束ねるメタループ説は、単に八つのループ説の総和や順列組合せではない。八仮説それぞれの相互作用（対立、包含、同型対応など）を込みにした有機的全体である。さらには、メタループ説自身を含む九仮説どうしのすべての相互作用が織りなす総体である。

原作の物語レベルでは、「エンドレスエイト」は単純明快なベタループ説ひとつで事が足り、モノループ説にすら踏み出さずに済むはずだった。モノループ説から諸説経巡ってエアループ説へ、

＊236　メタループ説の機能としては、さまざまな解釈を際限なく更新させる「メタ解釈機能」と並んで、解釈そのものを紛糾させて物語定位レベルに「エンドレスエイト」を安定させない「メタメタ解釈機能」がある。それによって物語定位ループが表現定位の界面へと漏れ出てゆき、ジャンル論的ループに接続して我々をコンセプチュアルアート視にまで連れてゆくことになる。注＊200参照。

＊237◆　解釈学的循環とは、「全体の理解と部分の理解とは互いに依存するので、そもそも理解は始まることができない」という理屈のこと。このパラドクスが「理解」という概念の理解（理解は成り立つか成り立たないかどちらかしかない、という二値的なメタ理解）についての背理法であることについては、三浦 2017 問063、Hoy 1978 を参照。

＊238　キョンバージョンはかなり信憑性がある。原作で佐々木と偽ＳＯＳ団が登場して以来、物語の視点だけでなく存在論的中心がキョンであることがはっきりしてきたからだ。

＊239　注＊49参照。また、注＊5で見たように「空虚さ」が物語の焦点をなす『涼宮ハルヒシリーズ』の隠れモチーフからすると、フルネームが明示されない多くの脇役にフラグが立っていることになるが、ハルヒ（自覚欠如態）、長門（人間性欠如態）、キョン（姓名欠如態）、佐々木（名欠如態）以外を犯人に据えた説は、とりあえず有望には見えない。しかし『涼宮ハルヒシリーズ』の続編のあり方次第では、それら「よくない解釈」が一転有力な解釈として躍り出てくる可能性もある。本章が黙認している解釈ループの乱舞は、小説『涼宮ハルヒシリーズ』が未完であることに相当程度依存している。アニメ版を原作から切り離して完結した作品と見なすこともできるが、その場合も、原作の進展によって諸解釈の妥当性の確率分布が変化することに変わりない。

そしてベタループ説そのものの多重化に至る諸解釈が要請される理由に我々を気づかせてくれたのは、アニメの反復表現によるプロジェクト設定が掻き立てた苛立ちであり、コンセプチュアルな分裂とグルジエフ時間化の可能性だった。つまり、アニメ版「エンドレスエイト」の娯楽性・コンセプチュアルアート性の双極性が、原作の新たなメタエンタメ読解を続々と掘り出すこととなった。

「エンドレスエイト」の傍若無人な回転にさんざん振りまわされた我々は――驚愕し、憂鬱になり、溜息をつき、退屈を消失させるには暴走と動揺のはざまで陰謀をもてあそぶしかなく、それを憤慨によって分裂させられたあげく驚愕へつれもどされた我々は――まさしくループをあたりかまわず伝播させることでしか「エンドレスエイト」を論じられない、という結論へ追い上げられたようだ。『ハルヒ』のいたるところに、あらゆるレベルで、大小濃淡さまざまなループを発見してゆくという態度である。

「エンドレスエイト」のようなアンチ娯楽路線の仕打ちに対しては、視聴者はループを自己目的化すなわち娯楽化し、ループのためのループ、分析のための分析、自意識のための自意識でリベンジするほかあるまい（鹿目・三浦 2017）。

渦《ループ》をもって禍《ループ》を制す。実際、表面下に蠢く解釈的ループを、「エンドレスエイト」および『ハルヒ』からいくらでも炙《あぶ》り出すことができる。たとえば、『消失』における長門の世界改変行為の解釈をめぐっては、次のようなループが認められていた（第5章第2節）。

長門壊れた説 → 長門目覚めた説 → 長門戻った説 → 時空回復は当然の権利 → 当然の務め

↓長門務めた説↓時間ループによるお務め不能の危惧↓長門壊れた説↓……。*240

こうした物語定位的レベルでの諸ループのそれぞれが、さらに、表現定位、プロジェクト定位、コンセプト定位といった各レベル内諸ループと相互作用を切り結ぶ。それら諸作用の波紋がたえず「エンドレスエイト」そして『ハルヒ』の作品的輪郭を揺るがし、各レベル内ループの様相へとフィードバックしていく。この無際限の自己駆動的シミュレーションこそが、情報統合思念体の憧れた「自律進化」のメカニズムであり、人類の「存在価値と能力」（『憂鬱』、一二四頁）の根拠となるはずである。

「涼宮ハルヒの存在価値と能力」にハルヒ自身が気づかぬよう、彼女を無自覚にとどめておくことが情報統合思念体の、そしてSOS団の最大の課題だった。我々人類も、政治・経済・国家・教育・宗教など自ら嵌めた手枷足枷によって、つとめて無自覚レベルで日々勤しむことを自己課題と定め続けてきたと言えなくもない。そんな中で稀に、（ある種の犯罪を除けば）KY芸術作品だけが、個々人および集団の無自覚の殻へ罅を入れてグルジエフ時間への開口部を開く。優れた芸術は常に社会への背信行為として犯罪のシミュレーションを生産的に作動させるものなのであり、もちろん「エンドレスエイト」も例外ではない。それどころか最も挑発的かつ濃密な事例である。

*240　このループにおける四つの説（または七つの結節点）と、メタループ説に含まれる八仮説との相性（親和性、背反性）は、図3右端の大まかな対応付けを超えて、別途考察の価値がある。

暗黙の社会規範とは独立に解釈的・ジャンル的分岐態を演じた「エンドレスエイト」の原点（見かけの本質）は、まぎれもなく「エンタテイメントアニメ」だった。その側面から作品理解と自意識との関係を調え直すためには、我々は本書第1章に戻って、〈アニメにあるまじき試み〉への驚愕の念を改めて噛み締め、吐き出す地点から今、再スタートしなければならない。

（リセットせず冒頭へ）

あとがき

……エンドレスエイトの秘話

「こんなにナントカ説カントカ論って、分類や体系化に熱中したんじゃ、かえって対象を見失いませんか？」

造語や思考実験を多用しがちな分析哲学者がよく浴びせられる問いですが、私はこう答えます。

「……たしかに。でも、見失った方がよく見えてくる対象って、けっこうあるものですよ」

そしてこう付け加えずにはいられません。

「そもそもいっぺん見失った後じゃありませんか。このまま黙ってるつもりじゃありませんよね？　ああいうことをされといて」

エンドレスエイトも今となってはいい思い出だとか、アマゾンプライムで一気見したら意外と面白かったワとか、笑って水に流せる人ばかりだったら、世の中平和でしょう。しかし芸術や科学のスリリングな進歩は望めないかもしれませんね。

「ループ」は、現在の芸術哲学の軸となっているメカニズムです。

鑑賞者の期待に反した奇妙な芸術作品（または芸術もどき）が世に出るたびに、伝統的な「芸術の定義」を哲学者が手直しして芸術を再定義し、芸術家は「そんなアカデミックな定義に収まってたまるか！」とばかりさらなる奇想で挑発する。こうしたイタチごっこ――「フィードバック・ループ」――によって、二十世紀以降の芸術史と分析美学史が動いてきました。

ただしこれは、もっぱら欧米で見られる風景であり、日本ではそうしたループが生ずるほど芸術界と学界の相互作用が活発ではありません。その現状の中で本書は、文字通りループを描写したハードケース作品を詳述することで、理論と創作の可能的ループ関係を実践しようとしたものです。

正直なところ私は、アニメという芸術ジャンルがとくに好きというわけではありません。ガンダムよりマジンガーZの方をずっと高く評価している私は、その時点でサブカル知識人たちからはモグリ扱いを受けるでしょう。ちなみに『ハルヒ』全編で一番好きなシーンといえば、朝比奈みくるがハルヒに向かって「あのー、このナース服もそれも、映画の中で着たりしてないんですけど……」と従順に抗議するシーン（『サムデイ イン ザ レイン』）だったりします。長門有希でなく朝比奈みくるを注視している時点でオタク目線的にも最底辺決定でしょう。元来そんな「没意識系」の私でしたが……、

さすがにああいうことをされたのでは――、俄然「意識高い系」に同期して、「人間原理」のアカデミック・ループで対抗せざるをえませんね。

本書は、科学研究費助成事業（基盤研究B「個性を持つロボットの制作による〈心と社会〉の哲学」課題番号15H03151（研究代表者・柴田正良）の成果の一環です。

内容の中核部分は、「アニメ国際シンポジウム 日本アニメの歴史と現在」（和洋女子大学主催、二

〇一五年十月三日）で最初に発表した草稿「人間原理から眺める「エンドレスエイト」——コンセプチュアルアートとしてのアニメ」です。続いて行なった同タイトルの特別講義（亜細亜大学、二〇一五年十一月九日）で、構成を固めました。それらの場でお世話になった和洋女子大学の仁平道明、中村威久水、小澤京子、亜細亜大学の松本賢信の各氏に感謝します。

そうやって試した構想を、アニメと直接関係ない美学芸術学の講義（東京大学文学部、二〇一二、二〇一五、二〇一六年度）の枠組によって拡大し、二〇一六年度後期は、草稿をもとに「エンドレスエイト」を論じました。ハルヒ効果のせいかその授業の期末レポートがやけに高水準で、とくに比較事例について教えられました。参考文献表で（未公刊）と記してある五件が、二〇一六年度冬学期（一部は二〇一七年度夏学期）に東京大学の学生が提出した「美学芸術学特殊講義レポート」です。未公刊資料は参考文献に含めないのが学問の作法なのですが、本文や注で参照したレポートはあえて入れておきました。〈自らへの反応への反応〉という本書固有の〈ループ性〉明示のために。

本書は私の著書として二十九冊目ですが、出版社からの打診を待たず自分から企画を提案したのは、実はこれが最初なのです。その意味で、我が初攻勢に応じていただいた春秋社の小林公二さんには格別の感謝をせねばなりません。

アニメファンは〈哲学気取りのサブカル系〉に染まりたくないし、哲学の徒は超常現象なんぞ詮索している暇はない。両サイドから袖にされそうな「分析哲学的エンドレスエイト論」ではありましたが――

（哲学徒には）逸脱的なローカル要因を押さえることが普遍法則認識の必要条件であることを。

（アニメファンには）作品中の科学概念を学ぶだけでなくその科学概念で作品を学ぶのも楽しいぞということを。

つまるところ〈人間原理〉の重要性と面白さを。

読者諸氏にひととおりお伝えできたことを信じつつ――哲学とアニメの交点を凝視する一大演習を締めくくることといたします。

二〇一七年十二月

三浦俊彦

参考文献索引 （本文・注で明示した二次文献のみ。〔　〕内は本書の頁）

Aguirre, Anthony & Tegmark, Max 2012 "Born in an Infinite Universe: a Cosmological Interpretation of Quantum Mechanics", *Physical Review* D 84, 105002, arXiv: 1008. 1066.〔75n〕

赤瀬川原平 1988『芸術原論』岩波書店〔237n〕

天谷祐子 2011『私はなぜ私なのか』ナカニシヤ出版〔82〕

安藤健二 2008『封印作品の憂鬱』洋泉社〔45, 45n〕

アーレント、ハンナ 1958『人間の条件』ちくま学芸文庫 1994〔123n〕

アーレント、ハンナ 1963『過去と未来の間――政治思想への８試論』みすず書房、1994〔123n〕

浅羽通明 2012『時間ループ物語論』洋泉社〔55n, 114, 115n〕

浅見克彦 2015『時間ＳＦの文法』青弓社〔55n〕

東浩紀 2001『動物化するポストモダン――オタクから見た日本社会』講談社現代新書〔53n, 54〕

東浩紀 2007『ゲーム的リアリズムの誕生』講談社現代新書〔53n, 101n, 165n〕

東未空 2017「繰り返しで心をつかむ 快快 FAIFAI『再生』とエンドレスエイト」（未公刊）〔211n〕

Barrow, John D. & Tipler, Frank J. 1986 *The Anthropic Cosmological Principle,* Oxford U. P.〔63n〕

バルト、ロラン 1970『表徴の帝国』ちくま学芸文庫、1996〔83n〕

Beardsley, Monroe C. 1977 "The Philosophy of Literature", Dickie and Sclafani (eds.) *Aesthetics: A Critical Anthology,* St. Martin's Press, pp. 317-333.〔245n〕

Beardsley, Monroe C. 1982 "Redefining Art", *The Aesthetic Point of View,* Cornell U. P. 1982.〔245n, 259n〕

Beardsley, Monroe C. 1983 "An Aesthetic Definition of Art", in Curtler, Hugh (ed.) *What is Art?,* Haven.〔245n, 259n〕

Berleant, Arnold 1991 *Art and Engagement,* Temple U. P.〔51n〕

Bostrom, Nick. 2002 *Anthropic Bias: Observation Selection Effects in Science and Philosophy*, Routledge.〔307n〕

Bourriaud Nicolas 1998 *L'esthétique relationnelle*, Presses du réel, *Relational Aesthetics*, Presses du réel, 2002.〔19n〕

Carroll, Sean 2012 *Mysteries of Modern Physics: Time*, Great Courses #1257.〔107〕

Carter, Brandon 1974 "Large Number Coincidence and the Anthropic Cosmological Principle in Cosmology", in Leslie, John (ed.) *Modern Cosmology & Philosophy*, Prometheus Books.〔63, 63n〕

Carter, Brandon 1983 "The Anthropic Principle and its Implications for Biological Evolution" in Bertola, F. & Curi, U. (eds.) *The Anthropic Principle: Proceedings of the Second Venice Conference on Cosmology and Philosophy*, Cambrodge U. P. 1993.〔63n〕

Carter, Brandon 2007 "Micro-Anthropic Principle for Quantum Theory", in Carr, Bernard (ed.) *Universe or multiverse?* Cambridge U.P. 2007.〔347n〕

Chandler, Raymond, 2014 Day, Barry (ed.) *The World of Raymond Chandler: In His Own Words*, Knopf.〔232〕

Cone, Edward T. 1977 "One Hundred Metronomes", *The American Scholar* 46(4)(Autumn): 443-59.〔232, 259n〕

ダントー、アーサー 1964「アートワールド」西村清和編・監訳『分析美学基本論文集』勁草書房、2015、九–三五頁〔257n〕

ダントー、アーサー 1981『ありふれたものの変容』慶應義塾大学出版会、2017〔229n〕

ダントー、アーサー 1997『芸術の終焉のあと』三元社、2017〔356n〕

Davies, Stephen 2012 *The Artful Species*, Oxford U. P.〔93n〕

Derry, Charles 2009 *Dark Dreams 2.0: A Psychological History of the Modern Horror Film from the 1950s to the 21st Century*, Mcfarland & Co.〔93n〕

Dicke, R. H. 1961. "Dirac's Cosmology and Mach's Principle". *Nature* 192 (4801): 440-1. 1961.〔107n, 215n〕

Dickie, George, 1974 *Art and the Aesthetic: An Institutional Analysis*, Cornell U. P.〔225n〕

Dickie, George 1988 *Evaluating Art*, Temple U. P.〔185n〕

デュルケーム、エミール 1893『社会分業論』青木書店、2005〔353n〕
デュルケーム、エミール 1895『社会学的方法の規準』岩波文庫、1978〔353n〕
デュルケーム、エミール 1897『自殺論』中公文庫、1985〔353n〕
江川達也 2002『〝全身漫画〟家』光文社〔378〕
遠藤侑 2017「「長門限界説」はなぜループを引き起こすのか?」(未公刊)〔329n〕
フーコー、ミシェル 1973『これはパイプではない』哲学書房、1986〔231n〕
フリード、マイケル 1967「芸術と客体性」『批評空間臨時増刊号 モダニズムのハード・コア』太田出版、1995、六六–九九頁〔109n, 121n, 237n〕
限界小説研究会(編)2009『社会は存在しない セカイ系文化論』、南雲堂〔53n〕
Gennaro, Rocco J. (ed.) 2004 *Higher-Order Theories of Consciousness: An Anthology*, John Benjamins.〔361〕
グリーンバーグ、クレメント 1960「モダニズムの絵画」『グリーンバーグ批評選集』勁草書房、2005〔109n, 121n〕
ゴドフリー、トニー 1998『コンセプチュアル・アート』岩波書店、2001〔228, 231n〕
グッドマン、ネルソン 1976『芸術の言語』慶應義塾大学出版会、2017〔113n〕
鉢呂光恵 2012「多様化する現代アートにおける写真と差異——シェリー・レヴィーンのシミュレーション画像」『藤女子大学紀要第49号、第II部』、一八五–一九三頁〔247n〕
ホール、エドワード T 1976『文化を超えて』TBSブリタニカ、1979〔247n〕
平芳幸浩 2016『マルセル・デュシャンとアメリカ』ナカニシヤ出版〔235n, 282〕
Hirsch, Jr., E. D. 1967 *Validity in Interpretation*, Yale U. P.〔245n〕
Hoy, D. C. 1978 *The Critical Circle*, U. of California P.〔393n〕
飯田一史 2012『ベストセラー・ライトノベルのしくみ』青土社〔83n, 91n, 155n〕
稲葉振一郎・三浦俊彦 2017「思想は宇宙を目指せるか」『現代思想』二〇一七年七月号(特集=宇宙のフロンテ

三浦俊彦　2007『多宇宙と輪廻転生――人間原理のパラドクス』青土社〔362〕
三浦俊彦　2014a『思考実験リアルゲーム――知的勝ち残りのために』二見書房〔111n〕
三浦俊彦　2014b『下半身の論理学』青土社〔35n〕
三浦俊彦　2015a「フィクションとシミュレーション――芸術制作の方法論からジャンル論へ」、中村靖子編『虚構の形而上学――「あること」と「ないこと」のあいだで』春風社、三六一–四四二頁〔111n〕
三浦俊彦　2015b「サウンドホライズンに見る芸術と政治の接点　研究ノート」『和洋國文研究』第50号、九四–一〇七頁〔25n〕
三浦俊彦　2016「「観測選択効果」の視点による進化芸術学の可能性」『文化交流研究』第29号、一–二〇頁〔336n〕
三浦俊彦　2017『論理パラドクス・勝ち残り編――議論力を鍛える88問』二見書房〔393n〕
中西新太郎　2011『シャカイ系の想像力』岩波書店〔53n〕
中沢新一　2002「シュトックハウゼン事件」『緑の資本論』集英社、一三一–四四頁〔355n〕
西村清和　2015「解説」西村編・監訳『分析美学基本論文集』勁草書房、四一一–三三頁〔229n〕
織田芳人　1985「多面体による造形制作(5)　Ⅲ–ii　ソル・ルウィットの立体作品」『長崎大学教育学部人文科学研究報告』34、三九–五〇頁〔325n〕
岡田斗司夫　2008a『オタクはすでに死んでいる』新潮新書〔91n〕
岡田斗司夫　2008b『オタク学入門』新潮文庫、1996〔25n, 91n, 205〕
岡田斗司夫　2013　ニコ生岡田斗司夫ゼミ特別編「岡田ハルヒ観たってよ」2013/05/20 http://www.nicovideo.jp/watch/1369437236〔233n, 241n〕
奥村雄樹　2015「なぜ会田誠の絵をＶＯＣＡ展に出してはいけないのか」MISAKO & ROSEN〔255n, 257n〕
大塚英志　2000『物語の体操』朝日新聞社〔101n〕
大塚英志　2003『キャラクター小説の作り方』講談社現代新書〔101n〕

大塚将貴 2017「『東京大学物語』に見る妄想オチの意味」（未公刊）〔378〕

Rosenthal, David M. 2006 *Consciousness and Mind*, Oxford U. P.〔361〕

ローティ、リチャード 1979『哲学と自然の鏡』産業図書、1993〔51n〕

ラッセル、バートランド 1921『心の分析』勁草書房、1993〔161n〕

斎藤環 2011『キャラクター精神分析』ちくま文庫、2014〔367n〕

坂上秋成 2011「涼宮ハルヒの失恋——「設定」と「人格」のすれ違いをめぐって」『ユリイカ』二〇一一年七月臨時増刊号（総特集＝涼宮ハルヒのユリイカ）、青土社、一〇六–一一四頁〔163n, 183n〕

坂本寛 2007「ハルヒの愛した数式」http://d.hatena.ne.jp/twisted/20070529/p1〔67n, 84〕

佐々木敦 2014『「4分33秒」論——「音楽」とは何か』Pヴァイン〔231n〕

シュワルツ、バリー 2004『なぜ選ぶたびに後悔するのか——「選択の自由」の落とし穴』武田ランダムハウスジャパン、2004〔285n〕

シブリー、フランク 1959「美的概念」西村清和編・監訳『分析美学基本論文集』勁草書房、2015、九九–一三七頁〔93n, 241n〕

スピース、K・R 1976『グルジェフ・ワーク』平河出版社、1982〔362〕

Steiner, Wendy 2010 *The Real Real Thing: The Model in the Mirror of Art*, U. of Chicago P.〔355n〕

鈴木貴之 2015『ぼくらが原子の集まりなら、なぜ痛みや悲しみを感じるのだろう』勁草書房〔361n〕

涼宮ハルヒの集約 http://www.suginami-s.net/enter/haruhi/〔5n, 67n〕

谷川流 2009「涼宮ハルヒに振り回された僕たちの夏休み」『月刊ニュータイプ』二〇〇九年九月号、一八–九、二二–三頁〔i〕

テグマーク、マックス 2014『数学的な宇宙——究極的な実在を求めて』講談社、2016〔71〕

戸田山和久 2016『恐怖の哲学 ホラーで人間を読む』ＮＨＫ出版〔143n〕

Tormey, Alan 1973 "Critical Judgements", *Theoria*, XXXIX: 35-49〔241n〕

宇野常寛 2008『ゼロ年代の想像力』ハヤカワ文庫、2011〔11n, 45n, 53n〕

Vermazen, Bruce 1975 "Comparing evaluations of works of art", *Journal of Aesthetics and Art Criticism* 34 (1): 7-14.〔185n〕

ヴィンケルマン、ヨハン・ヨアヒム 1755『希臘芸術模倣論』座右寶刊行會、1943〔121n〕

和田純夫 1998『シュレディンガーの猫がいっぱい』河出書房新社〔75n〕

涌井貞美 2013『図解・ベイズ統計「超」入門——あいまいなデータから未来を予測する技術』ＳＢクリエイティブ〔137n〕

Walton, Kendall L. 1970 "Categories of Art", *Marvelous Images: On Values and the Arts*, Oxford U. P. 2008, 195-219.〔245n〕

ウォルトン、ケンダル 1978「フィクションを怖がる」西村清和編・監訳『分析美学基本論文集』勁草書房、2015、三〇一-三三四頁〔143n〕

Ward, Peter D. & Brownlee, Donald 2000 *Rare Earth: Why Complex Life is Uncommon in the Universe*, Springer.〔64〕

Wimsatt, W. K. & Beardsley, M. C. 1946 "The Intentional Fallacy", *The Sewanee Review* 54(3): 468-88.〔245n〕

渡辺恒夫 2002『〈私の死〉の謎——世界観の心理学で独我を超える』ナカニシヤ出版〔362〕

渡辺恒夫 2009『自我体験と独我論的体験——自明性の彼方へ』北大路書房〔82〕

山口啓太 2017「テレビアニメ『キルミーベイベー』のアート性」（未公刊）〔237n〕

山本寛 2006「山本寛INTERVIEW」『オトナアニメ』Vol.1（洋泉社ＭＯＯＫ）〔17n, 247〕

Zangwill, Nick 2007 *Aesthetic Creation*, Oxford U. P.〔256n〕

三浦俊彦 *Toshihiko MIURA*

一九五九年生まれ。東京大学大学院総合文化研究科博士課程単位取得退学。現在、東京大学文学部教授。専門は、美学・分析哲学。和洋女子大学名誉教授。著書に『天才児のための論理思考入門』（河出書房新社、二〇一五年）、『改訂版可能世界の哲学――「存在」と「自己」を考える』（二見文庫、二〇一七年）など。

エンドレスエイトの驚愕 ハルヒ@人間原理を考える

二〇一八年一月二五日 第一刷発行
二〇二五年二月二〇日 第四刷発行

著者――三浦俊彦
発行者――小林公二
発行所――株式会社 **春秋社**
〒一〇一-〇〇二一 東京都千代田区外神田二-一八-六
電話〇三-三二五五-九六一一 振替〇〇一八〇-六-二四八六一
https://www.shunjusha.co.jp/
印刷・製本――萩原印刷 株式会社
装丁――伊藤滋章

ISBN978-4-393-33360-0
Printed in Japan, Shunjusha
定価はカバー等に表示してあります